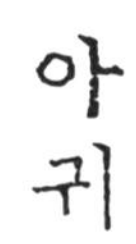

Hungry Ghosts

아귀

Hungry Ghosts

**탐욕에 잡아먹힌 아귀에 대한
열 가지 이야기**

앤디 로트먼 지음
이종복 옮김

담앤북스

선생이자 친구이자 깊은 영감을 주었던

샌디 헌팅턴(1949-2020)에게

들어가며

아귀는 매우 흥미로운 존재이다. 그러나 한편으로 아귀는 믿을 수 없을 정도로 알기 쉬운 존재이다. 몸과 말의 간탐(慳貪)이 내포한 위험한 과보(果報)를 생생하게 증명한다는 면에서 그러하다. 다른 한편으로 그들은 수수께끼 같은 존재이다. 불교신자들이 느끼는 두려움과 불안함에 관한 일종의 저장고와 같은 역할을 하지만, 무엇이 두려운 것이고 무엇이 불안한 것인지는 시간과 장소에 따라 변화하기 때문이다. 아귀는 이 책을 읽는 당신 역시도 다르마(진리)에서 멀어질 수 있고, 샬럿 브론테의 소설 『제인 에어』에 나온 것처럼 "자신의 비열함이 스스로 파놓은 지옥"에 떨어질 수도 있다고 말하고 있는 것처럼 보인다.[1] 그렇다면 이러한 끔찍한 과보를 피할 수 있는 방법이 있을까? 그리고 불교신자들이 말하는 아귀라는 과보에 대한 두려움과 혹시라도 아귀의 과보를 받는 행을 하고 있는 건 아닌지 걱정하는 것은 어째서일까?

불행히도 아귀에 대한 학문적인 연구는 극히 드물다. 그리고 대부분의 원전은 번역이 존재하지 않는다. 이 때문에 나오미 애플턴과 캐런 멀둔-헐스가 흥미로운 제안을 했을 때 무척 신이 났다. 이들은 내게 고대 인도 불교신자들의 이야기들을 모은 선집으로 수 세기에 걸쳐 많은 학자들이 다양한 언어로 번역한 『백 가지 인연 이야기(찬집백연경〔撰集百緣經〕, Avadānaśataka, 이하 백연경)』를 함께 번역해서 출간할 것을 제안하면서, 내게 『백연경』 가운데 아귀와 관련된 열 가지 이야기를 번역할 수 있는지 물어보았다. 나는 바로 할 수 있다고 답했다.

독보적인 프랑스 학자 레옹 피어(Léon Feer)가 1891년에 『백연경』을 프랑스어로 번역한 적이 있었다. 그 뒤로 여러 사람이 번역하겠다고 마음만 먹었다. 피어는 사본을 참조해서 직접 번역했다. 그러나 1902년과 1909년 사이에 불교학 초기의 또 한 명의 대가인 제이콥 사무엘 스페이어(Jacob Samuel Speyer)가 이 사본의 확장 교정판을 출간하면서 피어의 번역에 많은 의구심이 일어났다. 그 뒤로 지금까지 이룩되고 발표된 셀 수 없는 데이터베이스, 사전, 교정본, 번역서들과 연구들이 『백연경』의 새로운 번역의 필요성을 더욱 부각시켰다.

이 책을 준비하는 동안 나는 『신성한 이야기: 디비아바다나(Divyāvadāna) 2부』(Wisdom Publications, 2017)의 출판을 마무리 짓고 있었다. 그 당시 서평, 원고의 퇴고와 정리로 분주한 동안에 내 마음을 초기 인도 불교의 담론의 세계와 번역의 복잡함에 집중하도록 만들고 싶었다. 그리고 지금 선보이는 『백연경』 프로젝트를 하는 것이 내가 원하던 바를 이룰 수 있는 방법이었다. 그러나 이 이야기들이 얼마나 복잡하고, 설득력 있으며, 깊은 통찰을 품고 있는지는 전혀 예상하지 못했다.

이 책에서 소개하는 이야기를 2년 동안 짬짬이 번역하고 나서, 간략한 소개글을 써서 2017년 토론토에서 열린 국제 불교학회의 한 패널에서 발표했다. 그 패널에는 『백연경』을 같이 번역 작업하기로 했던 나오미 애플턴, 캐런 멀둔-헐스, 데이비드 피오르댈리스와 저스틴 파이필드가 속해 있었다. 오랜 논의 끝에 우리는 우리가 담당한 부분의 번역들을 각자 출판하기로 결론지었다. 비록 언젠가 공동의 번역이 담긴 완전판이 출간될 수 있기를 바라는 희망은 아직 남아 있지만…. 학회와 동료 번역가들에 힘입어, 나는 아귀에 대한 내 서론을 폭넓게 확장하고 번역을 다듬어서 따로 출판하기로 결심했다.

감사의 글

친구들과 동료들의 충고와 조언이 없었다면 이 책은 나올 수 없었을 것이다. 특히 다섯 대학 불교학 교수 세미나의 회원들인 제이 가필드, 피터 그레고리, 앤롱 구오, 제이미 허바드, 마리아 하임, 수잔 로직, 루스 오제키, 벤 보긴, 그리고 샌디 헌팅턴에게 가장 먼저 감사를 표하고 싶다. 2017년 가을 이들은 내 서론의 초고에 평을 해주었는데, 이들의 평이 내 서론을 확장하는 데 아주 큰 도움을 주었다.

스미스대학의 안식년 동안, 2018년까지 나는 인도와 미국을 오가며 서론을 마칠 수 있었다. 봄에는 인도의 여러 지역을 옮겨 다니며 서론의 전반부를 마칠 수 있었다. 인도 고아에서 나는 운 좋게도 아이라 셉틴이라는 대화 파트너를 만났고 더불어 레베카 앤드리스트, 모한 바바, 마틴 브래딩, 르네 갈랜드, 헬렌 녹스, 닐스 르진과 스티나 르진, 헬렌 살바도리, 그리고 소피아 셉틴이라는 나를 응원하는 사람들을 만날 수 있었다. 인도 칸드와 언저리에서 만난 수미란 카프리한, 샤이스타 단다, 그리고 에바 요스튼은 내게 우정과 도피처를 제공해 주었다. 바라나시에서 만난 라빈드라 고스와미는 그의 집에 다시 머물면서 내가 좋아하던 의자에 다시 앉아서 작업을 하고, 그의 시타르 연주를 감상할 수 있는 기회를 주었다. 바라나시에 사는 내 영원한 친구들인 아비세크 아그라왈, 수바 고스와미, 아룬 히마싱카, 라무 판디트, 하리 파우드얄, 디비안시 슈클라, 세바스찬 슈웨케, 라케쉬 싱, 그리고 비렌드라 싱에게도 감사의 마음을 전한다.

여름에 미국으로 돌아온 뒤 서론의 후반부를 마칠 수 있었다. 이 부분에서는 비교 윤리적인 면에 조금 더 초점을 맞추었다. 이 부분의 대부분 작업은 노샘프턴 커피라는 카페에서 한 것인데, 우정과 토론의 열기가 공존하는 이 커피 하우스라는 공공장소에서 일하는 것이, 선과 악의 양면을 가진 다양한 형태의 간탐과 믿음에 대해서 사색하는 것에 많은 도움이 된다는 사실을 깨달았기 때문이었다. 또한, 헝그리 고스트 빵집의 조나단 스티븐슨과 셰릴 마페이의 훌륭한 빵과 서비스 정신에 감사한다.

그해 가을, 켄체 재단의 연구비 지원을 받아 나는 사비트리바이 풀푸네대학의 팔리어-불교학과 방문교수로 다시 인도로 갔다. 그곳에서 나는 이 책의 몇 부분을 강의와 대중 강연을 통해 소개했고, 매우 유익한 의견들을 들을 수 있었다. 팔리어-불교학과의 학생들, 직원들, 교수들, 그리고 특히 슈리칸트 바훌카, 라타 데오카르, 마헤쉬 데오카르, 프라디파 고칼레, 그리고 탈라트 프라빈에게 감사드린다. 그리고 좋은 음식과 우정, 그리고 대화를 나눠준 가야트리 채터지에게 특히 고마움을 표하고 싶다.

그해 가을 후반에, 다시 미국으로 돌아온 나는 시카고대학에서 열린 스티븐 콜린스 선생님을 기리는 추모 심포지엄에서 이 책의 일부분을 소개했고, 코넬대학의 동남아시아학-불교학 프로그램의 세미나에서도 소개했다. 시카고대학의 댄 아놀드, 휘트니 콕스, 웬디 도니거, 찰스 할리세이, 매튜 캡스타인, 크리스찬 웨더마이어와 코넬대학의 타리니 아와스티, 앤 블랙번, 브론웬 블레드소, 다니엘 부셰, 아니카 퍼먼, 다니엘 골드, 리유 후아, 래리 맥크리, 그리고 수자타 싱에게 감사드린다.

특히 내가 대학원생일 때 지도교수님이셨던 스티븐 콜린스 선생님께 감사드린다. 그분의 깊은 통찰력과 넓은 품은 나에게 언제나 기운을 북돋아 주었다. 팔리어 전통에서 아귀에 대한 이해가 어떻게 발전해 나아가는지에 대한 그분의 조언 덕분에 나는 불교 문헌들 속에 있는 아귀들의 묘사가 드러내는 특이한 면들을 볼 수 있었으며, 어떻게 아귀계가 불교도들에게 인간성의 타락이라는 문제를 곰곰이 성찰해 볼 수 있는 곳으로서 역할을 하는지에 대해 이해할 수 있었다. 콜린스 교수님께서는 문헌학, 철학, 그리고 사회학적인 관찰을 통합해서 그 각각의 분야에서 볼 수 있는 것보다 훨씬 더 풍부한 의미를 자아내실 수 있는 독특한 능력을 가지고 계셨다. 내가 당신께 배울 수 있었던 것은 정말 큰 행운이었으며, 당신께서 내게 가르쳐 주신 모든 것에 감사드린다.

그해, 나의 할머니인 아이다 로즈 로트먼께서 백다섯 번째 생일 바로 직전에 돌아가셨다. 아이다는 내게 있어 감사함 그 자체이다. 할머니의 사랑과 보살핌은 자애와 자애의 덕행의 훌륭한 모범이었다. 할머니는 가장 뛰어난 스승이었으며, 나는 할머니와 함께 보낸 나날들이 내게 축복이었다고 생각한다.

이 책을 한 권으로 모으면서, 나는 또 다른 분들로부터 도움과 조언을 받는 행운을 누릴 수 있었다. 피터 스킬링은 원고를 평해주었다. 사라 맥클린톡은 몇몇 난해한 티베트어 문장을 이해하는 데 도움을 주었다. 윌리엄 에델글래스, 미치 골드먼, 엘리자베스 헌팅턴, 앤드류 말로, 앤 모코, 마둘리카 레디, 테오도시 루스코브, 그리고 케이트 셰크터가 아귀들의 인간적인 면모를 볼 수 있도록 도와주었다. 윌리암 엘리슨(일명 아크바)과 크리스찬 노베츠케(일명 앤서니)는 우정을 나눠주었다. 그리고 엠마는 고양이만 가지고 있는 특유의 애교와 내 무릎 위의 낮잠이라는 선물을 주었다.

이 책에 소개하고 있는 사진들과 그림들을 한데 모으면서, 나는 여러 기관들과 많은 분들에게 신세를 졌다. 이 책에 들어가 있는 사진들과 그림들을 제공해 주신 베를린의 아시아 예술 박물관과 뮌헨의 국립 민족학 박물관, 방콕의 헨리 긴즈버그 재단과 FPL(Fragile Palm Leaves) 재단, 교토의 육도진황사(六道珍皇寺), 오사카 시립미술관, 시가현의 신지은원(新知恩院), 오쓰시 역사 박물관, 그리고 yokai.com에 감사드린다. 그리고 아귀의 상(像)에 대해서 조언을 해주신 나레시 바즈라차르야, 필립 블룸, 에릭 헌팅턴, 지나 김, 시모나 라제리니, 토드 루이스, 아데나 맥니콜, 매튜 메이어, 다카시 미도리, 앤드류 응우이, 마릴린 라이, 릴라 러셀-스미스, 피터 스킬링, 도날드 스타트너, 다니엘 스티븐슨, 트렌트 워커, 그리고 모니카 진에게 감사드린다. 그리고 특히 일본의 박물관과 사원에서 아귀의 그림들을 모을 수 있게 큰 도움을 준 다카시 미도리에게 감사드린다.

또한 위즈덤 출판사의 뛰어난 능력과 전문가 정신에도 감사드린다. 뛰어난 출판가인 대니얼 애이켄과 조쉬 바톡, 고파 캠벨, 로라 커닝햄, 캣 데이비스, 벤 글리슨, 크리스틴 고블, 알렉산드라 마코넨, 페이스 매클루어, 케스트렐 몬태규, 브리아나 퀵, L. S. 서머, 그리고 페마 체왕에게 감사드린다. 그리고 특히 나의 책의 편집자인 데이비드 키틀스트럼의 뛰어난 편집과 우정에 감사드린다.

마지막으로 재너 화이트의 사랑과 응원, 지혜와 연민에 감사를 표한다.

차례

『백연경』 속 아귀 이야기

서론

맛짜랴와 간탐의 해악

초기 불교 문헌과 후대 불교예술 작품 속에 빈번히 보이는 아귀는 아주 끔찍한 모습을 가진 것으로 묘사되고 있다. 이들에 등장하는 다양하고 그럴듯한 아귀의 심리 상태와 모습은 불교의 도덕성의 내면에 대한 통찰력을 주며, 더불어 계속하고 있는 간탐과 그것이 개인, 가족, 그리고 사회에 주는 해악이 무엇인지 이야기하고 있다. 그리고 불교 전통의 이야기와 그림에 많이 등장하면서도 큰 주목을 받지 못한 것처럼, 아주 뻔히 보이는 주제임에도 불구하고 아귀에 대한 학계의 연구는 여전히 놀라울 정도로 미미하다. 윌리엄 라플뢰르(William LaFleur)는 아귀에 대해 다음과 같이 말한다.

> 불교가 이성적이고 경험적인 것이어야만 한다고 믿는 서양의 불교도를 포함한 현대 불교도에게는 수치스러운 것이었다. 이러한 귀신

은 불교 전통 도처에 나타난다. 그러나 불교가 오로지 이성적이라고 만 생각하는 사람들은 이러한 귀신의 존재를 "순수한" 불교 이외의 것이라고 외면한다. 그들은 귀신의 존재가 이성적인 면모를 유지하기 위해 부단히 애쓰는 불교 철학자가 잠깐 졸고 있는 틈을 비집고 들어온, 통속적인 마음이 거짓으로 꾸며낸 것이라고 무시한다.[2]

간과해 온 이유가 무엇이든 간에, 불교학을 공부하는 학자와 학생처럼, 아귀는 더욱더 주목을 받을 만한 가치가 있는 존재이다. 아귀를 음지에서 양지의 영역으로 끌어내려는 노력의 일환으로, 본서는 불교 초기 문헌 가운데 하나인 『백 가지 인연 이야기(찬집백연경〔撰集百緣經〕, Avadānaśataka, 이하 백연경)』에 등장하는 아귀에 대한 이야기에 초점을 맞추고자 한다.

현존하는 산스크리트어 교정본을 따르면, 『백연경』은 이야기들을 선별해서 모아놓은 이야기 선집인데, 아마도 인도 서북부 지방에 있었던 설일체유부(說一切有部)[3] 승가가 2세기에서 4세기 사이에 편찬한 것인 듯하다.[4] 그리고 선집에 담겨 있는 이야기들의 숫자가 『설일체유부 율장』의 항목의 수와 거의 일대일로 대응한다는 점을 생각해 볼 때,[5] 이러한 이야기들은 승려와 재가신도 모두에게 주의해야 할 행동을 설명하고 있다.[6] 이러한 면에서 『백연경』은 일종의 계율의 역할을 하고 있었던 것으로 보인다.[7]

『백연경』은 열 개의 장이 각각 열 개의 이야기들을 담고 있으며, 각각의 "열 가지 이야기 모음집"은 다음과 같이 다른 주제들을 담고 있다.

첫 번째 모음집: 붓다가 될 것을 예언하는 수기(授記). 두 번째와

네 번째 모음집: 붓다의 전생 이야기.[8] 세 번째 모음집: 벽지불이 될 것을 예언하는 수기. 다섯 번째 모음집: 아귀들. 여섯 번째 모음집: 천상에 태어남. 일곱 번째 모음집: 아라한이 된 샤꺄족 사람들. 여덟 번째 모음집: 아라한이 된 여성들. 아홉 번째 모음집: 바라이죄를 저지른 사람들. 열 번째 모음집: 악행의 업보.

이 책에 담고 있는 것은 다섯 번째 모음집의 열 가지 이야기를 번역한 것으로, 모두 아귀들에 대한 것이다. 아귀란, 글자 그대로는 "망자(亡者, preta)"라는 의미를 지니며, 중요한 브라만교적인 배경을 가지고 있는 단어이다.[9] 축생들과 지옥 중생들과 더불어, 이 아귀들은 "아무도 원치 않는 삼악도(三惡道)"에 거주하는 비참한 중생들이다.[10] 이 모음집에 있는 이야기들은 특히 중요한데, 초기 불교에서 생각한 아귀란 무엇인지뿐만 아니라, 윤리관, 사후론, 그리고 조상들에 대한 생각들을 보여주는 기록이기 때문이다. 뿐만 아니라, 초기 불교 예술 속에 존재하는 아귀의 모습이 드물다는 점을 고려할 때도 중요한 이야기들이다.

특히, 이 이야기들은 아귀들이 인간일 적에 저지른 악한 생각들과 악한 행동들이 저마다의 업보로 아귀라는 과보(果報)를 만들었다고 설명한다. 이처럼, 이 이야기들은 아귀라는 상태의 문제점과 이유를 설명하는 일종의 병리학을 제공한다. 이에 따르면, 이 아귀라는 질병의 근본 원인은 산스크리트어로는 맛짜랴(mātsarya)라는 해악이며, 이 해악을 기른 결과이다. 이 이야기들을 번역하면서 나는 맛짜랴를 "간탐(meanness)"으로 번역했는데, 이는 간탐이 가지는 두 가지 의미에 의지하고 있다. 간탐은 무엇을 주거나 함께 나누는 것을 꺼린다는 뜻에서 "인색함", "탐욕스러움" 또는 "매정함"이라는 뜻과 함께 불공평하고, 불친절하고, 심술궂다는 뜻도 가지고 있다.

역자주: 'meanness'가 가지고 있는 인색함과 야비함이라는 뜻을 제대로 살릴 수 있는 단어를 순우리말 사전에서 찾을 수 없어, 가장 가까운 의미를 가진 '간탐'을 사용한다. 간탐은 인색하고 탐욕스럽다는 뜻이다.

간탐의 역학과 고통

본서에서 소개하고 있는 이야기들은 맛짜라 즉, 간탐의 논리를 설명한다. 즉, 간탐의 마음이 발생시키는 행동과 간탐의 마음이 자아내는 괴로움, 그리고 간탐의 마음을 없애는 방법을 이야기한다. 이 이야기들에 의하면, 이 모든 것 가운데 가장 중요한 것은 간탐의 마음이 일으키는 악업의 결과물인 아귀의 생을 받는 것이다. 그리고 간탐의 마음이 부추기는 사악한 행동이 일으킨 결과인 아귀만의 고유한 고통이다. 이러한 고통 가운데 하나는 다른 상황에서라면 놀라운 성취였을 것인데, 그것은 바로 전생을 기억할 수 있는 능력이다. 그러나 이 전생의 기억은 아귀로서 현생에서 받는 끔찍한 고통이라는 과보의 원인만 기억할 수 있는 것으로 보인다. 즉, 그가 인간일 적에 간탐의 마음을 품고 저지른 악행들만 기억할 수 있는 것 같다.[11]

이러한 이해를 가지고 「똥 단지」라는 이야기를 한번 살펴보자.

목건련 존자는 시꺼멓게 탄 나뭇등걸처럼 보이는 아귀를 보았다. 그 아귀의 발가벗은 온몸은 털로 뒤덮여 있었으며, 바늘귀만 한 입과 산만 한 배를 하고 있었다.[12] 그녀는 활활 불붙어 영원히 타고 있는 하나의 불덩어리처럼 보였다. 극심한 갈증에 고통받는 그녀는 지독하고, 괴로우며, 사무치며, 격렬한 고통에 사로잡혀서 울부짖고 있었다. 그녀는 너무나도 지독한 악취를 풍기고 있었다. 그녀는 매우 괴로워 보였고, 똥을 먹고 있었다. 그러나 그 똥조차도 간신히 먹을 수 있었다.

이 이야기는 다음과 같이 이어진다.

도처에 깔린 똥 더미 속을
괴로워하며 뛰어다니는 그녀는
"나는 오직 똥만 먹고 마신다!"라고 울부짖는다.

목건련 존자는 후에 붓다께 물어본다. 붓다는 그에게 전생에 그녀가 어떠한 행을 저질러서 현생에 아귀로 고통을 받는지 설명한다.

목건련이여, 오래전, 가난하고 소외된 사람들을 긍휼히 여기며 외딴 곳에 홀로 머물던 어떤 벽지불이 계셨다. 병에 걸린 그는 바라나시로 탁발을 나오셨다. 이는 한 의사가 그에게 건강에 좋은 음식을 먹을 것을 처방했기 때문이었다. 그는 한 상인의 집 앞에 이르렀다.
그 상인이 벽지불을 보고 물었다. "존귀한 분이시여, 어떤 것이 필요하십니까?"
그가 말했다. "집에서 만든 영양이 풍부한 음식이 필요합니다."
그러자 그 상인은 그의 며느리에게 "좋은 음식을 이 존귀한 분에게 드려라."라고 말했다.

그 상인의 며느리는 간탐의 마음이 일어서 이렇게 생각했다. '만일 내가 저 사람에게 음식을 준다면, 저치는 여기에 다시 올 거야.' 그녀는 집 안으로 들어가서 발우에 똥을 한가득 담았다. 그러고 나서 그 똥 위에 음식을 덮어 가린 다음에, 그 발우를 들고 가서 벽지불에게 돌려주었다.

수행자와 벽지불의 반야와 지혜는 그들의 주의를 집중하지 않는 이상 작동하지 않는다. 따라서 그 벽지불은 그 공양이 든 발우를 받아 들고 나서야, 지독한 악취가 난다는 것을 알 수 있었다. 그는 '그녀가 발우에 똥을 가득 채웠을 것이다.'라고 생각했다. 그 존귀한 분은 발우를 한쪽에 버리고 그 자리를 떠났다.

『백연경』은 아귀의 이야기들이 말하고자 하는 의도를 대부분 이야기의 끝에 핵심적으로 정리한다. "자신의 맛짜랴를 없애기 위해 노력하라!"[13] 그리고 충분히 그럴 만한 이유가 있다. 맛짜랴를 기르는 것은 내생(來生)에 아귀로 태어날 것을 확실하게 보장하기 때문이다.

다른 문헌들 역시 이 맛짜랴가 아귀로 태어나는 과보라고 주장한다. 예를 들어, 편찬 과정이 설일체유부와 매우 밀접한 관계를 맺고 있는 또 다른 이야기 모음집인 『디비아바다나(Divyāvadāna, 신성한 이야기)』는 다음과 같은 이야기를 한다. 한 소년이 사원에 도착해서 사원 입구에 그려져 있는 육도(六道) 윤회도를 보고 있었다. 그리고 그곳을 담당하는 박식한 스님에게 설명을 부탁드렸다. 그 소년이 "어떠한 악행을 저질렀길래 이 아귀들은 이리 고통을 받습니까?"라고 묻자, 스님은 "선우(善友)여, 그들은 맛짜랴를 저질렀습니다. 그들은 인색합니다. 그리고 그들은 그들이 가진 것에 집착합니다. 맛짜랴가 일으킨 여러 악행들을 실천하고, 닦고, 증장시킨 것이 그들로 하여금 굶주림과 목마름과 같은 고통이라는 결과를 겪도록 합니다."라고 말했다.[14]

그렇다면 맛짜랴란 정확히 무엇인가? 『디비아바다나』의 예에서 볼 수 있는 것처럼, 『백연경』도 마찬가지로 한 형식의 간탐을 부분적인 동의어들과 합쳐서 다음과 같은 상투적인 말을 만든다. 산스크리트어로는 맛짜리니 꾸뚜꾼찌까 아그리히따빠리슈까라(matsariṇī kuṭukuñcikā āgṛhītapariṣkārāḥ)다. 이 중에 kuṭukuñcikā의 어원은 불분명하다.[15] 그러나 이 단어의 뜻은 매우 명확하다. "인색함 또는 후함의 결여"이다. āgṛhītapariṣkārā는 그 뜻을 더욱더 명확하게 말한다. 이 단어는 "단단히 붙잡고 있음 또는 자신의 소유물(pariṣkārā)을 붙잡고 있음(āgṛhīta)"이라는 뜻이다. 이러한 단어들은 자신의 것을 나누어 주지 않거나 베풀지 않는 강박적 수집가를 설명하는 데 쓰인다. 그렇지만 자기 자신의 것에 대한 강박적 집착증은 어떤 이가 어째서 스님의 발우를 똥으로 채웠는지를 설명하기에는 다소 부족하다.

팔리어 전통의 다양한 문헌들이 맛짜랴의 뜻을 정확하게 이해할 수 있도록 도와준다. 여기서도 맛짜랴(팔리어로는 맛차리야[macchariya])를 "강한 욕망, 인색함, 이기적임, 시기심… 아귀계(petaloka)에 태어나는 주요 원인."이라고 정의한다.[16] 뛰어난 주석가인 붓다고사(Buddhaghosa)는 그의 유명한 업적들 가운데 하나인 『청정도론(淸淨道論)』에서 맛짜랴의 심층 심리에 대해 다음과 같이 설명하고 있다. "이는 간탐함(또는 인색함, 강한 욕망)이다. 이는 어떤 이가 어떠한 재물을 이미 확보했든 확보하지 않았든 간에 그것을 감추는 것이다. 이 간탐은 다른 이들과 그 재물을 나누어 가지지 않는 것을 그 기능으로 한다. 이 마음의 상태는 때로는 재물의 사용을 제한하는 것으로 드러나거나 쩨쩨함으로 나타난다. 이는 정신적인 기형의 상태이다."[17] 그럼에도 불구하고, 팔리어 문헌들은 우리가 『백연경』에서 볼 수 있는 악의적인 "행동화"를 설명하지는 않는다.

이 간탐을 제대로 이해하는 데 도움이 되는 것은 본서에서 소개하는 열 가지 이야기 가운데 하나인데, 이 이야기는 맛짜랴에 대한 이야기가 아니다. 아홉 번째 이야기인 「자식들」은 "질투 또는 시기"로 번역할 수 있는 이르샤(īrṣyā)에 대한 것으로 맛짜랴에 대한 것은 아니라고 할 수 있다. 그러나 맛짜랴와 이르샤, 그리고 이 두 용어의 팔리어인 맛차리야와 이싸(issā)는 종종 함께 사용되며, 이 두 용어는 여러 "윤회의 족쇄(saṃyojana)"들의 목록 가운데 연속해서 나타난다.[18] 따라서 붓다고사가 『청정도론』에서 맛차리야를 정의하기 바로 직전에 이싸를 정의하는 것도 놀라운 일은 아니다. "이싸는 시기이다. 이 용어는 다른 사람들의 소유물을 시기하는 것을 특징으로 한다. 이는 그 소유물에 만족하지 못하는 것을 기능으로 한다. 이는 그 소유물에 대한 강한 욕망으로 나타난다. 가장 직접적인 원인은 다른 이의 소유물이다. 이는 윤회의 족쇄들 가운데 하나이다."[19]

붓다고사에 의하면, 맛차리야의 가장 직접적인 원인은 그 마음을 일으키는 사람이 "가지고 있는 것(sampatti)"이다. 이 소유란 일종의 "성공", "행복", 또는 "좋은 운"을 포함한다. 이싸의 가장 직접적인 원인은 다른 사람들의 번영이다. 따라서 어쩌면 한 사람이 늘려온 것을 다른 이에게 주는 것, 또는 그 상황을 상상해 보는 것, 또는 어떤 것을 이미 다른 사람에게 줘버려서 더 이상 그것을 받을 수 없는 것이, 한 마음의 상태를 다른 마음의 상태로 바뀌도록 유도하는 것일 수도 있다. 이러한 심리 상태들에 메여 있는 동안, 그 사람은 세상을 번영과 성공을 위한 처절한 전쟁터로 보는 것 같다. 내 이득이 곧 남의 손해이고, 내 손해가 곧 남의 이득인 그런 곳으로 보는 것 같다. 예를 들어 아홉 번째 이야기인 「자식들」의 경우, 아이를 못 낳는 첫 번째 부인 대신으로 얻은 두 번째 부인이 남편의 첫아기를 뱄다. 그리고 두 번째 부인이 존경받고 사랑받는 것을 볼 때, 첫 번째 부인의 마음에 이르샤가 가득 찼다.[20] 한때 그녀가 독차지했던 사랑과 존경을 다른 사람이 받을 때, 그녀는 그것을 자신에 대한 위협으로 간주한 것이다.

붓다고사는 맛차리야가 일종의 "위축, 수축(saṅkocana)", "인색함 또는 긴축(kaṭukañcukatā)"이 나타난 것이라고 설명한다. 그리고 그는 이싸가 일종의 "혐오 또는 거부(vimukhabhāva)"가 나타난 것이라고 설명한다. 붓다고사는 또한 『앗타살리니(Atthasālinī)』에서 긴축을 맛차리야에 가장 비슷한 말이라고 정의하면서 "인색한 사람은 거지를 보면 반감을 일으켜서 마음을 위축시켜 움츠리게 한다."라고 말했다.[21]

붓다고사는 각각의 용어를 정의하면서 위축 또는 더 나아가 "(마음을) 떼다" 혹은 "웅크림"이라는 의미에까지 주의를 기울인다. 그렇지만 『백연경』에 나오는 아귀에 관한 이야기들은 붓다고사가 정의한 뜻과는 정반대이다. 이 이야기들의 등장인물들은 적극적으로 접근해서, 못된 짓을 하고, 후려친다. 「자식들」 편을 예로 들어보자. 시기심에 사로잡힌 첫 번째 부인은(붓다고사는 시기심이 "시샘을 본질"로 한다고 진단한다[22]) 아이를 임신하고 있던 두 번째 부인에게 독약을 먹여 유산하게 만들고는 자기는 절대 그러지 않았다고 결사코 부인한다.[23]

이 용어들에 대한 붓다고사의 설명을 『백연경』에 등장하는 인물들의 행동과 연결시키려 할 때, 내 마음에 떠오르는 이미지는 막 사냥을 시작하려는 고양이이다. 몸을 웅크렸다가 용수철처럼 먹이를 향해 급작스럽게 튀어 나가서 치명적인 일격을 가하려고 하는 것 같은 이미지이다. 웅크림은 펼침으로 이어진다. 처음에는 일종의 잠금이나 폐쇄의 행동처럼 보이지만, 그것은 오직 바로 다음에 일어날 폭력적인 행동의 전조에 불과하다.

맛차리야를 이해하는 데 보다 도움이 될 수 있는 것은 팔리어 경전과 주석서에 반복적으로 설명하는 다섯 가지의 맛차리야이다. 사람들은 거처(āvāsa), 가족(kula), 재산(lābha), 평판(vaṇṇa), 불교 교리(dhamma)와 관련해서는 맛차리야를 가진다.[24] 이를 이해하는 데 있어 붓다고사의 주석이 다시 한번 도움이 된다. 『앙굿따라 니까야(Aṅguttara-nikāya)』에서 붓다는 다섯 종류의 맛차리야를 부리는 비구니는 "마치 지옥에 데려다 놓은 것처럼 지옥에 떨어진다."라고 말한다.[25] 붓다고사는 그의 주석에서 다음과 같이 설명한다.

1. 그 비구니가 자신의 거처를 (간탐한다는 면에서) 지나치게 아껴서 다른 사람들이 그곳에 있는 것을 참지 못한다.
2. 그 비구니가 자신을 후원해 주는 가족들을 지나치게 아껴서 다른 사람들이 그 가족들에게 다가가는 것을 참지 못한다.
3. 그 비구니가 물질적인 이득을 지나치게 아껴서 다른 사람들이 그것을 가지는 것을 참지 못한다.
4. 그 비구니가 자신의 덕(평판[vaṇṇa]의 용어 해석으로서의 덕[guṇa])을 지나치게 아껴서 다른 사람들의 평판을 칭송하는 것을 참지 못한다.

5. 그 비구니가 불법을 지나치게 아껴서 다른 사람들과 함께 공유하고 싶어 하지 않는다.[26]

위에서 맛차리야와 이싸에 대해서 논의했듯, 이 다섯 가지의 항목에서도 우리는 간탐이 자신과 다른 사람들에 관련된 것이라는 것을 알 수 있다. 즉, 타인들의 이득이 늘어날 수 있을 것이라는 전망(또는 더 심하게는 실제로 그렇게 되는 것)이 비구니의 "소유"에 대한 의식을 자극하는 것이다(여기서 소유에 대한 의식이란 용어는 원전에서는 쓰지 않지만 적합하다고 생각한다). 누군가가 자신의 처소에 살고 있다거나 자신을 후원했던 가족들이 다른 이를 후원한다거나, 자기가 보시 받은 것을 다른 이들과 나누어 가진다거나 누군가가 다른 사람의 평판을 찬탄하는 것을 듣는 것은 기본적으로 견디기 힘들다. 그녀는 단순히 이런 것들을 "참을 수 없는(na sahati)" 것이다. 이것은 인색함이 시기와 뒤섞인 어떤 것이라고 할 수 있는데, 어린아이가 자기의 장난감을 다른 아이들과 같이 가지고 놀라고 할 때 종종 극복해야 하는 그 감정을 생각나게 한다.

비록 『백연경』이 위의 다섯 가지 맛짜랴의 항목을 전혀 언급하고 있지는 않지만, 이 다섯 가지 가운데 하나는 언급하고 있어서 이 간탐의 범주를 어느 정도 알고 있었던 것이 아닌가 한다. 「잠발라(Jāmbāla)」라는 제목을 가진 이야기를 보자. 이 이야기의 주인공인 젊은이는 뒷간을 좋아했고 입에 똥을 넣는 것을 즐겼다.[27] 붓다는 이 행동이 그의 악업의 과보를 받는 것이라고 설명한다. 그가 전생에 승려였을 때, 그는 "거주처에 대해 아주 맛짜랴"했다.[28] 다른 승려들이 사원을 방문하는 것을 목격하면, 그는 "이성을 잃었고, 몹시 화를 냈으며, 적개심을 보이고, 격노하며, 격분"했다.[29] 그리고 승려들이 절을 떠나는 것을 보면 그는 기뻐했지만, 여전히 그들에게 욕설을 퍼부었다. 이 이야기에서 이 승려는 맛짜랴를 아주 극단적인 정도까지 가지고 있다. 아니면, 이 승려는 맛짜랴에 사로잡혀 자제력을 잃었을 수도 있다. 이에 의해, 그는 "이성을 잃었고 화를 낸(abhiṣajyate)" 것이다. 통제 불가능할 정도의 화였다. 그저 다른 승려들이 그가 머물고 있는 사원을 방문하는 것만으로도 그를 충분히 격분시킬 수 있었다. 『백연경』은 이 점을 강조하기 위해 일련의 동의어를 나열한다.[30] 그의 맛짜랴의 결과로 그는 아라한에게 욕설을 퍼붓는 과오를 저질렀다. 이 과보로 몸에 똥을 처바르게 된 것이라고 전한다.

맛짜랴를 행하는 것과 "악한 말(vāgduścarita)"을 하는 것 사이에는 밀접한 관계가 있다. 이는 "거친 언행(kharaṃ vākkarma)"과 "질책(pari+√bhāṣ)"[31]의 관계와 같은 것이다. 맛짜랴가 똥과 연관된 육체적 행위들이나 악랄한 언행들, 또는 양자 모두를 일으키기 때문이다. 이 책에 소개하는 여덟 가지 이야기들이 모두 맛짜랴를 없애라는 교훈으로 끝나지만, 「날 때부터 눈이 먼 사람」에서는 맛짜랴와 악한 말을 멈출 것을, 그리고 「자식들」에서는 오직 악한 말을 멈출 것을 가르치고 있다.[32] 여기에서 이 이야기들은 원인과 결과를, 병의 원인과 질병을 하나로 합치는 것처럼 보인다. 맛짜랴가 전염성이 강한 것이어서 지독한 과보라는 반향를 일으키는 악독한 행위들을 조장하기 때문이다. 「잠발라」에 나오는 승려의 경우, 이 악한 과보의 위험을 인지하고 있었던 것으로 보인다. 처음에 그가 심한 말로 상처를 준 아라한에게 용서를 빌었고, 후에 죽음의 순간에 그의 악한 언행이 일으킨 결과를 어떻게든 정화시켜 보려고 간절히 기도하기 때문이다. 그러나 소용이 없었다.[33] 그 아라한에 대한 악한 말의 업보 때문에 그가 "윤회의 바퀴 속에서 영겁의 괴로움을 받게 되었다."라고 하니 정말 가혹한 업보라고 할 수 있다.

그 승려가 아라한에게 한 악담의 내용을 생각해 볼 때, 다른 승려들이 자신의 영역이라고 생각했던 곳에 침입하는 것이 그를 "이성의 끈을 놓게(lose his shit)" 만들었다고 볼 수도 있을 것이다. 처음에는 신경증적으로 소유물에 집착하던 승려가 정의로운 업보의 결과로 후에 똥을 먹는 소년이 되었다는 내용은 소심함(anal)에 대한 것이라고 해도 지나친 말은 아니다. 그 승려가 자기 자신이 소유물로 여기는 것에 강하게 집착하는 쪼잔한(anal retentive) 사람이고, 그가 소유물이라고 여기는 것을 이해하지 못하는 다른 사람들을 "함부로 대한다(shit on)"고도 할 수 있다. 그리고 그 승려의 환생인 똥을 먹는 아이는 문자 그대로 "(똥을 먹는) 굴욕(eat shit)"을 당하고 있는 것이다.

역자주: 저자는 잠발라가 똥을 먹는 이유를 영어의 똥(shit)과 항문(anal)에 연관된 속어들을 이용해 설명하고 있다.

그러나 『백연경』에 나오는 이야기들 가운데 맛짜랴를 이해하는 데 가장 도움이 되는 것은 "물질적인 이득에 대한 맛짜랴"의 범주일 것이다. 「사탕수수 방앗간」이라는 이야기로 들어가 보자. 어느 벽지불이 중병을 앓게 되자, 의사는 그에게 사탕수수즙을 처방해 주었다. 그래서 그는 사탕수수의 즙을 짜는 방앗간이 있는 집으로 구걸을 나간다. 다가오는 그를 본 주인이 이렇게 묻는다.

"고귀하신 분이여, 필요하신 것이 있습니까?"

벽지불이 말했다. "그렇습니다, 재가자시여. 사탕수수즙입니다."

그 재가자는 일꾼 한 사람을 시켜 "이 고귀하신 분에게 사탕수수즙을 드려라."라고 말했다.

그러던 어느 날 그 재가자가 용무차 집을 비우게 되었다.

그때 그 전에 사탕수수즙을 내어주었던 일꾼은 다른 이의(이 경우는 그의 주인의) 소유물에 간탐의 마음을 일으켜서 이렇게 생각했다. '만일 내가 사탕수수즙을 이 고귀하신 분에게 내어드린다면, 분명히 다시 돌아올 것이다.' 그 어느 누구도 가고 싶어 하지 않는 지옥, 아귀, 축생의 삼악도에 갈 작정으로, 모두가 원하는 윤회의 두 가지 세계(인간계와 천상계)를 발로 차버렸고, 고귀한 진리로부터 너무나도 멀찍이 떨어진 그는 벽지불에게 이렇게 말했다. "이봐 스님! 발우를 줘 보시오. 사탕수수즙을 주겠소."

… 이 사악하고 심술궂은 이는 그 발우를 받고서 눈에 띄지 않는 곳으로 갔다. 그는 그 발우에 오줌을 가득 채운 다음, 사탕수수즙을 그 위에 담았다. 그러고 나서 그 발우를 벽지불에게 돌려주었다.

벽지불은 그가 한 소행을 본 뒤에 이렇게 생각했다. '이 불쌍한 이는 큰 죄를 저질렀구나.' 그러고 나서 그는 발우를 한쪽에 버리고 떠나 버렸다.

비록 주인의 재산이기는 하지만, 그 일꾼에게 일어난 맛짜랴는 물질적인 "재산(dravya)"에 관한 것이다. 여기서 재산은 "물질적인 이득(lābha)"[34] 의 유사어로 쓰였다. 그 일꾼은 일종의 "조직과 자기의 동일화"를 보여주고 있는 것이다.[35] 그는 그렇게 자기가 일하고 있는 사업장을 자기와 동일화하면서 그 사업장의 재산을 자신의 것처럼 여기고 그 재산에 집착했던 것이다. 이 이야기에서 특징적인 것은 그 일꾼이 주인의 지시를 무시했다는 것이다. 이번 생에 그의 주인을 화나게 하고 내생에 그 과보를 받을 위험을 무릅쓰고, 그의 "물질적 이득"을 다른 사람에게 주는 것을 단지 "참을 수 없었을" 뿐이라고 붓다고사의 주석서는 설명하고 있다.[36]

그렇지만 붓다고사의 주석서는 또한 맛짜랴가 그 일꾼으로 하여금 중생들이 끔찍한 고통을 겪는 삼악도에 "작정하고 떨어지게(hell-bent on)"—보다 문어적으로는 "향하게", "집착하게", "전념하게" 또는 "숭상하게"— 만들었다고 한다. 다른 말로 하자면, 그 일꾼이 단순히 헷갈린 것이 아니라는 것이다. 그는 실제로 "작정하고 삼악도를 향했다." 그는 "고귀한 진리" 또는 "붓다의 가르침(āryadharma)"에서 멀찍이 벗어났다.[37] 그러는 동안, 그는 그 자신만의 가증할(hellish) 진리를 창조해서 그가 "심술궂게, 악하게 또는 나쁘게(durācāra)" 행동할 수 있도록 했던 것으로 보인다. 그리고 이를 통해 그 자신의 악한 행동을 정당화하고 합리화했다. 그래서 벽지불에게 음식을 주는 것은 일종의 부조리한 것이었다. 그의 정의를 따르자면, 탁발 수행자들은 비렁뱅이들이기 때문에 상을 주어서는 안 되며, 벌을 주어야 하는 존재들이다.

중세와 근대 스승들의 맛짜랴에 대한 설명

『아비달마용어해석집(Abhidhammatthavibhāvinī)』은 20세기 팔리어 주석서이다. 이 문헌의 저자 수망갈라(Sumaṅgala) 스님은 맛차리야의 어원 분석에 대한 창의적인 (그럼에도 이해하는 데 도움이 되는) 설

명을 제공한다. 그에 따르면 맛차리야는 "'남들이 안(mā) 가지고 있는 이 훌륭한 것(acchariya)을 나만 가지고 있자'라는 생각을 일으키는 인색하거나 간탐심을 품은 자의 마음 상태"이다.[38] 이는 『백연경』에 나오는 맛짜랴에 대한 이해에 가까운 해석이다. 즉, 자기 자신의 물질적 소유에 집착하면서 동시에 다른 이들에게 단 한 푼의 물질적 이익도 주고 싶지 않다는 염원이다.

이 용어에 대한 유사한 이해를 마하시 사야도(Mahāsi Sayadaw) 스님에게서도 찾아볼 수 있다. 마하시 사야도 스님은 세계적으로 널리 알려진 버마(미얀마의 전 이름) 출신의 스님으로 많은 책의 저술가이며 근자에 가장 존경받는, 영향력 있는 명상 수행자들 가운데 한 분이다. 마하시 사야도 스님의 맛차리야에 대한 논의는 대부분 라바(lābha, 물질적 이득)에 대한 것이다.

> "가진 것에 대한 인색함(lābhamacchariya)"은 다른 이들의 소득에 대한 시기심이다. 이는 또한 자신이 가지고 있는 것을 존경받을 만한 도반 스님과 같은 훌륭한 사람들과 나누고 싶지 않다는 면에서 이득에 대한 인색함이다. 그러나 어떤 이가 너무나 좋아하는 것이어서 내어줄 수 없다면, 그것은 인색한 것은 아닐 수 있지만 집착일 수는 있다. 인색함의 특징은 다른 사람들이 가지고 있는 것을 참지 못하고, 자신의 것을 사용하는 것을 견디지 못하는 것이다. 반면에, 탐심은 자신이 가지고 있는 것에 집착해서 내어줄 수 없는 것을 그 특징으로 한다.[39]

여기서 마하시 사야도 스님이 "인색함"을 "시기심"으로 설명하는 것을 볼 수 있다. 이는 맛차리야(간탐)와 이싸(시기) 사이에 밀접한 관계가 있다는 것과 이 두 용어를 헷갈리게 사용할 수 있다는 점을 잘 보여준다. 그는 또한 올바른 용례의 맛차리야의 바른 정의와 "탐심 또는 집착(lobha)"과 같은 번뇌들 사이의 차이점을 지적하고 있다. 왜냐하면 "모든 유형의 치사함(맛차리야)이 윤회의 족쇄로서의 치사함은 아니기" 때문이다.[40] 맛차리야를 변별하는 요소는 일종의 참을 수 없음(不忍)이다. 붓다고사와 마찬가지로, 그는 바른 용례의 맛차리야 때문에 괴로워하는 사람은 단순히 다른 사람들이 자신의 소유물을 쓰는 것을 "견딜 수 없을" 뿐이라고 지적한다. 또는 그가 다른 곳에서 말하듯, 다른 이들이 그의 소유물을 사용한다는 상상 또는 다른 사람들에게 내 것을 써도 된다고 허락해 준다는 생각조차도 견딜 수 없는 것이다.[41]

아신 자나까비왐사(Ashin Janakābhivamsa) 스님은 버마의 아마라푸라(Amarapura)에 있는 마하간다용(Mahagandayon) 사원에서 오랫동안 주지 소임을 하셨으며 근세의 왕성한 저술가이다. 이분 역시 다음과 같은 유익한 설명을 하신다.

> 인색함이 맛차리야의 본질이다. 오늘날 자선을 행하지 않는 이들과 다른 사람들에게 그 어떤 것도 주고 싶어 하지 않는 사람들은 맛차리야를 품은 사람들이라고 부른다. 그러나 사실상 맛차리야는 주겠다는 의지 또는 자선을 행하겠다는 생각의 결여가 아니다. 주고 싶지 않다는 것은 오직 자기의 소유물에 대해 집착하고 있는 것에 지나지 않다. 이것은 로바(lobha) 즉, 집착이다. 맛차리야는 다른 사람들이 아무것도 가지지 않았으면 좋겠다는 염원이다. 그것이 물질적 이득

이든 특질이든, 그 물건이나 특질이 자신의 것이든 아니든 간에 상관 없이 남들이 가지지 않았으면 좋겠다는 염원이다.[42]

자나까비왐사 스님은 아비담마(Abhidhamma)를 재가신도들에게 알기 쉽게 풀어서 설명해 주는 것으로 정평이 나 있다. 따라서 혹자는 그분의 수많은 인기 있는 대중 서적들을 생각하면서, 그분의 설명이 (전통적인 설명이 아닌) 재가자를 위한 설명에 불과하다고 폄하하거나, 혹은 맛차리야에 대한 현대적 이해에 불과한 것으로 치부할 수도 있다. 그리고 어쩌면 그 비판이 맞을 수도 있다. 그러나 이 경우, 맛차리야에 대한 자나까비왐사 스님의 이해는 『백연경』에 있는 맛차리야의 개념을 이해하는 데 큰 도움을 준다. 그는 맛차리야가 인색하거나 짜게 굴거나 절약을 하겠다거나, 아니면 노랑이짓을 하겠다는 견지에서 내어주는 것을 언짢아하는 것이라기보다는 자기 것이든 아니든 간에 다른 사람이 아무것도 가지지 않았으면 좋겠다는, 비뚤어진 강렬한 염원이라고 설명한다.[43] 이처럼 쪼잔한 생각을 가진 사람은 인색하다는 측면에서 쪼잔한 놈이라는 것이 아니라, (악한 행동 때문에) 아귀로 태어날 것이 이미 정해진 사람을 적확하면서도 완곡하게 표현한다는 측면에서 똥멍텅구리(asshole)라는 것이다.[44]

「마실 물」이라는 이야기에 나오는 다음의 이야기를 살펴보자. 갈증에 괴로워하던 한 승려가 우물가로 다가갔다. 때마침 그곳에는 방금 길은 우물물을 담은 물독을 든 한 젊은 여인이 서 있었다.

스님이 말했다. "자매님, 제가 갈증 때문에 몹시 괴롭습니다. 물을 좀 주실 수 있습니까?"

그때 그 젊은 여인의 마음에는 맛짜랴가 일어났다. 그녀는 자기 것에 집착했기 때문에, 그 승려에게 이렇게 말했다. "스님, 스님께서 (갈증 때문에) 죽어간다고 하더라도, 저는 제 물을 한 모금도 드리지 않을 거예요. 제 물동이가 가득 차지 않을 테니까요."라고 말했다.

젊은 여인의 이유는 인색하다거나 쪼잔하다거나 치사하다거나 한 것도 아니고, 자린고비 같은 것도 아니며, 집착, 탐욕, 어떤 것을 움켜쥠 또는 (주기 싫어서) 웅크림, 또는 자기 것을 남에게 내어주고 싶지 않아 하는 것도 아니며, 일종의 참지 못함도 아니다. 저 젊은 여인의 것은 일종의 자기만 옳다고 하며 자신을 괴롭히는 것을 즐기는 독선적인 사디즘이다.

맛짜랴의 광기

『백연경』에 나오는 맛짜랴의 경우, 특히 맛짜랴를 "실천하거나, 발전시키거나, 갈고닦는" 경우,[45] 다양한 "과오(doṣa)"가 일어나게 만드는데,[46] 간탐이 아주 올바른 것이라는 그릇된 똥고집과 함께 잘못된 행동과 잘못된 생각역자주: 문맥상 신구의 삼업 가운데 악한 말로 짓는 업을 잘못 쓴 것으로 보인다을 불러온다.

맛짜랴를 기르는 것의 한 과보는 배선 오류와 흡사하다. 불교적인 이야기들에는 재가자들이 붓다를 만나거나 성지를 참배하고서 두터운 신심을 내고, 이 신심으로 보시행을 한다는 내용이 매우 많이 나온다.[47] 그러나 『백연경』에 나오는 「음식」이라는 제목의 이야기는 정반대의 경우를 보여준다.

> 그 당시 바라나시에는 인색하고, 욕심 많고, 자신의 소유물에 집착하는 한 집주인의 아내가 있었다. 그녀는 곤궁한 거지는커녕 까마귀에게조차 무언가를 줄 엄두를 내지 못했다. 그녀는 고행 수행자, 바라문, 궁핍한 사람, 또는 걸인을 볼 때면 오히려 마음을 더욱 모질게 먹었다.

맛짜랴를 수행하는 것의 또 다른 과보는 가장 알기 어려운 것일 수 있다. 맛짜랴는 오류가 있는 논리를 도출하고 이를 통해 그릇된 결론을 도출한다. 이러한 잘못된 결론을 내린 사람은 (자기 자신에게만 옳은) "천박한 진리(다르마)"를 가지게 된다. 그러나 "천박한 진리"는 정의에 대한 정의롭지 않은 관점에서 만들어 내는 정의인데, 이 천박한 진리를 지닌 사람은 이것만 옳다고 생각한다. 한술 더 떠서, 이런 사람들은 자기들이 싫어하는 면모들을 그들이 내려다보는 사람들에게 덮어씌운다. 그들은 그러한 면모들을 스스로가 보여주고 있으면서 그 비난의 화살을 남에게로 돌린다. 어쩌면 그들의 죄의식을 덜어보려는 시도일 수도 있겠다. 외도를 한 사람이 자신의 배우자가 부정하다고 비난을 한다거나, 부패한 정치인이 자신의 정적(政敵)이 법을 위반했다고 비난하는 것 등이 그 예가 될 수 있겠다.

「웃따라」라는 제목의 이야기를 보자. 한 아들이 어머니에게 자기가 번 돈을 모두 주면서, 그 돈은 반드시 고행 수행자나 바라문, 또는 빈곤한 자에게 적선하는 데만 써야 한다고 말했다.

그러나 그의 어머니는 맛짜랴를 품고 있어서 탐욕스러웠으며, 욕심이 많았고, 자기 것에 집착하는 사람이었다. 고행 수행자나 바라문이 그녀의 집에 탁발을 오면, 그녀는 아들이 준 돈을 감추어 놓고 그들을 비난했다. "아귀로 태어난 것처럼 언제나 남의 집을 돌아다니면서 구걸을 하는군요!" 그러고 나서 그녀는 그의 아들에게는 거짓말을 했다. "오늘은 많은 스님들에게 음식을 보시했단다." 결국 그녀는 죽고 나서 아귀로 태어났다.

「목건련」이라는 제목의 이야기에 나오는 전생에 상인이었던 오백 명의 아귀들 역시 비슷한 이유 때문에 아귀가 되었다고 한다.

우리는 맛짜랴를 가졌고, 욕심이 많았고, 자기 것에 집착했습니다. 우리는 선물을 주지도, 보시를 하지도 않았습니다. 다른 이들이 선물을 주거나 보시를 하려고 할 때면 그들을 방해했습니다. 그리고 우리는 보시를 받을 만한 분들을 보면 "아귀들"이라고 비난했습니다. "아귀로 태어난 것처럼 늘 다른 사람들의 집을 전전하며 구걸을 하는구나!" 그러고 나서 우리들은 죽은 뒤 이처럼 아귀가 되었습니다.

두 이야기에 나오는 재가자들은 모두 보시를 받는 탁발 수행자를 채워지지 않는 갈망을 가진 아귀 같은 사람들이라고 생각한다. 『백연경』에 의하면, 이는 업의 원리를 제대로 이해하지 못한 것이다. 탁발을 하는 행위는 구걸하는 사람을 아귀로 만드는 것이 아니라, 아귀가 되려는 것을 막아주는 것이다. 맛짜랴로 가득 차 있는 그 어머니나 상인들은 부정한 것이 일어나는 것을 막고 있던 것이 아니라, 그것의 원인이 되어버린 것이다. 그리고 그들은 탁발 수행자들이 구걸하는 것을 정의가 왜곡된 것으로 보고 격분했던 것이다.

왜 이 맛짜랴로 그득한 사람들이 탁발 수행자들과 빈곤한 사람들을 아귀로 보았는지에 대한 한 가지 가능한 설명은 그들의 "과오(doṣa)"가 그들의 사고, 논리, 그리고 비난의 대상에 대한 관계 설정을 왜곡시켜서, 심리적으로 그들 자신이 궁핍하다고 생각하게 만들었다는 것이다. 그들은 세상을 왜곡된 방식으로 바라보고 있다. 즉, 이 세상에 아귀가 그득하거나, 아니면 반 정도는 아귀로 차 있다고 생각하는 것이다. 이러한 일탈은 많은 것을 의미한다. 루퍼트 게틴(Rupert Gethin)이 말하듯 많은 초기 불교 문헌들에서 "우주론은 기본적으로 심리론을 반영한 것이며, 반대의 경우도 마찬가지이다."[48] 사실상 우리의 생각이 우리를 정의한다.

게틴은 다음과 같이 설명한다.

> 인간 존재가 혐오, 증오, 또는 낙담과 같은 불쾌함이라는 마음의 상태를 경험할 때, 마치 지옥계에 존재하는 것과 같은 어떤 느낌을 경험했다고 말할 수 있는 어떤 감각이 있다. 이것은 곧 그 경험자가 지옥계에 잠시 다녀온 것이다. 그러나 만일 혐오, 증오, 또는 낙담의 상태가 그 경험자의 마음의 평소 상태가 된다면, 그가 예상했던 것보다 훨씬 더 오랫동안 지옥에 머무를 수 있는 위험의 여지가 있다. 즉, 그 경험자를 인간계에 머무를 수 있게 하는 선한 연(복덕)이 다해서 죽으면, 그는 지옥계에 잠깐 갔다 오는 게 아니라 아예 지옥에 태어나게 된다.[49]

어쩌면 이 이야기들에 나오는 맛짜랴로 가득 들어찬 사람들은 사실상 아귀계에 "잠깐 방문하는" 것이라고 말하는 것도 지나친 말이 아닐 것 같다. 아이러니한 것은 음식을 구걸하는 사람들을 아귀로 보는 바로 그 사람들이 아귀라는 것이다. 그렇게 비난할 때는 오직 마음만 아귀였지만, 환생했을 때는 몸까지 아귀로 태어난다. 사실상 아귀의 마음을 가진 그들은 몸까지 제대로 아귀인 것들보다 훨씬 더 악한 인간들이다. 후자, 즉 아귀들은 앞에서 말했듯이 맛짜랴에 의해 저지른 과오와 그 결과로 지금 고통받고 있다는 것을 알고 있기라도 하지만, 전자, 즉 마음이 아귀인 인간들은 착각하고 있거나 더 심하게는 망상에 빠져 있는 것이라고 할 수 있다.[50]

보시라는 명약

이렇게 아귀들이 된 연유를 이야기하는 요점은 무엇인가? 가장 중요한 것은 맛짜랴를 갈고닦지 말라는 것이다. 맛짜랴를 닦는 것은 그 사람을 아주 격렬한 고통과 잔인한 고통으로 가득 차 있는 아귀계에 태어나게 만든다. 맛짜랴를 닦지 않고, 더 나아가 버릴 수 있는 한 가지 방법은 보시할 수 있는 사람이 되는 것이다. 『백연경』의 네 번째 열 가지 이야기 모음집에 나오는 「남은 음식」이라는 이야기에서 붓다는 승가에 다음과 같이 가르친다.

> 만일 승려들이 내가 보시의 결과와 보시의 중요성을 이해하는 만큼 보시의 결과와 보시의 중요성을 알고 있다면, 마지막에 음식이 조금

남아 있을 때 함께 나누어 먹을 만한 가치가 있는 이가 있다면, 그 조금 남은 음식을 그에게 양보하거나 같이 먹지, 절대로 혼자서 먹지 않을 것이다. 그리고 맛짜랴로 가득 찬 생각이 일어나더라도 그들의 마음을 사로잡지 않을 것이다. 그러나 내가 보시의 결과와 보시의 중요성을 이해하는 만큼 보시의 결과와 보시의 중요성을 알지 못하는 이들은, 그들의 음식을 양보하거나 함께 나누어 먹지 않고, 박정하게 혼자 먹을 것이다. 그리고 맛짜랴로 가득 찬 생각이 일어나면 그들의 마음을 쥐고 흔들 것이다.[51]

보시는 맛짜랴를 배양하는 것을 미리 막는 역할을 한다고 할 수 있다. 선물을 주고 공양을 올리는 것은 맛짜랴가 그 사람의 마음을 조종하는 것을 미연에 방지하며, 따라서 그 사람은 내생에 아귀로 태어날 가능성을 막았다는 희망을 가질 수 있다.[52]

그러나 또한 보시는 두 번째 목적이 있다. 보시는 이미 아귀로 태어난 이들의 고통을 덜어주며, 보시하는 이의 사별한 가족들을 포함한 중생들을 도와줄 수도 있다.[53] 그리고 기억하라. 아귀들은 특별히 더 고통스러운 상황에 놓여 있다. 매일매일 참기 힘든 고통을 겪고 있을뿐더러 선행을 할 힘도 없고, 그들 자신을 위해 공덕을 쌓을 수도 없다. 더불어, 그들의 운명을 바꿀 능력도 없다.[54] 그리고 그들의 상황을 더욱더 고통스럽게 만드는 것은, 아귀들은 전생에 인간일 적과 다르게 어떠한 행을 해야 공덕이 되는지 잘 알고 있지만 그저 그 선행을 실천할 수 있는 능력이 없다는 것이다.

아귀들은 아이러니하게 엇갈린 운명을 살고 있다. 그들은 한때 경멸의 눈초리로 거지들을 보았던 이들이다. 그러나 이제 현생의 아귀들은 다른 이들의 자애와 아낌없는 보시에 의지해야만 한다.[55] 선행은 두 가지 형태가 있다. 첫 번째로, 붓다가 다양한 모습의 아귀들 앞에 나타나 붓다의 환영을 보여주거나 불법(다르마)을 가르치는 것이다. 이를 통해 아귀들은 그들의 마음속에 붓다에 대한 믿음을 일으키고 수행할 수 있다. 이 믿음의 수행은 보다 나은 환생의 직접적인 원인이어서, 천신들을 주재하는 제석천(帝釋天)이 사는 삼십삼천(三十三天)인 도리천(忉利天)의 천신으로도 환생할 수 있다.[56] 그러나 다른 문헌에서는 믿음의 수행은 단지 아귀들을 "큰 신통력을 지닌 아귀(pretamaharddhika)"로 태어나게 해주는데,[57] 이 신통력을 지닌 아귀는 어렵기는 해도 공덕을 쌓을 수 있다고 한다.[58] 이와 반대로, 믿음의 수행을 하지 않는 아귀는 아귀계보다 더 끔찍하게 고통스러운 지옥에 떨어질 수 있다.[59]

두 번째로, 사람들은 승가에 공양을 올릴 수 있다. 그리고 이렇게 쌓은 공덕을 특정한 아귀들에게 회향(廻向)할 수 있다.[60] 이러한 이야기들 속의 보통 사람들은 아귀들을 직접 "먹일" 수 없다.[61] 그렇지만 비구와 비구니들에게 음식 등을 공양 올리면, 그 공양물은 공덕으로 바뀌어서 아귀들이 받을 수 있는 형태로 변환된다.[62] (여기서, 아귀들이 받을 수 있는 형태란 먹을 수 있는 것이라기보다는 그들의 업을 경감시켜 줄 수 있는 것을 말한다.) 아귀들은 끊임없이 허기지고 목마르지만, 그들에게 가장 필요한 것은 공덕이다.

승가에 하는 개개인의 보시와 더불어, 『백연경』은 모연(募緣)을 권한다. 모연이란 재가자나 승려가 솔선해서 "마을을 돌아다니면서 모든 이들에게 보시를 권하는 것(勸善)이다."[63] 예를 들어, 「목건련」이라는 제목의 이야기에서 붓다는 전생에 맛짜라에 가득 찬 상인들이었던 오백 명의 아귀들에게는 이러한 가르침을 준다.

> 대덕(大德) 목건련이시여, 라자그리하(Rājagṛha)에 살고 있는 우리의 친척들에게 우리가 어쩌다 이러한 운명에 처하게 되었는지를 설명해 주십시오. 그러고 나서 모연을 시작하시어, 붓다께서 이끄시는 승가에 저희들의 이름으로 대중 공양을 올리게 해주십시오. 그러면 우리가 이 아귀의 몸에서 벗어날 수 있을 것 같습니다.[64]

"대중 모연(chandakabhikṣaṇa)"은 여러 가지 다양한 수행의 한 묶음을 일컫지만,[65] 「옷」이라는 열 가지 이야기의 여섯 번째 모음집에 나오는 이야기는 일관된 설명을 제공한다. 찢어지게 가난한 여인은 유명한 부자였던 아나타삔다다(Anāthapiṇḍada, 급고독〔給孤獨〕)역자주: 『금강경』의 설법지인 기수급고독원을 보시한 장자가 왜 모연을 시작했는지 이해할 수 없었다. 그녀는 어째서 아나타삔다다가 모든 비용을 내지 않는지 궁금해했다.[66] 이에 대해 어느 재가자가 그녀의 궁금증에 이렇게 답한다.

> 이 모연은 가난해서 붓다와 붓다를 따르는 제자들의 무리에 공양을 올리지 못하는 다른 이들의 이익을 위한 것입니다. 아나타삔다다는 그들의 이익을 위해서 이 자애의 행을 하시는 것입니다. 이러한 모연으로 모인 것이 얼마이든 간에, 모두 세존(世尊)께 공양으로 올릴 것입니다.[67]

세존과 승가에 공양을 올리는 것이 큰 공덕을 쌓는 길이지만, 모든 사람들이 그렇게 할 수 있는 형편은 아니다. 불교 문헌에는 아나타삔다다를 포함한[68] 많은 부유한 장자(長者)들의 이야기들이 나온다. 그들은 그들의 집으로 붓다 또는 붓다와 붓다를 따르는 제자들의 무리를 모두 초대해서 공양을 올린다. 그러나 가난한 사람이나 중간 계층의 사람들은 이러한 공양을 올릴 수 있는 음식이나 초대를 해서 모실 수 있는 공간을 마련하기가 어려웠다. "모연"을 시작하는 것은 "자애의 행(anugraha)"이다. 모연을 할 형편이 안 되는 사람들에게 아무리 적은 양이라 하더라도 승가에 음식 또는 공양물을 보시할 수 있는 기회를 주기 때문이다. 아무리 작더라도, 보시는 삶 속에서 개인의 운을 개선할 수 있는 최선의 방법이다. 보시는 내생으로 가져갈 수 있는 유일한 화폐(즉, 공덕)를 쌓을 수 있는 기회를 준다.

지혜로운 이에게 전하는 말

『백연경』은 보시의 이익을 어떻게 청중들에게 납득시킬까? 첫 번째로, 『백연경』이 담고 있는 이야기들을 보시의 이익에 대한 증거 문서와 실천을 위한 모범으로 제시한다. 아귀계에 가서 인간으로서 어떤 행위를 했기에 현재의 비참한 존재가 되었는지에 대해 질문하는 사람들은 항상 그들 대신 붓다에게 물어보라는 권유를 받는다. 비록 이러한 이야기들에 나오는 아귀들은 자신이 저지른 끔찍한 행위와 그 업보의 결과를 알고 있지만, 붓다는 여전히 훨씬 더 많은 것을 알고 있다. "해가 이미 떠 있을 때는 등잔불이 필요 없다."[69]는 일반적인 후렴구인데, 이는 태양이 등잔불보다 훨씬 밝게 빛나는 것처럼 붓다의 지혜가 아귀들의 지혜를 훨씬 능가하기 때문이다. 타오르는 태양 아래서 누가 깜빡이는 등잔불을 필요로 하겠는가?

그러자, 아귀들은 아귀계를 방문한 이들에게 이렇게 말한다.

> 세존께 이것을 여쭈어보십시오. 세존께서는 제가 어떤 짓을 한 과보로 이러한 운명에 처하게 되었는지를 말씀해 주실 겁니다. 그리고 세존의 설법을 들은 다른 이들은 이러한 악행을 삼가게 될 것입니다.[70]

그들이 붓다에게 묻자, 붓다는 아귀들을 현재의 상태로 이끈 맛짜랴에 의해 일어난 사악한 행들을 자세히 설명한다. 좀 더 구체적으로, 붓다는 한 중생의 그간의 업의 역사를 한곳으로 묶는 "업의 연 또는 업의 실(karmaploti)"을 설한다. 붓다의 이 설명은 맛짜랴와 업의 역학에 대한 사례 연구와 증거 문서의 역할을 한다. 맛짜랴를 일구는 것은 내생의 당신이 아귀로 태어나 지옥 같은 고통을 겪는 운명의 저주를 일구는 것이다. 붓다의 설법을 들은 이들은 붓다를 신뢰한다. 따라서 이 이야기들 속의 법문을 듣는 이들은 붓다의 가르침에 따라 행동한다.[71]

『백연경』은 또한 "(아귀가 될) 각오를 하고 맛짜랴를 배양해 봐라"라는 겁주기 전술을 사용해서 청중들에게 전달하고자 하는 바를 확신시키려고 노력한다. 이 이야기들 속의 아귀들은 부정적인 역할 모델을 담당하고 있다. 시로 되어 있는 쉰한 가지 이야기의 팔리어 선집인 『뻬따와뚜(Petavatthu, 아귀 이야기)』[72]에 나오는 아귀들 역시 마찬가지의 역할을 한다.[73] 그러나 이 『뻬따와뚜』 속의 많은 아귀들은 불행과 기쁨을 모두 겪고 있어서, 나쁜 행동이 "타는 듯한, 꿰뚫리는 듯한, 고통스러운, 극심한"[74] 통증에 시달리는 것과 같은 나쁜 결과만을 초래할 뿐만 아니라, (아귀들이 전생에 한) 좋은 행동들은 (아귀일 때도) 좋은 결과를 일으킨다는 것을 예시한다.[75] "절대적으로 악한 행동의 결과는 절대적으로 악하고, 절대적으로 청정한 행동의 결과는 절대적으로 청정하며, 복합적인 행동의 결과는 복합적이다."라는 말은 빈번하게 볼 수 있는 업에 대한 반복적인 문구이다.[76] 그러나 『백연경』에 나오는 아귀들은 오직 불행만을 겪는다. 그리고 그들의 불행은 맛짜랴가 앞으로 있을 수 있는 즐거움의 가능성까지도 삼켜버릴 수 있다고 경종을 울린다.

제프리 셔키(Jeffrey Shirkey)는 아귀의 역할에 대해서 다음과 같이 설명한다.

> "스케어드 스트레이트(Scared Straight)" 프로그램역자주: 1978년에 미국에서 방영된 다큐멘터리의 제목이다. 폭스리버교도소의 청소년 교정 프로그램인데, 청소년 범죄를 저지른 미성년자들을 강력범죄자들과 직접 대면하게 해서 겁을 먹게 함으로써 교정한다에 참가했던 현대의 강력범죄자들과 다소 유사하다. 이러한 프로그램에서는, 사회의 법을 어기고 청소년기에 잘못된 선택으로 인해 현재 고통받고 있는 강력범죄자들이 자신과 비슷한 잘못된 선택을 할 위기에 처한 청소년들에게 열정적으로 설교한다. 프로그램의 이름에서 알 수 있듯이 이 프로그램의 목표는 청소년들이 겁을 먹게 해서, 그들이 위반할 의사가 있는 사회의 이상과 법에 따르도록 하는 것이다.[77]

아귀는 "대가를 치르지 않는 범죄는 없다."라는 사실을 직접 경험했다는 점에서 강력범죄자와 비슷하다. 일부 범죄자들은 그들이 범죄를 저지른 주로부터 처벌을 피할 수 있다고 생각할 수도 있겠다. 그러나 불교에서는 그 어느 누구도 인과응보를 피할 수 없다고 가르친다. "업은 수백 겁이 지나도 결코 사라지지 않는다."[78]

『백연경』에 나오는 아귀들의 이야기들은 분명히 신뢰와 두려움을 올바른 행동의 주요 동기로 삼는 보시에 대한 윤리적인 권고로 이해할 수 있다. 그러나 이 이야기들이 주로 주의를 주고자 하는 것은 앞서 말했듯이 분명히 마음의 자세이다. 그리고 이러한 경고는 이 가르침을 따르는 사람들이 일종의 모순에 맞닥뜨리도록 이끈다. 보시의 결과가 축복이며 동시에 저주이기 때문이다. 즉, 선행은 선업, 즉 공덕을 낳고, 공덕은 (단순히 생계를 유지하는 것만이 아니라) 재산의 잉여를 일으킨다. 그러나 이 부의 잉여는 맛짜랴가 일어나게 만들 수도 있다.[79] 그리고 이 맛짜랴는 각종 과오를 일으킬 수 있다. 가장 대표적인 것은 비정상적인 사고방식으로 잘못된 다르마(즉, 자기한테만 올바른 잘못된 진리)를 만들어 내고, 이 그릇된 진리의 잣대를 어기는 사람들을 혹독하게 대하게 만드는 것이다. 이 그릇된 잣대를 가진 이들의 눈에는 권선을 청하는 승려들은 자기의 것이 아닌 것을 원하기 때문에 아귀들 또는 무임승차자, 또는 도적들과 같은 것들로 보인다. 그들의 눈에는 구걸은 도둑질과 같은 것이다.

이들의 그릇된 견해가 납득이 갈 수 있게 해주는 것은, 적어도 나에게는, 내 고향인 매사추세츠주의 노샘프턴시에 한때 널리 알려진 한 목회자의 글이다. 그 글은 조나단 에드워즈(Jonathan Edwards)라는 유명한 18세기 청교도 신학자이자 개혁가의 설교이다. 그는 비슷한 패러독스를 인지한다.

에드워즈는 덕(德)은 부를 낳지만, 부는 타락한다는 역설 속에 살았던 많은 캘빈주의자들 가운데 한 명이다. 에드워즈는 시장에서 유래한 소유욕의 확장을 "모든 사회와 행복의 접합제"인 공동체 의식을 파괴하는 이기심과 연결시켰다. …(중략)… 번영하는 사회는 경건한 사회이며, 경건한 사회는 결속력이 강한 사회이다. 그리고 이 단단히 결속된 사회에 사는 개인들은 사적인 이익을 공동체의 이익을 위해 희생한다. …(중략)… 에드워즈는 사회로서의 몸이 사적인 재산보다 우선한다는 권고를 근거로 개개인은 단지 공동 재산의 관리인에 불과하다고 보았다. 자선을 부정하는 것은 재산에 대한 하나님의 소유권보다 개인의 소유권을 더 우선시하는 그릇된 똥고집이다. 에드워즈는 그를 따르는 사람들에게 "당신은 (소유물에 대한) 어떠한 권리도 주장할 수 없다. 오직 (주님의 것에 대한) 종속적인 권리만 가지고 있을 뿐이다."라고 말했다. 자신의 재산을 자기만을 위해 보관하는 사람은 "주인을 강탈해서 그 재산을 횡령하는 죄를 지게 된다."[80]

에드워즈의 비판은 부자들을 향한 것이다. 청중들은 어쩌면 비슷한 비판을 『백연경』에서 찾을 수 있을지도 모른다. 부자들이 매달릴 게 더 많기 때문이다.[81] 그러나 『백연경』에서 맛짜랴를 증장하는 것으로 묘사된 사람들은 경제적 또는 사회적 엘리트가 아니다. 그들의 대부분은 부나 성별, 또는 양자의 측면에서 볼 때 사회적으로 열등한 사람들이다. 그들은 며느리, 노동자, 우물가의 젊은 여성, 또는 상인의 아내이다. 그들은 「잠발라」 이야기의 쪼잔한 승려처럼 그저 "평범한 사람들"에 불과하다.[82] 그러나 그들은 에드워즈가 말하는 것처럼 "특정 재산권에 대한 어긋난 주장"을 펼친다. 그들은 자신을 단순한 관리인으로 생각하지 않으며, 나눔을 거부하는 것이 일종의 (사회적 공동 재산의) 강탈이나 횡령이라고 생각하지도 않는다.

『백연경』은 불교 담론에서 자주 볼 수 있는 "보통 사람(pṛthagjana)"과 "고귀한 사람(聖人, ārya)"의 구분을 따르는 것으로 보인다. 여기에서 전자는 불교의 사상과 수행을 배우지 못하고 불교의 가르침에 따라 자신을 제어할 줄 모르는 대중을 가리키고, 후자는 불교의 가르침을 통찰하고 불교의 길로 나아간 정신적으로 고귀한 사람을 일컫는다. 『백연경』은 특히 전자의 경우, 맛짜랴를 증장시키고 후생에 아귀로 태어날 씨앗을 심은 사람들로 묘사하고 있다. 앞서 언급한 「사탕수수 방앗간」의 일꾼처럼, 그들은 불교의 "고귀한 다르마"를 들어본 적이 없거나 다른 다르마에 대한 "그릇된 똥고집"으로 인해 불교의 "고귀한 다르마"에서 멀리 떨어져 있다. 예를 들어, 「잠발라」 이야기에서는 "사원에 거주하는 사람"[83]이며, 불법을 배운 것이 확실한 승려조차도 "보통 사람"으로 분류한다. 이렇게 『백연경』은 "수행이 뛰어난 사람"과 "수행이 미천한 사람"이라는 견지에서 쉽게 "승려"와 "재가자"로 구분하던 것에 문제가 있다고 지적하고 있다.[84] 신분이나 사회적 지위가 아무리 높다 하더라도 맛짜랴에 얽매인 사람은 "보통 사람"으로 확실하게 자리를 잡는 것이다. 붓다고사는 『청정도론』에서 "보통 사람"은 "미치광이와 같다"라고 말한다.[85]

『백연경』의 가르침을 들을 청중은 누구일까?

따라서 "보통 사람들", 특히 배설물의 불결함에 대한 강렬한 (그리고 아마도 브라만적인) 혐오감을 가진 사람들[86]이 이러한 이야기의 주요 청중이 될 것이라고 예상할 수 있다. 정통한 승려들은 노동자, 여성, 승려 등 방탕한 사람들에게 이러한 이야기들을 직접 들려주며 간탐의 위험성과 보시의 이점에 대해 경종을 울렸다. 앞서 언급했듯이 이러한 이야기들은 승려와 재가자 모두를 대상으로 했을 가능성이 높다.[87] 그리고 이 시나리오는 두 그룹 모두를 설명할 수 있다. 하지만 재가자들 중에서, 주요 청중들은 "보통 사람"이 아니라 상인들일 가능성이 높다.

상인들은 불교 초기의 주요 신도층 중 하나였으며,[88] 이러한 이야기들 속에 있는 상인의 부에 대한 다양한 찬사들은 실제이든 바라던 바이든 간에 부유한 사업가들이 대상 청중이었음을 시사한다. 이야기들에서는 이들을 슈레슈틴(śreṣṭhin)이라는 용어로 부른다. 나는 이 용어를 "상인"으로 번역하지만, 이 용어는 "은행가나 상인, 또는 조합의 우두머리"를 의미할 수도 있다.[89] 역자주: 한문권에서는 장자(長者)로 번역한다. 따라서, 이후 슈레슈틴은 장자로 번역하겠다 이 이야기들 가운데에서 장자의 공통적인 특징은 그들이 많은 재산을 소유하고 있다는 것이다. 본문의 열 가지 이야기들 가운데 네 편에서는 장자를 "부유하고, 부귀하며, 유복하고, 방대한 재산을 가지고 있으며, 바이슈라바나(Vaiśravaṇa) 신 역자주: 비사문천(毘沙門天) 또는 다문천(多聞天), 부의 신과 같은 정도의 부를 축적한 사람이 있었다. 실제로, 그는 부에 있어서라면 바이슈라바나 신과 견줄 정도였다."라고 묘사한다.[90] 『백연경』에 나오는 백 개의 이야기들 가운데 스물다섯 개의 이야기에 상인에 대한 같은 표현 방식이 보이는데, 이는 『설일체유부 율장』의 빈도수의 배나 되는 숫자이다. 이러한 빈도수는 『백연경』의 장자, 즉 초부자(超富者)에 대해 지극한 관심, 더 나아가 일종의 강박적 집착을 보이고 있다는 것을 암시한다.[91]

장자 또는 이 명칭의 프라크리트어(Prakrit)역자주: 그 당시 인도 대중의 언어는 인도 불교의 비문에 가장 빈번하게 등장하는 명칭으로, 불교 건축물들에 대한 공식적인 기부자로서의 중요성을 증명한다.[92] 그러나 『백연경』의 이야기들에 나오는 장자들은 성지나 사원에 공식적으로도 비공식적으로도 기부를 하지 않는다. 그들이 보시하는 것은 「똥 단지」와 「사탕수수 방앗간」에 나오듯 좋은 음식 또는 사탕수수즙처럼 보다 일상적이고 가정적인 것들로, 자애로운 인간이 되기 위한 일상생활에서의 실천을 제안한다. 이러한 일상생활에서의 실천으로서의 보시는 일반적으로 사원의 비문에 기록되어 있지는 않지만, 불교 설화들 속에서는 종종 볼 수 있다. 후자는 교훈적인 이야기이며, 이 이야기 모음집인 『백연경』에 수록된 이야기들처럼 많은 이야기들이 선한 의도[93]를 기르고, 선한 행동을 할 마음을 품게 하고, 불교 공동체와 불교에 대한 굳건한 신심을 고양하는 데 관심이 있다.[94]

『백연경』에 나오는 아귀의 이야기들은 경고의 메시지 역시 담고 있다. 상인들은 몇몇 예외[95]를 제외하고는 일반적으로 선한 의도와 신뢰하는 성격을 가지고 있는 것으로 묘사된다. 상인들의 이러한 성격은 상인들 밑에서 일하는 사람들의 악한 의도와 심술궂은 행동들과 극명하게 대조를 이룬다. 「똥 단지」 이야기 속 한 상인은 좋은 음식을 벽지불에게 보시하고, 그의 며느리에게도 그렇게 하라고 시켰지만, 그 며느리는 맛짜랴에 휩싸여서 자기 마음대로 깨달은 분 모르게 똥을 보시했다. 「사탕수수 방앗간」 이야기 속 상인은 사탕수수즙을 벽지불에게 보시했고, 그의 밑에서 일하는 사람에게도 그렇게 하라고 지시했다. 그러나 그 사람 역시 맛짜랴에 사로잡혀서, 벽지불 모르게 오줌을 넣어서 건네주었다. 그리고 「웃따라」 이야기 속 한 상인은 그의 모든 돈을 어머니에게 드리며 탁발 수행자들과 가난한 사람들에게 나누어 줄 것을 부탁했지만, 맛짜랴에 가득 찬 그녀는 돈을 감추고, 동냥 오는 사람들을 호되게 꾸짖었다. 그러고 나서 그녀의 아들에게는 아들이 부탁한 대로 했다고 거짓말을 했다. 아마도 이러한 상인들은 신뢰할 대상을 잘못 선택했던 것 같다.

집안의 가장들은 부양가족들을 경계해야 한다. 위에서 소개한 이야기들에서는 각각 며느리, 일꾼, 그리고 그의 어머니에게 배신을 당한 상인들이 등장한다. 위에서 언급한 이야기들 외에도 「날 때부터 눈이 먼 사람」에 나오는 상인의 딸, 「자식들」에 나오는 상인의 첫 번째 부인, 「음식」에 나오는 재가자의 부인의 부당한 행동들을 이야기하고 있다. 다음으로는 갈증으로 괴로워하는 젊은 승려를 조롱한 한 젊은 여인의 이야기가 「마실 물」에 나온다. 『백연경』에 나오는 많은 인물들은 "신뢰할 수 있거나 독실한(śrāddha)" 사람들인데, 스물다섯 가지 이야기들 가운데 이렇게 언급되는 인물들은 주로 재가자 또는 왕이다. 그러나 『백연경』은 상인의 가족들과 일꾼들은 이렇게 묘사하지 않는다. 그리고 여성들에게 특히나 더 혐의를 두는 것으로 보인다.[96] 『백연경』은 "눈에 잘 띄지 않는 곳에 숨어 있고, 집 근처에 있는 평범한 사람들"을 조심하라고 하는 것으로 보인다. 그들의 간탐은 나쁜 결과를 일으킬 수 있다.[97]

이 이야기들의 또 다른 청중은 분명히 승려들이다. 특히 맛짜랴로 인해 무엇을 획득하려 하거나 악의를 일으키는 것의 위험성을 상기시켜 줄 필요가 있는 이들을 위한 것이다. 앞서 말했듯, 「잠발라」 이야기에 나오는 승려는 "자기 거주지에 대한 극도의 맛짜랴를 가지고 있는 보통 사람"이다. 이 승려는 자기가 살고 있는 사원을 방문한 아라한이 자기의 공간을 침범한다고 생각해서 그를 가혹한 말로 학대했고, 그 결과 "윤회 속의 끝없는 고통"을 겪게 된다. 그리고 「날 때부터 눈이 먼 사람」에서 상인의 딸은 출가해서 친척이 그녀를 위해 지은 사원에 거주한다. 그러나 그녀가 계율을 지키는 데 부주의했기 때문에 다른 비구니들이 그녀를 사원에서 추방한다. 맛짜랴에 기반한 앙갚음으로, 그녀는 그 사원에 들어오던 보시를 중단시키고 그녀의 신도들을 공공연히 비난한다. 마치 그녀가 그녀의 사원에 살 수 없다면, 그 사원에 사는 다른 비구니들은 그렇게 살다가 굶어 죽으라고 하는 것 같다. 그리고 덕이 높은 승려들을 보면 눈을 꼭 감아서 올바른 승려들과 올바름 자체에 스스로 눈이 멀게 만들었다. 그러나 "고귀한 다르마"는 보지 않겠다는 의지가 있다고 해서 사라지는 것이 아니다.

그리고 끝으로 「상인」 이야기 속의 바이슈라바나 신 만큼 전설적인 재화를 가진 한 장자는 승려가 되어 명성도 얻고, 사원의 비축물도 가진다. 그는 사원의 비축물을 개인 재산으로 취급하는 데까지 이르러서 이것들이 누구도 빼앗을 수 없는 자기 것이라는 망상에 고통받는다. 그는 또한 다시 에드워즈를 인용해 말하자면 "특정한 소유권에 대한 그릇된 똥고집"을 드러내는데, 승려가 되는 것은 사유 재산의 소유권을 공식적으로 포기하는 것이라는 점을 고려한다면, 이러한 그의 행동은 너무나 어처구니없는 일이다. 승려는 사원의 물품을 임시로 관리하고, 임종에 이르러서는 가지고 있던 것들을 모두 승가에 돌려주겠다고 서약한다.[98] 그러나 이 이야기 속의 승려는 탐욕스러워서 죽은 뒤 아귀로 태어나 여전히 자신의 옛 승방에서 예전에 쓰던 발우와 가사를 꼭 붙잡고 있었다. 붓다는 승려들에게 이 안쓰러운 광경을 목도하게 하고 아귀에게 이러한 가르침을 베푼다. "나를 향한 신심을 키우라! 그리고 이 사원의 비축물에 대한 무집착을 길러라!"

승려는 붓다를 믿고 물질적 재물에 대한 집착을 버려야 하며, 스스로 재물을 소유하거나 소유할 수 있다고 착각하는 맛짜랴에 가득 찬 생각을 경계해야 한다. 승려는 에드워즈의 말처럼 물질에 마음이 흔들리지 않고 소유욕에 오염되지 않는 냉정한 관리인인 "청지기"가 되어야 한다. 비구와 비구니는 스스로를 "고귀한 분(ārya)"이라고 생각할 수 있지만, "보통 사람(pṛthagjana)"이거나, 일부 팔리어 원전을 따르자면, "눈이 멀어 시력을 잃고 알지 못하고 보지도 못하는, 어리석은 보통 사람(bāla-puttujjana)"일 수도 있다.[99] 자주 인용되는 『법구경(Dhammapada)』의 경구는 중요한 경각심을 일깨워 준다. "이 세상 사람들은 눈이 멀었다! 이곳에는 명확하게 보는 사람이 드물다."[100] 비구와 비구니는 명확하게 볼 수 있는 소수의 사람이 되기 위해 반드시 최선을 다해야 한다.

간탐, 야비함, 그리고 그릇된 믿음

『백연경』에 나오는 맛짜랴(간탐)의 병리학은 언어, 예술, 삶에서 오늘날과 비슷한 측면을 가지고 있으며, 이러한 점은 이 텍스트가 현

대 세계를 이해하는 데 도움이 될 수 있고, 그 반대의 경우도 마찬가지라고 생각한다.[101] 『백연경』에 나오는 맛짜랴와 그것이 유도하는 행동들은 매우 구체적이고 심지어 특이하다. 그렇지만, 『백연경』에 나오는 이러한 것들은 문헌 자체가 그렇지는 않더라도 많은 사람들이 알아차릴 수 있을 정도의 유형의 일탈을 알려준다.

예를 들어, 현대 영어는 텍스트에서 발견되는 다양한 "항문(anal)" 형태의 행동에 대한 은유와 완곡어법이 풍부하다. 이는 그러한 행동이나 그러한 행동을 생성한 병리 모두 일반 사회와 매우 동떨어진 것은 아니라는 점을 시사한다. 등장인물은 똥처럼 보이고(꼴이 말이 아니고), 똥을 먹고(굴욕을 참고), 똥을 잃고(화를 내고), 다른 사람에게 똥을 싸고(다른 사람들을 형편없이 대하고), 똥을 주지 않는다(관심이 없다). 맛짜랴로 인해 똥을 다른 이들에게 음식이라고 주고, 그 결과로 먹을 수 있는 유일한 음식이 똥이 되어버리는 것처럼, 맛짜랴는 똥 같은(개 같은) 의사 결정과 똥 같은(개 같은) 결과를 초래한다. 이러한 형태의 일탈을 수사학적으로, 심리적으로, 또는 우주론적으로 이해하든 간에, 이 이야기들은 악행의 형태와 그것이 실제적으로 심신에 미치는 결과에 관심을 갖는 불교적 상상력을 말해주고 있다.[102]

맛짜랴를 번역할 때 사용한 영어 단어 "mean"도 맛짜랴를 이해하는 데 적절하고 의미가 통한다. 『옥스퍼드 영어사전』에 따르면 "mean"은 마찬가지로 "계급이나 자질이 저급하고 … 종종 고귀한 것과 반대되는 … 가난하고, 능력과 학식이 부족하고, 도덕적 존엄성이 결여되어 있고, 야비하고, 도량이 좁으며, 찢어지게 가난하고, 넉넉하지 않으며, 인색하고, 악독한" 사람들과 연관되어 있다. 다시 말해, 비열한 사람은 "고귀한 사람"의 정반대이다. 그들은 부유하지도 않고 학식도 없으며 부도덕하고 비열하며 잔인하기까지 하다. 『메리엄-웹스터 대학생용 어학사전』에 따르면, 이들이 추종하는 "비열함"은 "해를 가함이라는 만족을 위해 (타인에게) 고통을 주려는 욕망"으로, "비폭력(ahiṃsā)"이라는 초기 불교의 이상을 뒤집어 놓은 것이다.[103] 따라서 맛짜랴와 비열함 모두 생각과 행동, 인색함과 악랄함을 연결하며 경제 및 사회계급에 대한 암시적인 방향성을 내포하고 있다. 『백연경』에서 두 용어가 반복적으로 사용되었다는 것은 저자와 의도된 청중의 특정 정치적 성향과 변화에 대한 열망, 더 나아가 개혁에 대한 열망을 보여주는 것이 분명하다.[104]

비열함은 플래너리 오코너(Flannery O'Connor)의 유명한 단편 소설 『좋은 사람은 찾기 힘들다』에 등장하는 가학적인 살인자 "미스핏(Misfit)"이라는 상징적인 반(反) 영웅에서 찾아볼 수 있다. 그는 한 할머니의 아들과 손자를 죽이고 나서, 그녀를 죽이기 전에 이렇게 설교한다.

> "예수님만이 죽은 자를 살리신 유일한 분이시지." 미스핏은 계속해서 말했다. "그렇게 해서는 안 되는 일이었습니다. 그분은 모든 균형을 무너뜨렸어요. 그분께서 말씀하신 대로 하셨다면 모든 것을 버리고 그분을 따르는 것 외에는 할 것이 없습니다. 만약 그렇지 않았다면 누군가를 죽이거나 그의 집에 불을 지르거나 그에게 다른 비열한 짓을 하는 등 남은 몇 분을 최선을 다해 즐기는 것 외에는 할 것이 없습니다. 즐거움은 없고 비열함만 남습니다."라고 그는 말하며 목소리가 거의 으르렁거렸다.[105]

(플래너리 오코너 저, 정윤조 역, 『좋은 사람은 찾기 힘들다: 플래너리 오코너 소설』, 문학수첩, 2014)

여기서 비열함은 일종의 왜곡의 정점에 도달했다. 미스핏이 오직 비열함만 경험하고 즐거움은 경험하지 않은 것인지, 아니면 비열함만이 그의 유일한 즐거움인지 알 수 없다. 후자의 독법은 『메리엄-웹스터 대학 사전』의 정의와 『백연경』에 나오는 맛짜랴로 가득 찬 인물들이 다른 사람을 괴롭히면서 오로지 그들에게만 정의로운 것들을 행동하는 데에서 비롯된 쾌락을 취하는 것을 떠올리게 한다. 그들의 샤덴프로이데(schadenfreude)역자주: 타인의 불행에서 기쁨을 느끼는 심리는 그들이 연민과 그릇된 방향으로 생각하고 행동하고 있다는 증거이다.

불교 세계에 부적합한 사람들은 많은 불교 경전에 의하면 다른 사람을 도울 때조차도 자신에게 행복과 안전을 제공하는 "자애로운 마음(maitrī)"을 기를 수 없거나 닦으려 하지 않는다.[106] "원수를 사랑하라"는 명을 받고, 그 명을 따르면 굉장한 보상을 받을 수 있을 것(마태복음 5:44-45)이라는 말을 들을 수 있다. 그런데 실제로 그 명을 따르는가? 정신분석학자 아담 필립스(Adam Phillips)와 역사학자 바바라 테일러(Barbara Taylor)는 『자애란 무엇인가(On Kindness)』에서 "지금 대부분의 사람들은 자라면서 자애로움은 패배자의 미덕이라고 은근히 믿는다."라고 말한다.[107] 이 『백연경』이 들려주려는 청중 가운데 일부는 자애로움에 대해 똑같은 생각을 하고 있었던 것은 아닐까? 그들은 타인들에게 자애를 베풀면 "우리와 그들 모두가 갈망하면서도 두려워하는 방식으로 우리들을 세상과 다른 사람들의 세계를 향해 노출시켜 버릴 것"이라고 여겼던 것은 아닐까?[108] 그들의 세계는 "잔인함의 쾌락과 쾌락의 잔인함"으로 점철되어 있었던 것은 아닐까?[109] 그들은 불교를 따르는 사람들이었을까, 아니면 따르지 않는 사람들이었을까?

영화 「월 스트리트(Wall Street, 1987)」에서 마이클 더글라스(Michael Douglas)가 연기한 탐욕스러운 기업 사냥꾼 고든 게코(Gordon Gekko)를 통해 비열함은 또 다른 정점에 이른다. 고든 게코는 경영난에 시달리는 회사 텔더 페이퍼(Teldar Paper)의 주주들에게 자신의 주식 공개매수 제안을 거부할 것을 촉구하는 연설을 통하여 자신이 왜 주주들의 신뢰와 지지를 받을 자격이 있는지 설득한다.

> 신사 숙녀 여러분, 요점은 탐욕은 이보다 더 좋은 단어가 없기 때문에 좋은 것입니다. 탐욕은 옳습니다. 탐욕은 유효합니다. 탐욕은 진화의 본질을 명확히 하고, 핵심을 꿰뚫고 담아냅니다. 생명에 대한 탐욕, 돈에 대한 탐욕, 사랑에 대한 탐욕, 지식에 대한 탐욕 등 모든 형태의 탐욕은 인류의 발전을 이끌었습니다. 그리고 탐욕은 텔더 페이퍼뿐만 아니라 미국이라는 또 다른 부실기업도 구할 수 있습니다.

게코는 거짓말과 속임수를 거듭하며 단순히 부실한 기업이라는 이유만으로 파산시키는 신뢰할 수 없는 인물이지만, 탐욕의 효능에 대한 그의 호소는 진심이다. 그는 세상을 "누군가는 이기고 누군가는 지는 제로섬게임"이라고 생각하며, 어떤 대가를 치르더라도 항상 이기기를 갈구한다. 탐욕이 통한다는 것은 분명하다. 게코 자신은 막대한 부를 소유하고 있으며, 회사와 미국을 구하기 위해 탐욕에 대한 그의 호소는 주주들이 그의 제안을 받아들이도록 만들었다. 한 정직한 중개인은 "돈의 가장 중요한 점은 하고 싶지 않은 일도 할 수밖에 없도록 만든다는 것"이라고 설명한다. 그러나 이 영화는 돈에 대한 탐욕이 사람들이 한때 매우 싫어했던 일을 하는 것 자체에 대한 반감까지도 넘어설 수 있게 만든다는, 또 다른 측면을 보여준다. 탐욕은 부당한 것을 정당화하여 묵인에서 동의로 그들의 방식을 합리화하도록 유혹한다.

게코는 부도덕하고 비참하며 잔인하다는 점에서는 분명 "비열하다"고 할 수 있다. 그는 부유하고 학식도 많지만, 그럼에도 불구하고 인색하고 악랄하다. 게코는 내부 거래를 통해 남을 속이고 자신의 부를 축적하는 1980년대 주식 거래자들의 비열함을 대변하는 일종의 아바타로, 그의 캐릭터를 형성하는 실존 인물 중 한 명은 악명 높은 이반 보에스키(Ivan Boeski)이다. 보에스키 역시 트레이딩 전문가로 각광받다가 기소되어 벌금을 내고 수감되었는데, 그 역시 말과 행동으로 자신의 탐욕을 마음껏 펼쳤다. 1986년 캘리포니아대학 버클리 경영대학원에서 행한 그의 졸업식 연설은 영화에서 게코가 주주들에게 한 연설의 모티브가 되었다. 보에스키는 졸업생들에게 "탐욕은 바람직하다고 생각합니다."라고 말했다. "탐욕스러워도 여전히 자신에 대해 만족할 수 있습니다."[110] 영화의 속편인 「월 스트리트: 돈은 잠들지 않는다(Wall Street: Money Never Sleeps, 2010)」에서도 마찬가지였다. 여기에서 새로운 세대를 위해 보에스키의 연설을 게코 버전으로 수정하여 예술과 삶이 자연스럽게 일치할 수 있도록 했다. "저는 한때 '탐욕은 좋은 것이다.'라고 말한 적이 있습니다. 이제는 그 말이 합법적인 것 같습니다. 모두가 같은 쿨에이드(Kool-Aid) 음료수를 마시고 있으니까요." 탐욕이 일종의 법칙이 되었다는 착각에 모두가 같이 빠져 있는 것 같다.[111]

게코와 보에스키는 모두 "고귀한 다르마"와는 한참 멀리 떨어져 있으며, 탐욕을 일종의 미덕으로 받아들여 부의 극대화가 도덕적 우월성을 상징하는 것으로 여기고 있다. 하지만 그들은 자신의 행동의 정당성, 즉 정의로움을 어느 정도까지 믿고 있을까? 그들은 정말로 "고귀한 다르마"의 믿음에서 벗어나 있는 것일까? 아니면 "(탐욕이라는) 한 가지 감정을 진짜로 즐기거나 또는 그 감정을 즐기는 척하지만 마치 남들이 자기를 그렇게 하도록 만든 것처럼 연기하는, (끊임없이 핑계를 만들어 자기를 정당화시킬 수 있는) 지속 가능한 형태의 착각"에 빠져 그릇된 믿음을 실천하고 있는 것일까?[112] 월스트리트에서 게코는 블루스타 항공 노조와 협상할 때 자신의 추종자인 노조 위원장 아들의 신뢰를 이용해 그릇된 믿음을 행동으로 옮기고 있는 것임이 분명하다. 약속과는 달리 게코는 회사를 경영할 생각이 없었고, 회사를 청산하여 자산을 매각하고 과잉 적립된 연금을 자신을 위해 사용하려고 했다.[113] 하지만 주주들에게 탐욕의 가치를 찬양할 때 그는 과연 진실한 믿음을 바탕으로 행동하고 있던 것일까? 그는 실제로 탐욕이 선하다고 확신하고 있던 것일까? 아니면, 어떻게 해서든 자신을 기만하고 있던 것일까? 그리고 그는 다른 사람들을 속이고 있던 것일까? 그는 진실을 말하고 있던 것일까, 아니면 이중적인 태도를 보이고 있던 것일까? 이것은 일종의 그릇된 믿음의 또 다른 사례일까?

이러한 "그릇된 믿음"과 "올바른 믿음"이라는 아이디어는 불교 설화 문학에서 명확하게 설명하고 있지는 않더라도 분명하게 드러나기 때문에, 신념이 불교 윤리에 미치는 복잡한 영향에 대해 생각하는 데 도움이 된다. 예를 들어, 『디비아바다나』의 「외톨이 바보 이야기」는 빤타까(Panthaka) 스님이라는 어리석은 것처럼 보이는 승려에 대한 이야기를 한다. 그가 마침내 아라한과를 성취하자,[114] 붓다는 그에게 한 무리의 비구니들을 가르칠 것을 부탁했다. 그러나 그 비구니들은 빤타까 스님이 3개월 동안 붓다의 가르침 한 구절을 못 외워서 쩔쩔매는 모습을 지켜보았다. 그러고는 그가 아라한과를 성취한 것을 모른 채 그를 바보라고 여겼다. 빤타까 스님이 비구니들에게 다가갔을 때,

> 그는 사자좌가 특별히 준비되어 있는 것을 보고는 "이 사자좌는 선한 마음으로 준비된 것인가, 아니면 해를 끼치려는 의도에서 마련한 것인가?"라고 반문했다. 그는 그것이 해를 끼치려는 의도에서 준비되었다는 것을 보았다. 그래서 빤타까 스님은 코끼리 몸통 같은 팔을 뻗어 사자좌를 제자리에 옮겨놓았다.[115]

그 비구니들은 빤타까를 위한 자리를 마련할 때, 나쁜 신념에 기반해서 행동했다. 그녀들이 빤타까를 "사자좌(siṃhāsana)"[116]에 앉히는 것은 전통적인 의미에서 그를 존경하기 위한 것이 아니라, 조롱하고 싶어 하는 욕구에서 비롯한 것이었다. 그녀들은 자신들이 미련하다고 여겼던 사람이 자신들에게 설법을 하는 것이 자신들을 욕되게 하는 것이라고 생각했다. 그래서 그 바보가 자기 주제를 잘 알고 설법을 하지 않거나, 더 심하게는 그가 분수도 모르고 높은 자리에서 수천 명의 청중에게 설법하여 스스로를 수치스럽게 만들 뿐만 아니라, 청중들로부터 따돌림당하는 상황을 만들어서 그 바보에게 앙갚음하고자 했다. 이 『디비아바다나』는 "올바른 믿음에 바탕해서 행동하는 것(prasādajātābhiḥ)."—아마도 "신념으로 또는 신념을 가진 자의 의무를 다하는 것(prasannādhikaraṇaṃ+√kṛ)"[117]—과 "해를 끼치려는 의도로 행동하는 것(viheṭhanābhiprāyābhiḥ)"의 이분법을 설정한다. 신심

깊은 이들은 자신과 타인에 대한 믿음을 기르지만, 이 비구니들은 진실하지 못하고 이중적인 태도로 "끊임없이 기만하는 행위"를 함으로써 빤타까를 응징하고 그를 따르는 이들이 그에게 등을 돌리게 하려고 한다. 그들은 단순히 신념 없이 행동하는 것이 아니다. 그들은 불교 경전을 잘 알고 있는 학식 있고 뛰어난 비구니들이지만, 나쁜 신념에 바탕한 행동을 하고 있으며, 그것도 잔인하게 하고 있다. 그럼에도 불구하고 존귀한 빤타까 스님은 높은 자리에 앉아 여러 가지 기적을 행하고 겨우 외워 놓은 구절의 전반부를 설명하는 동안, 만이천 명의 중생을 일깨웠다. 이렇게 해서 비구니들의 나쁜 의도가 꺾인다. "그들은 존귀한 빤타까를 망치려고 했지만, 오히려 그에게 유익한 일만 해주었다."[118]

이 이야기에 등장하는 열두 명의 비구니들은 겉으로는 신실하지만 속으로는 화가 난 채로 "끊임없이 기만하는 행위"를 하고 있었던 것이 분명하다. 높이 솟은 사자좌를 만드는 것은 조롱하는 행위이며, 슈라바스티(Śrāvastī) 시내의 거리, 도로, 광장, 교차로에서 "내일 우리의 위대한 스승께서 오신다!"라고 대대적으로 알리는 것도 마찬가지로 조롱하는 짓이다.[119] 그녀들은 자신들, 넓게는 모든 여성을 모욕한다고 생각하며 비난을 퍼부었다. "자매 여러분, 여성들이 어떻게 모욕을 당하는지 보세요!"[120] 그러나 빤타까를 모욕하고, 학대하며, 무례하게 대하는 "다른 종교 전통을 추종하는 외도들(anyatīrthikā)"과는 달리, 비구니들은 다른 법을 받아들이지 않은 것으로 보인다. 따라서 그 비구니들도 외도들과 마찬가지로 "무례한(avadhyāyanti)" 존재이다. 그녀들은 빤타까, 그의 청중들과 더불어, 그녀들을 위해 설법을 해줄 것을 빤타까에게 부탁한 붓다까지 배신하려는 시도를 하는 등

앙심을 품은 행동들을 하지만, 외도들과는 달리 그녀들은 이러한 감정에 그 당시만 한시적으로 지배당한 것으로 보인다. 좀 더 거칠게 표현하자면, 그들은 슈라바스티의 사람들에게 허튼소리를 하고 있지만, 그들 스스로는 그들이 다른 이들에게 하는 헛소리를 믿지 않았던 셈이다.

이에 비해 『백연경』에서 맛짜랴를 기르는 승려들은 그들이 선량하다는 착각에 사로잡힌 채 정도는 다르지만 『디비아바다나』에 나오는 비구니들보다 훨씬 더 많은 위협에 노출된다. 위에서 언급했듯이 「잠발라」에서 "보통 사람"이고, "자신이 머무는 곳과 관련하여 극단적인 맛짜랴"를 지닌 그 사원에 거주하던 스님은 방문 중인 아라한을 악의적으로 비난하며 선의로 보시된 것을 편취했다고 비난한다. 그 (보통 사람인) 승려가 거주하는 사원을 건축한 재가자(따라서 그 승려가 속한 사원 부동산의 임시 소유자)[121]는 방문한 승려가 아라한임을 알아채고 그와 승가 공동체를 초대하여 증기탕과 식사를 공양 올렸다. 방문했던 아라한이 초대된 사실을 몰랐던 그 사원에 상주하는 그 승려는 증기탕에 들어가서, 사원의 소유자인 재가자가 갖가지 향기로운 향료로 아라한을 마사지하고 있는 것을 발견했다. 그러자,

> 그 사원에 거주하는 승려에게 맛짜랴의 감정이 일어나서, 악한 생각에 오염된 마음으로 방문한 아라한에게 모진 말을 했다. "스님, 이렇게 시주자의 봉사를 억지로 받으려고 하느니 차라리 당신 자신의 몸에 똥칠을 하는 것이 낫겠네요!"

사원에 거주하는 승려가 이성을 잃고 화를 낸 것은 그 사원의 임

시 소유주인 재가자가 외부인에게 (자신의 것이라고 생각한) 재화와 봉사를 나눠준 것에 분노하고, 방문한 아라한이 어떻게든 재화와 봉사를 갈취했을 것이라고 확신했기 때문일 것이다. 그 아라한은 이 책망을 조용히 받아들이고, 속으로 이 언어폭력이 가져올 끔찍한 업보를 한탄했다. 그러나 사원에 거주하는 승려는 다음 사원의 대중 회의가 열릴 때까지 자신의 어리석음을 깨닫지 못했다. 그러던 중 다음과 같은 질책을 듣게 된다.

"아라한에 대한 악한 생각으로 마음을 더럽혔구나!"

이 말을 듣고 그는 후회했다. 그리고 그는 아라한의 발 앞에 엎드려

"고귀한 분이시여, 제가 그대에게 모진 말을 했으니 저를 용서하소서."

상주하는 승려는 즉시 다른 승려의 비판이 맞다는 것을 알아차리고 "후회와 참회(vipratisāra)"를 한 다음, 자신이 올바른 믿음 또는 신심을 증장시키기 위해서가 아니라, 해를 끼치려는 의도로 "가혹하고 불친절하고 모진(paruṣa)" 말을 했음을 인정하고, 용서를 구한다. 그러자 아라한은 공중으로 올라가 다양한 기적을 행하고, 상주 승려는 "더 큰 후회"를 한다. 그런 다음, 그는 자신의 과오를 참회했다 하더라도 받을 업의 과보로 괴로워하게 될 것임을 인정하면서 "자신이 저지른 일이 죄임을 고백하고, 선언하고, 선포한다."라고 말한다. 상주하는 스님은 진리를 깨닫고 아라한의 말과 행동에 감명을 받아 그가 다시 돌아올 수 없을 정도로 법에서 멀리 벗어나지 않았다는 것을 증명할 수 있었다. 그는 그저 쪼잔하고 독점욕이 강하지만 자제는 못하는 "보통 사람"에 불과했던 것이다.

그러나「날 때부터 눈이 먼 사람」이야기에서 비구니가 된 상인의 딸은 다르마에서 훨씬 더 멀리 벗어나서 명백히 "신심을 잃었"다. 처음에 그녀는 다르마를 갈망하고 다르마를 들음으로써 "연기(緣起)된 존재의 한계와 열반의 덕"을 깨닫게 된다. 이 다르마를 알고 출가했지만, 그녀의 "경솔함과 부주의함(pramāda)" 때문에 계율을 지키는 것을 방만하게 되었고, 다른 비구니들은 그녀를 (바라이죄를 저지를 뻔했지만 미수에 그친 미수죄인) "투란차(偸蘭遮, duḥśīlā)"를 저지른 이로 간주하고 승단에서 쫓아냈다. 그녀의 "계율(śīla)"이 "나빠졌고(duḥ)" 그녀의 신심도 마찬가지였던 것이다. 맛짜랴를 기른 그녀는 비구니들이 시주를 받지 못하도록 방해하고, 사미니(沙彌尼)와 스승을 가리지 않고 모두를 "비난(avarṇo bhāṣitaḥ)"한다. 아이러니하게도 불법을 버린 것은 자기 자신인데도 마치 비구니들이 그녀에게 "버림받은 자(avarṇa)"인 것처럼 "비난"을 퍼붓는다. 그리고 그녀는 자신과 달리 "계(戒)를 수지한(śīlavata) 고결한" 스님들을 보면 눈을 감아버렸다. 그녀는 불교에 대한 신심을 버렸으며, 후회하거나 용서를 구하지 않았다.

『백연경』의 이야기들에 나오는 다른 인물들은 애초에 믿음이 없었기 때문에 "믿음을 잃을 수 없다"고 하는 것은 어불성설이다. 본서에서 소개하는 열 가지 이야기 모음집에 나오는 모든 이야기들은 붓다 재세 시에 일어난 것처럼 보이지만,[122] 맛짜랴를 기르는 재가자들은 불법을 인식하지 못하고 있거나 그저 망각하고 있는 것처럼 보인다.「날 때부터 눈이 먼 사람」이야기 속의 비구니는 다음 생에 대한 두려움, 후회, 용서 등으로 불교를 저버릴 수 있었지만, 다른 이야기들 속에 나오는 다른 인물들은 자신이 받아들이지 않은 것, 즉 불교를 저버릴 수 없었다. 이 열 가지 이야기 모음집에는 이 용어가 언급되지는 않았지만, 이러한 인물들은 "고귀한 법에 대한 믿음이나 신념이 없는" 아슈라다(aśrāddha)로, 부도덕과 비도덕의 경계에 있는 것처럼 보인다.[123] 이들은 불교신자나 불교를 저버린 사람들이 아니며, 그렇다고 해서 다른 스승이나 교리를 따르는 사람들도 아니다. 그들은 자의든 타의든 맛짜랴의 신자들이다. 그들은 용어를 만들어 보자면, 간탐인(慳貪人) 또는 간탐주의자이다.[124]

그러나 이러한 간탐인들이 자신의 행동, 성향, 감정을 어떻게 이해하고 있는지는 명확하지 않다. 고든 게코가 그랬던 것처럼 "천박한(자신들만의) 다르마"를 받아들였다면 그들은 진실한 것일까, 아니면 이중적인 것일까? 그들의 믿음은 단순히 결여된 것일까, 아니면 뭔가가 나쁜 것일까? 불교 문헌에는 "신심(prasāda)"을 얻어 가는 인물에 대한 수많은 묘사가 나오는데, 붓다를 뵙거나 그의 말씀을 듣는 것이 가장 효과적이다.[125] 그렇다면 신심을 가지지 못하고 불법을 믿지 않는 간탐인들의 경험은 어떤 것일까? 그들은 자기들이 간탐하고 있다는 것을 스스로 자각하고 있을까, 아니면 스스로 기만하고 있을까?

불교의 철학적, 심리학적 문헌들은 이러한 질문에 대한 답을 제시하지만, 나는 문헌의 세계와 문헌 밖의 세계를 모두 이해하는 데 있어 장 폴 사르트르(Jean Paul Sartre)의 "그릇된 믿음(mauvaise foi)"에 대한 이해, 특히 우리가 자신을 속일 수 있는 방식과 실제로 자신을 속이는 방식에 대한 그의 통찰을 고찰하는 것이 유익하다고 생각한다.[126] 『자기기만: 사르트르의 관점(Lying to Oneself: A Sartrean Perspective)』에서 조셉 카탈라노(Joseph Catalano)는 자신의 개인적인 책임을 회피하려는 일종의 시도와 그릇된 믿음이 어떻게 관련되는지에 관한 사르트르의 연구를 다음과 같이 평가한다.

> 그릇된 믿음은 새로운 증거가 나온다고 해서 실제로 바뀌지 않는다. 그릇된 믿음은 증거에 관한 것이 아니기 때문이다. 그릇된 믿음은 증거가 제공해 주지 못하는 신념의 안정성을 목표로 한다. 따라서 그릇된 믿음은 증거에 대한 믿음이라기보다는 믿음 자체에 대한 믿음에 더 가깝다. 그릇된 믿음이 "나쁘고" 자기기만적인 이유는 그것을 증거에 기반한 믿음과 같은 유형의 믿음으로 간주하기 때문이다. 존재론적으로 올바른 믿음과 그릇된 믿음은 본질적으로 다른 두 개념이지만, 둘 다 증거와 관련된 것이기 때문에 "믿음"이라는 동일한 이름을 붙인다. 올바른 믿음은 실제로 구체적인 증거에 기반을 두는 반면, 그릇된 믿음은 이러한 증거나 다른 구체적인 증거를 필요로 하지 않는 것이 차이점이다. 그릇된 믿음, 특히 자기기만적 신념은 어떤 대가를 치르더라도 특정한 신념의 태도를 유지하는 데 목적이 있기 때문에 자신에 대한 이해를 바꾸는 데 별다른 관심이 없다. 어떤 신념도 완벽하게 정당화할 수 없기 때문에 나쁜 신념도 정당화할 수 있는 신념으로 보인다. 따라서 나쁜 신념을 가진 사람은 자신의 나쁜 신념을 "나쁜" 것으로 개념화하여 자기기만적인 것임을 숨길 수 있다.[127]

간탐인은 보시를 받는 탁발 수행자, 특히 보시를 구걸하는 수행자는 무임승차자이자 진짜 아귀이며, 그들의 욕구를 충족시킬 수 없다고 확신한다. 따라서 이러한 확신은 탁발 수행자가 거짓말을 하고, 속이고, 해를 끼치고 모욕하려는 의도로 행동한다고 보는 그들의 믿음을 정당화하고 힘을 실어준다. 하지만 이 모든 것이 어떻게 정당화될 수 있을까? 사르트르에 따르면 "올바른 믿음이라는 비판적 사고를 통해 받아들이는 진리의 규범과 기준을 그릇된 믿음은 지고 있지 않다."[128] 그리고 여기에서도 합리화하려는 노력은 특별히 설득력이 있어 보이지도 않는다. 『백연경』에 나오는 간탐인들은 앞서 논의했듯이 그들이 평범한 인간이 아니라 아귀처럼 생각하기 때문에 탁발 수행자들을 아귀로 보는 것 같다. 그들의 논리는 그릇된 믿음과 마찬가지로 "마치 합당한 믿음인 것처럼 보이지만" 정상적인 인간이 "진리의 규범과 기준"이라고 생각할 수 있는 것에 기반을 두고 있지 않다. 아귀의 논리는 별개의 종이다.

그렇다면 애초에 악의를 품는 이유는 무엇일까? 사르트르에 따르면, "악의의 목표", 즉 그러한 자세와 도발의 목적은 "자신을 손이 닿지 않는 곳에 두는 것, 즉 도피"이다.[129] 간탐인들은 분명히 보시를 하고 도움이 필요한 사람들을 돕는 것뿐만 아니라 특정한 형태의 자기 이해로부터도 벗어나려고 하는 것 같다. 사르트르에게 그릇된 믿음이란 "나를 내가 아닌 다른 존재로 구성하려는" 시도이다. 그는 이어서 말한다. "그릇된 믿음은 내가 전혀 용기 있지 않을 때, 나를 용기 있는 사람인 것처럼 긍정적으로 포장한다."[130] 간탐인들은 자신들이 용기 있다고 생각하고 싶어 한다. 그래서 부당하다고 인식하는 것에 대항하여 권력에 진실을 말하기 위해 힘을 모은다. 『백연경』은 그들이 "악인들(pāpakāriṇī)"이라고 명확히 말한다.[131] 그러나 그들이 자기(악인)가 아닌 다른 사람(선인)이고 싶어 한다는 데에는 의심할 바가 없으며, 일종의 그릇된 믿음만이 그런 착각을 가능하게 만든다.

그렇기에 『백연경』의 아귀 이야기들은 무임승차자라고 생각하는 사람들과 마주쳤을 때 간탐에 사로잡혀 (자기에게만 정의로운) "의로운" 분노를 키우게 되는 보통 사람들의 모습을 보여주며, 그 분노가 정의롭지 않다는 것을 자각하거나 자각하지 못할 수도 있지만, 행동이나 말로 그 무임승차자들에게 교훈을 주기 위해 악의적이고 비열한 방식으로 분노를 표출하게끔 한다. 맛짜랴를 기르는 사람들은 타인들이 노력을 통해 얻는 것이 아니라 공짜로 어떤 것을 받거나 봉사를 받는 광경에 의해 맛짜랴를 일으킨다. 이들에게 보시는 정의롭지 않은 것이다. 그들에게 공양을 받는 것은 일종의 횡령이며, 더 심각하게는 공양을 구하는 사람들이 다시 탁발하는 것을 가능하게 하고, 그 행위에 힘을 실어주어서 이 불의한 관습을 지속시키고 이 부당한 일의 연속을 일상화한다. 「사탕수수 방앗간」에 나오는 그 인부가 "저 고귀한 분에게 사탕수수즙을 주면 다시 돌아올 것"이라고 말한 것처럼 말이다. 보시는 불공정한 시스템의 엔진이다.

이러한 사고방식은 익숙하게 들릴 수 있다. 『백연경』의 아귀 이야기들은 우리와는 매우 다른 시대에서 쓰여졌지만, 나이, 성별, 지역, 시대를 넘어 보편적인 것으로 여겨지는 그릇된 사고방식과 인간 존재에 대해 다루고 있다. 다양한 종류의 "보통 사람들"은 맛짜랴에 빠지기 쉬운 것으로 간주되었다. 비록 『백연경』에 나오는 이야기들은 붓다 재세 시와 그보다 먼 과거에 일어났던 일들이지만, 아마도 가까운 곳에서, 심지어 자신의 집에서도 맛짜랴로 인한 행동의 예를 찾을 수 있을 것이다. 앞서 언급한 현대 버마 학자 자나까비왐사 스님에 따르면, 맛짜랴는 현재 비구와 비구니들 사이에서도 "횡행"하고 있으며, 평신도들 사이에서는 "매우 흔하다"고 한다.[132] "시기(envy)는 휴일도 없다(invidia festos dies non agit)"라는 라틴 속담이 있다.[133] 맛짜랴 또한 마찬가지라고 할 수 있다.

어쩌면 맛짜랴와 같은 비열함을 설명하는 것은 맛짜랴의 지극히 "평범한 일상성" 때문일지도 모른다. 많은 사람들이 부당한 재분배라고 생각하는 것에 분노하여, "복지는 도둑질"이며 세금도 마찬가지라는 생각을 신봉한다. 인터넷을 잠깐만 검색해 보면 다음과 같은 인기 있는(그리고 포퓰리즘적인) "너희가 정부로부터 받는 모든 것은 다른 사람에게서 훔친 것이다." "부의 재분배는(즉, 복지는) 공평한 것이 아니라 도둑질이다."와 같은 인기 있는 밈(meme)을 찾을 수 있다. 인터넷에서 "노숙자에게 똥 던지기" 또는 "사회복지 대상자에게 오줌 싸기"를 검색하면 수많은 결과가 나온다. 예를 들어, 웹사이트 앵그리닷넷(angry.net)에는 "복지 쓰레기", "복지 창녀", "복지를 악용하는 쓸모없는 쓰레기들"과 같은 제목의 비난 글이 올라와 있다.[134]

도덕과 시장이 상호 영향을 주고받으며 만들어 내는 수많은 방식을 고려할 때, 신자유주의의 도래와 "모든 것의 상품화"와 함께 새로운 "시장의 진리"가 그 지지자들과 함께 등장한 것은 놀라운 일이 아니다.[135] 물, 공해, 사회복지 등과 같이 시장화가 불가능하다고 여겨졌던 사회 요소들이 이제 상품화되어 공공재에서 거래 가능한 상품들로 변모했다. 목이 마른 승려에게 물을 주기 싫어하던 「마실 물」에 나오는 젊은 여성은 이제 자기가 주는 물과 서비스에 가격을 붙일 수 있게 되었다. 「사탕수수 방앗간」과 「똥 단지」에서 며느리와 일꾼이 주는 사람의 똥오줌조차도 이제 가격을 지불해야 구매하거나 버릴 수 있는 상품, 영양소 또는 오염물질이 되었다. "모든 것을 팔 수 있는"[136] 세상에서 굳이 공짜로 무언가를 나누어 줄 이유가 있겠는가?

과잉 상품화가 반드시 맛짜랴의 발생 빈도의 증가를 가져오는 것은 아니다. 그러나 생산적으로 생각해 볼 만한 명백한 간탐의 현대적 사례들이 많이 있다는 것은 틀림없는 사실이다. 이러한 사례들을 불교 사상을 통해 "전통적인 불교의 관점에서 해석하거나, 그렇게 하지 않거나, 또는 불교 사상에 의구심을 일으키는 것이 더 나은 것"[137]으로 풀이할 수 있다는 것은 틀림없는 사실이다. 미국의 전 대통령 도널드 트럼프의 아들 도널드 트럼프 주니어(Donald Trump Jr.)의 트윗을 예로 생각해 보자. 도널드 트럼프 주니어가 2017년 핼러윈에 세 살배기 딸에 대한 트윗을 올렸다. "오늘 밤 클로이가 받은 사탕의 절반을 떼어 다른 아이들에게 줄 것이다. 클로이에게 사회주의를 가르치는 것은 결코 이르지 않다."[138] 트럼프 주니어의 트윗은 엄청난 수의 좋아요와 리트윗을 불러일으켰고, 일부 비판적인 댓글도 달렸다. "아이에게 나눔을 가르치는 것이 나쁘다고 생각한다고 상상해 보라." "애초에 그녀가 공짜 사탕을 받은 것이 바로 '사회주의'였다. 그녀가 이해할 수 없다는 것을 빌미로 사탕의 절반을 당신이 차지하는 것이 바로 '자본주의'다." "이는 트럼프 주니어가 '여기저기 다니면서 사람들에게 사탕을 받는 것'이 '돈을 버는 것'에 대한 좋은 비유라고 생각한다는 것을 알려준다."[139] 트럼프 주니어는 올바른 믿음을 바탕으로 그런 트윗을 한 것일까? 아니면 남에게 해를 끼치려는 의도로 그렇게 한 것일까? 그가 진심으로 한 말일까, 아니면 이중적인 것일까? 그는 "물질적 이득에 관한 맛짜라"를 키웠으며, 그래서 (특정한) 다른 사람들이 별다른 노력도 하지 않고 물질적인 이득을 얻는 것을 참을 수 없다고 생각한 것일까? 그는 고귀한 다르마에서 벗어나 천박한 다르마를 받아들였는가, 아니면 사르트르가 말한 것처럼 다른 사람과 자기 자신에게 거짓말을 하고 있는가? 그의 논리는 타당하고, 그의 신념은 정당한 것이며, 그의 믿음은 선하다고 할 수 있는가?[140]

그렇다면 우리는 우리 자신의 혼란스러움을 해결하기 위해 무엇을 할 수 있을까? 『백연경』에서 승려들은 개인의 도덕적 심성과 (그들의 행위가 불러올) 과거와 미래의 업보에 대해 "의심이 들 때" 붓다에게 질문할 수 있었다. 붓다는 "모든 의심을 해소시켜 주실 수 있는 분"이기 때문이다.[141] 마찬가지로, 아귀들에게 그들이 저지른 과보로 일어난 운명의 원인에 대해 질문을 하면, 그들은 항상 붓다에게 물어보라고 말한다. 그러나 우리는 그렇게 의지할 수 있는 분이 없다. 그렇지만 이야기 자체가 훌륭한 교사가 될 수 있다. 이 이야기들은 개인의 행동과 그 결과를 보여주는 업의 인과율 이야기, 생각과 행동, 판단을 연결하는 현상학적 논서, 인간의 탐욕에 대한 심오한 진리를 상세히 설명하는 심리학적인 설명서, 생생한 이미지와 강렬한 감정을 불러일으키는 시적 이야기, 공동체의 행동 규범을 가르치는 계율서, 인간 행동의 복잡성에 대한 통찰을 제공하는 도덕적 문서로서 읽을 수 있기 때문이다. 우리는 이 이야기들을 또한 묵시록적 텍스트로서 수많은 인간이 필연적으로 겪게 될 고통을 기록하고, 이념적인 텍스트로서 우리를 신실하고 기꺼이 보시하는 주체로 형성하고, 윤리적 텍스트로서 인간의 조건에 대한 고찰을 통해 우리 자신을 재구성하게 하고, 인간적인 텍스트로서 일상생활의 사소함과 투쟁을 기록하며, 신성한 텍스트로서 우리를 더 자비롭고 자애롭고 기쁨이 넘치는 존재로 인도하는 등의 문서로 읽을 수 있다.

이 책에서 소개하는 열 가지 이야기 모음집에서, 붓다는 그에게서 해답을 찾는 이들에게 "잘 듣고" 나서 "면밀히 잘 집중하라"고 자주 당부한다.[142] 이는 대단히 유익한 조언이다. 이 이야기들에 나오는 등장인물들 가운데 붓다의 가르침을 면밀히 집중해서 들은 이들은 종종 삶의 전환을 경험한다. 독자 여러분들도 그러한 경험을 하실 수 있기를.

그림으로 보는 아귀

아귀를 단순히 글로 표현한 것뿐만 아니라 이미지로 나타나는 아귀를 함께 살펴보는 것도 도움이 된다. 이러한 접근 방식을 통해 어떤 곳에서는 아귀의 형상이 단순히 존재하지 않기도 하고, 어떤 곳에서는 아귀의 형상이 많지만 그 이유가 항상 명확하지는 않다는 것을 알 수 있다. 모니카 진(Monika Zin)은 “지옥은 티베트의 탱화와 벽화에서 자주 등장하지만 고대 인도의 그림에는 하나도 남아 있지 않다.”[143]라고 언급했다. 아귀의 이미지 또한 마찬가지이다.[144] 그러나 후대에 아귀의 이미지는 티베트뿐만 아니라 아시아 전역에 퍼져 나갔다. 그리고 아귀가 일러스트부터 상징물까지 양식적, 미학적으로 표현되는 방식에는 큰 차이가 있으며, 공포와 혐오감을 심어주는 것부터 희망과 구원을 제공하는 것까지 그 수용도에도 큰 차이가 있다. 초기 인도 불교미술에 아귀의 이미지가 없다는 것은 일종의 금기를 의

미할 수 있을까? 그리고 인간의 똥, 오줌, 피, 땀, 고름, 귀지를 먹는 아귀의 모습이 생생하게 그려진 12세기 일본의 두루마리인 「아귀초지(餓鬼草紙)」 두 폭이 현재 도쿄국립박물관과 교토국립박물관에 소장되어 있다. 이 작품이 국보로 지정된 것은 현대 일본에 대해 무엇을 시사하는 것일까?[145] 이러한 이미지들은 다양한 불교적 상상력과 의식·의례, 그리고 지역, 시대, 종파에 따라 변화해 온 불교의 면모를 통찰할 수 있는 기회를 준다.

아귀의 이미지를 이해하는 데 있어 핵심은 이들이 표현하지 않는 반대편을 이해하는 것이다. 이 이미지들을 창조한 예술가들이 불교 문헌에 묘사되고 있는 것을 단순히 시각적 형태로 옮긴 것이 아니다. 이러한 이미지들에는 그 나름의 논리가 있다. 일반적으로 예술가의 재능과 의도에 따라 문어나 구술의 텍스트에 다양한 정도의 충실도와 창의성을 부여한 다음, 어느 정도의 예술적 긴박감과 자유로움을 만끽하면서 표현할 매개체와 주어진 상황에 맞춰서 만들어 내는 것이다. 우홍(Wu Hung)은 돈황의 불교미술과 문헌의 관계에 대해 다음과 같이 평가한다. "이미지 제작 과정에는 글이나 구전 암송에서 나타나는 것과는 다른 고유한 논리가 있으며, 사건을 재배열하여 이야기의 극적 효과를 높이려는 의도적인 노력의 결과일 수 있는" 원문의 순서와는 "불규칙적"으로 보이는 장면들이 연속적으로 나타나는 경우가 있다.[146] 불교예술에 대해 보다 일반적으로 생각해 보면, 텍스트와 이미지는 종종 예술가가 서사를 변형하고 작가가 작품을 각색하는 서로 영향을 주고받는 관계 속에서 존재해 왔으며, 둘 모두가 다양한 교리와 의례를 만들어 내기 위해 함께 협력해 왔다.[147]

이 모든 것을 고려할 때, 아귀의 이미지에 대해 카를로 긴츠부르그 그(Carlo Ginzburg)가 손쉬운 "생리학적인" 읽기라고 부르는 것을 거부하는 것이 중요하다. 이를 통해 "역사가는 그가 기존에 다른 방법들을 통해 배운 것, 또는 자신이 알고 있다고 믿는 것, 그리고 그들이 '입증'하고자 하는 것을 이미지 속에서 읽어낸다."[148] 크리스토퍼 피니(Christopher Pinney)는 다음의 인용문을 그의 책 『신들의 사진: 인도의 인쇄된 이미지와 정치적 투쟁(Photos of the Gods: The Printed Image and the Political Struggle in India)』의 권두 인용구로 쓰면서 18세기와 19세기의 다색 석판 인쇄화(chromolithograph)에 대해 이야기한다. "우리가 인도에 대해 이미 알고 있었던 것에 부합하는 이야기를 만들어 내는 데 손쉽게 사용될 수 있으며, 카를로 긴츠부르그의 제안대로 기존에 '다른 방법을 통해' 증명해 냈던 것들을 뒷받침하는 증거로 작용할 수 있다. 그러나 만약 그림들이 들려줄 수 있는 또 다른 이야기가 있다면, 그 그림들의 방대하게 증식되는 이야기들 속에서 부분적으로나마 그림들이 자신들의 방식으로 우리에게 다른 이야기를 들려줄 수 있다면 어떨까?"[149] 마찬가지로, 아귀의 이미지는 우리가 불교에 대해 이미 알고 있는 것과 상응하는 서사를 만드는 데 쉽게 사용될 수 있으며, 텍스트와 이미지 사이의 괴리는 단지 우연한 어긋남으로 치부할 수 있을 것이다.

피니는 "인도의 역사를 재배열하여 시각적인 것들의 중추적인 지점을 찾고자"[150] 했지만, 내 계획은 좀 더 제한적이어서, 일련의 이미지 기반 역사 수업보다는 이미지 기반 역사를 덜 제시하는 것이다. 이어지는 내용에서는 다양한 지역, 시대, 전통에 따른 아귀의 이미지를 모았으며, 다양한 문헌들을 같이 읽으면서 그 차이점에 주목하면서 이미지를 이해하려는 시도를 했다. 목표는 아귀 이미지의 "방대한 증식"을 즉, 이러한 이미지들이 문헌들에서 아귀를 표현하는 복잡한 방식과 관련되어 있다는 것을 보여주고, 이러한 모든 요소들이 다양한 불교적 상상력에 대해 우리에게 무엇을 말해줄 수 있는지를 보고자 하는 것이다.

괴로움을 본성으로 함

아귀에 대한 이러한 모든 이미지에 대해 출처와 상관없이 생각하는 데 도움이 되는 한 가지 방법은 아귀의 몸이 고통을 받을 수밖에 없도록 설계되고 운명지어져 있다는 점을 살펴보는 것이다. 아귀의 몸은 고문실과 같아서 과거의 업으로 인해 배정된 그 고통에서 벗어날 수 없다. 윌리엄 라플뢰르는 중세 일본의 아귀에 대해 다음과 같이 말한다.

> 굶주림은 단지 조건이 아니라 굶주림에 의해 만들어지기 때문에 그 이름 속에 굶주림이 들어 있다. 인간, 동물 등 다른 종류의 생명체는 허기가 생겼다가 사라지곤 하지만, 아귀에게는 위장을 갉아 먹는 고통과 목구멍의 타는 듯한 갈증이 그저 계속될 뿐이다. 불교 경전에서 이 존재(아귀)를 "배는 산처럼 거대하지만 목구멍은 바늘처럼 좁은" 존재로 반복해서 묘사하는 것은 과장된 표현일 수 있지만, 이 유형의 정의에서 가장 중요한 것은 아귀의 몸의 구조가 반어적인 표현이라는 것이다. 주체할 수 없는 엄청난 식욕에 비해 그 식욕을 조금도 만족시킬 수 없는 절대적으로 최소한의 수단만을 가지고 있는 그 몸은,

아귀라는 존재가 가지고 있는 끔찍한 딜레마이다.[151]

아귀들은 극심하고 피할 수 없는 허기와 갈증에 시달리는데, 이것이 바로 업의 논리와 정의다. 그리고 오직 역겹고 오염된 물질만 섭취할 수 있게 하는 아귀의 업장은 아귀의 상황을 더욱 악화시킨다. 위에서 설명한 「아귀초지」에 등장하는 아귀나 이 책에서 마지막에 소개되는 「잠발라」에 등장하는 아귀의 유일한 먹이는 고름이 가득한 피와 똥뿐인데, 그들은 그것을 먹고 나서 토하고 배설한 다음 다시 먹기를 반복한다.

아귀가 겪는 또 다른 고통은 종종 화염으로 묘사된다. 작열하는 불길은 마찬가지로 극심하고 피할 수 없으며, 몸 안의 배고픔과 갈증과 짝을 이루는 몸 밖의 고통의 원천으로 작용한다. 라플뢰르에 따르면 중세 일본의 아귀는 "불을 먹는 자"로 여겨졌다고 한다. "몸 안의 배고픔과 갈증을 채우려는 맹목적이고 전도된 욕심에 사로잡힌 아귀는 불을 음식으로 착각하여 자신의 상태를 점점 더 악화시킨다. 그렇기 때문에 입에서 불을 내뿜는 동시에 더 많은 불을 몸 안에 집어넣는다."[152] 하지만 태국 사본(그림 6)에 나오는 아귀는 입이 아니라 손, 무릎, 이마, 어깨에서 불길이 뿜어져 나온다. 이 이미지를 어떻게 이해해야 할까? 어떤 업보가 이런 운명을 초래할까? 아마도 화가는 붓다의 세 번째 설법인 유명한 "불의 설법"을 염두에 두었을 것이다. 이 설법에서 붓다는 "모든 것이 불타고 있다"고 선언한 다음 우리의 감각과 감각이 어떻게 탐욕, 진에(瞋恚), 우치(愚癡) 등의 불로 타오르는지 상세히 설명한다.[153] 불타는 몸은 이처럼 불타오르는 감각계에 대한 적절한 응보라고 할 수 있을 것이다. 사본에는 그런 고통이 언급되어 있지 않아 확실하게 알 수는 없지만, 이미지를 다른 문헌이나 가르침과 연관시켜 깊게 생각할 수 있고, 그렇게 함으로써 몇몇 이미지 속에 나오는 아귀들의 삶뿐만 아니라 그 이미지 밖에 있는 우리들의 삶까지, 과거와 현재 모두를 조명해 볼 수 있을 것이다.

생산적인 사색의 관점에서, 아귀에 대한 특정한 일본의 그림들이 "극사실주의"를 취하고 있다는 라플뢰르의 의견을 생각해 보면, 아귀가 살고 있는 세계에 대한 일종의 "존재론적 엑스레이"를 관람자에게 제공한다고 할 수 있다. 관람자들은 이러한 그림을 통해서 평상시에는 보이지 않는 세계를 볼 수 있게 된다. 따라서 이러한 아귀의 그림은 시청자에게 두 가지를 관찰(혹은 통찰)할 수 있게 해준다.

> 첫째, 아귀가 실제로는 그들만의 세계에서 인간과 보이지 않게 섞여 있다. 둘째, 남성, 여성, 어린이는 보통 자기 옆에 웅크리고 있는 끔찍한 존재를 의식하지 못한 채 살아간다.[154]

이 모든 것이 이 책에서 소개하는 이야기들과 맥락을 같이한다. 몇몇 전통에서는 아귀가 주로 땅속에서 산다고 생각하지만, 이 책에 등장하는 아귀는 동물과 매우 흡사해서 우리 곁에 살고 있으나 보통은 눈에 띄지 않는다. 이는 사람들이 아귀를 볼 수 있는 방법을 배우지 않았거나, (볼 수 있다 하더라도 아귀와) 거리를 두려고 하기 때문이다.[155] 또한 벽지불처럼, 아귀 역시 도시 외곽의 외진 숲에 살면서 도시 주민의 눈에 띄지 않는다. 이 책에 실린 이야기들 속에서 그들은 종종 도시 외곽의 여러 숲과 공원, 갠지스강 유역, 라자그리하 시 외곽의 수행처인 영취산(靈鷲山) 꼭대기 근처에 나타나곤 한다. 그러나 그들은 때때로 바이살리(Vaiśālī)를 둘러싸고 있는 해자(垓字)에서 "담즙과 오줌의 진흙탕"에 잠겨 사는 「잠발라」의 아귀들처럼 훨씬 더 도시적이고 덜 목가적인 곳에 서식하기도 한다.

그렇다면, 인간은 왜 도시 외곽이나 인근 지역에 사는 아귀에 대해 잘 알지 못할까? 그것은 아귀가 단순히 눈에 보이지 않기 때문이 아니다. 이야기에 따르면 아귀를 가장 자주 보는 사람은 승려들이며, 이 승려들 중 몇몇은 특별한 능력을 가진 아라한이다. 그러나 보통 사람들도 그들을 볼 수 있다. 「웃따라」에서는 웃따라 존자가 예전에 자신의 어머니였던 아귀를 부처님과 승가를 위한 공양에 초대하여 공양의 공덕이 아귀에게 돌아가게 하자, "수십만 명의 중생"이 모여들어 아귀의 기괴한 몸을 보았다고 한다. 그리고 「잠발라」에서는 어린 소년 잠발라가 바이살리 주변을 돌아다니며 선행을 베풀다가 도시 주변의 해자에 살고 있는 오백 명의 아귀들을 보고 진흙탕으로 내려가 그들과 어울린다.

특히 초기 인도의 사회 상황에서 볼 때, 이러한 이야기들을 인도 사회에 대한 비판의 한 형태로 읽어내는 것은 어렵지 않다. 굶주린 사람들이 도시 경계 밖을 떠돌거나 노숙하며 배고픔에 허덕이거나 도시의 하수구에서 사람들의 배설물에 흠뻑 젖어 고생하는 등 사회의 가장자리에 살고 있다. 이들은 정말 열악한 환경에서 엄청난 고통을 겪고 있지만, 거의 모든 사람의 눈에 띄지 않는 채로 살아가고 있다. 대부분의 사람들은 이 하층민과 그들의 고통스러운 처지에 대해 뿌리 깊게 무감각하다. 그들의 눈에는 이들이 보이지도 않고, 보인다 하더라도 도와줄 마음도 없다. 이들은 일종의 보이지 않는 빈곤층(invisible poor)이다. 그들은 대중 앞에 모습을 드러내라는 권유를 받으면 「웃따라」에 나오는 아귀처럼, 그녀를 기리는 공양에 초대를 받고도 옷도 입지 않은 채 대중 앞에 나타나는 것을 "부끄럽고 창피하다"고 생각하여 사람들의 눈에 띄는 것을 두려워할 가능성이 크다. 전생에 인간으로 살았을 때, 그녀는 자신의 집에 구걸하러 오는 탁발 수행자들을 "아귀"라고 부르며 학대했었다. 실제로 아귀가 밥을 구하러 누군가의 집에 나타난다면 그런 폭언을 당할까, 오히려 더 심하게 당하지 않을까?

이러한 아귀들의 상황은 수천 년 동안 인도 대륙에서 하층민으로 살아온 인도의 최하위 카스트에 속하는 "맨손 분변 청소부(manual scavenger)"와 놀라울 정도로 닮아 있다. 아귀들과 마찬가지로, 이들은 "태어날 때부터 정해진 신분으로 인해 사회적 낙인이 찍힌 사람들이 함께 집단을 이루어 사는 사람들"로 여겨져 왔다.[156] 이들은 일반적으로 사회 가장자리에 있는 빈민가에 살거나 거처가 없이 초라한 곳에서 노숙을 하며, 만성적인 영양 부족과 각종 질병에 시달리고, 자신의 카스트로 인해 화장실에서 사람의 똥을 제거하는 일을 하도록 강제되어 있기에 오명을 뒤집어쓰고 박해를 받아왔다. 중세 일본의 「아귀초지」에 등장하는 아귀들처럼, 이들은 화장실과 시궁창을 청소하거나 자신이 청소한 분변을 빈민가의 시궁창에 버려야 하기 때문에 "항상 변소와 시궁창에 출몰"[157]했다. 이들은 보통 밤에 아무도 보지 못할 때 화장실을 청소해야 했는데, 그래서 그 똥을 흔히 "밤의 흙"이라고 불렀다. 만약 이들이 사람들의 눈에 띄면 그들의 존재 자체가 오염된 것으로 간주되어 폭력의 표적이 되는 경우도 많았다. 지난 세기, 특히 1993년 맨손 분변 청소부의 고용이 불법화된 이후 인도의 그들의 처지는 그나마 나아지기는 했지만, 최근 보고서의 「세습의

짐: 맨손 분변 청소를 멈출 수 있을까? 그렇다. 그러나 우선 그것이 존재한다는 것을 인정하자(Burden of Inheritance: Can We Stop Manual Scavenging? Yes, But First We Need to Accept It Exists)」[158]라는 제목에서 알 수 있듯이, 이 법이 맨손 분변 청소부의 고용이나 그 폐해를 종식시키지는 않았다.

아귀의 이미지는 더욱 강렬한 현실감을 전달한다. 단순히 사회의 변두리에서 굶주리고 무시당하는 사람들을 연상시키는 것이 아니라 끔찍할 정도로 세밀하게 묘사한 것 같다. 라플뢰르는 「아귀초지」의 화가들이 아귀의 이미지를 고도의 기아에 시달리는 굶주린 사람들을 모델로 삼았을 것이라고 추정한다.[159] 아귀는 굶주림으로 정의된다. 따라서 화가들이 아귀의 이미지를 단순히 문헌에 나오는 묘사뿐만 아니라 실제로 굶주린 사람들, 즉 문헌 속 인물처럼 음식과 물을 구걸하며 자신의 운명을 한탄하는 사람들을 직접 목격한 것에 근거했을 수도 있다는 점을 이해하면 그의 주장을 충분히 납득할 수 있다. 아귀와 극심한 기아에 시달리는 사람들이 겪는 질병은 섬뜩할 정도로 비슷하다. 사람의 심각한 영양실조는 체액 저류로 인한 복부 팽만감, 탈모, 치아 손실, 모발 탈색, 건조하고 갈라진 피부 등의 증상을 동반하는 "콰시오커(kwashiorkor)"라고 알려진 질병으로 이어진다.[160] 이 질병을 앓고 있는 환자들은 뼈만 앙상한 몸, 가늘고 긴 팔다리, 비정상적으로 부풀어 오른 배를 가지고 있어 그야말로 "신체적 모순"을 보인다.[161] 기근과 강제수용소의 생존자처럼, 많은 사람들이 보고 싶지 않고, 도움을 주기도 꺼릴 만큼 상상할 수도 없는 피폐함을 몸에 지닌 이들은 겉보기에는 지어낸 것처럼 보이지만 모두 실제 존재한다.

이러한 사람들의 고통을 단순히 아귀로 태어나거나 맨손 분변 청소부로 다시 태어나거나, 뿌린 대로 거둔다는 일종의 인과응보에 따라 마땅히 받아야 할 것을 받는다고 여겨 무시해 버릴 수도 있을 것이다.[162] 사실, 이야기들 속의 아귀들은 맛짜라에서 비롯된 행위로 인해 그들의 몸 자체가 공포의 방인 아귀로 환생하게 되었다며, 그들 자신이 몸소 업의 필연성을 증명하고 있다고 인정한다.[163]

하지만 그러한 사람들의 고통을 직시하는 것이 해탈의 길로 인도할 수 있다면? 「웃따라」에서는 수십만 명의 사람들이 모여 아귀의 기형적인 몸을 바라본 후, "깊은 감동을 받고 세존에 대한 신심을 마음속에 일으켰다."라고 묘사한다. 이 이야기는 그들의 진보를 이렇게 표현한다. "깊이 감동받고" "마음이 흔들렸으며" "큰 충격을 받고 나서" 염리심(厭離心, saṃvega)을 일으킨 뒤, "신심(pasāda)"을 기른다. 이 염리심과 신심이 개개인을 바꾸어 불교의 수행의 길로 나아가게 한다. 이러한 수행의 진보는 일부 경전과 현대의 게송들이 명시적으로 보여주는 목표이지만,[164] 이 이야기에서는 청중들이 읽거나 듣는 것이 아니라, 단순히 아귀들의 주변에 모여서 그들을 바라봄으로써, 즉 아귀가 누구였으며 어떤 존재인지 바라봄으로써, 개개인이 변한다. 그리고 그것만으로도 충분하다.

어쩌면 우리 곁에 있는 병들고 고통받는 이들을 바라보는 것만으로 충분할지도 모른다. 서기 1세기 또는 2세기에 쓰인, 아슈바고샤(Aśvaghoṣa)가 게송으로 읊은 붓다의 전기인 『불소행찬(佛所行讚)』에서 붓다의 아버지 숫도다나 왕은 위대한 왕 또는 위대한 선각자가 될 운명을 타고난 아들이 후자의 길을 택할까 봐 걱정하여 고통을 경험하거나 목격하지 못하게 궁전 안에 가두었다. 장차 붓다가 될 고따마가 도시의 숲과 공원들이 아름답다는 이야기를 듣고 그곳을 보고

싫어 하자 아버지는 외출을 허락한다. 그리고 아들의 행복과 평안함을 지키기 위해,

그는 고통에 시달리는 보통 사람들이
왕자의 행차길에 모이는 것을 막았다.
"마음이 연약한 어린 왕자가
염리심을 경험하게 해서는 안 된다!"

그런 다음, 팔다리가 없거나 장애가 있는 이들,
노약자, 병자, 가난한 자 등을
지극히 온화한 마음으로 사방으로 보내어,
왕자의 행차길은 지극히 아름답고 장엄했다.[165]

왕은 아들이 건강함의 본보기가 되지 못하는 "보통 사람(pṛthagjana)"을 보면 그의 마음에 염리심이 넘쳐날까 봐 두려워했다. 그래서 왕은 「웃따라」에 나오는 아귀처럼 어딘가 다르게 생긴 몸을 가진 사람들을 인위적으로 멀리 보내서 자연적인 것을 인위적으로 꾸며버렸다. 왕은 그러한 광경을 목격한 아들이 구도의 길로 나아가게 될까 봐 두려웠다. 그리고 그의 두려움은 (선인의 예지라는) 근거가 있었다. 붓다는 신들의 계교(計巧) 덕에 늙고 병들고 죽은 사람들을 보게 되고, 그 광경은 그를 궁전에서 벗어나 구도의 길로 나아가게 한다.

늙은이, 병자, 죽은 자처럼 아귀도 훌륭한 스승이 될 수 있다. 맛짜라로부터 영향을 받은 악행에 대한 그들의 회한은 그들의 친척들

이 좀 더 잘 이해하고 더 잘 행할 수 있도록 교훈을 준다. 그러나 「웃따라」에 나오는 이야기는 아귀도 "말이 아니라 몸으로 법을 가르치는" 벽지불의 계통에 속하는 스승이 될 수 있음을 시사한다.[166] 그러나 아귀들은 벽지불이 하는 것처럼 공중으로 날아다니는 등의 기적을 보여 관중들을 개심(改心)시키지 않는다. 대신, 이야기 속의 아귀는 그림 속의 인물처럼 가만히 서서 고통을 가시화할 뿐이다. 「잠발라」에 등장하는 오백 명의 아귀들은 "우리는 끔찍한 존재이며, 우리의 본성은 고통받는 것이다."라고 말한다. "본성(prakṛti)"에 의해 "고통(duḥkha)"받는 존재, 즉 고통이 구현된 존재를 보는 것은 네 가지 고귀한 진리(四聖諦) 가운데 괴로움의 진리(苦諦)를 여실히 볼 수 있는 기회를 준다. 여기서 사성제란, 괴로움은 삶에 깃들어 있고, 그 괴로움에는 원인이 있으며, 괴로움의 끝이 있고, 그 괴로움의 끝으로 이끄는 수행의 길이 있다는 것이다. 붓다께서는 법에 대한 설법에서 이 네 가지 고귀한 진리를 명확히 설명하셨고, 이 아귀들은 육신으로 법을 설함으로써 몸으로 법의 가르침을 구현한다. 그리고 이러한 가르침은 아귀와 조상 사이의 밀접한 관계 때문에 한층 더 강렬한 메시지를 전달하며,[167] 아귀의 고통은 지극히 개인적으로 연결된 것이며 가슴 아픈 것이어서 결코 간과하기 어렵다.

C. W. 헌팅턴 주니어(C. W. Huntington Jr.)는 그의 회고록에서 말기 암과의 힘겨운 싸움과 우리가 고통을 부정하는 방식이 고통을 가중시킨다고 말하며, 특히 토머스 머튼(Thomas Merton)의 자서전 구절을 인용한다.

사실, 많은 사람들이 너무 늦을 때까지 결코 이해하지 못하는 진실은 고통을 회피하려고 하면 할수록 더 큰 고통을 받는다는 것이다. 왜냐하면 상처받는 것에 대한 두려움에 비례하여 작고 사소한 일들이 우리를 더 고통스럽게 하기 때문이다. 고통을 피하려고 가장 많이 애쓰는 사람이 결국 가장 많이 고통받는 사람이며, 그의 고통은 전혀 객관적이지 않을 정도로 지극히 작고 사소한 것에서 비롯된다. 고통의 주체이자 동시에 고통의 근원이 되는 것은 바로 자신의 삶, 자신의 존재이며, 자신의 존재와 의식 자체가 가장 큰 고통이다.[168]

고통을 피하기 위한 전략 중 하나는 주체를 객체로 탈주관화하는(desubjectify) 경향이다. 즉, 살아 있는 존재들을 우리가 연민을 느끼거나 슬퍼할 만한 가치가 없는 존재로 생각하는 것이다. 예를 들어, 미국에서 노예들이 "인간의 지위에서 격하되고 재산이라는 법적 명칭에 속하는 이성이 결여된 동물들과 같이 분류되었던" 방식을 생각해 보라.[169] 타인의 고통에 내성이 생기면 타인의 고통을 보거나 느끼지 못하게 되어 더 이상 슬퍼할 수 없게 된다.[170] 하지만 머튼이 상기시키는 것처럼 이러한 유형의 부정은 자신의 고통만 악화시킬 뿐이다. 어쩌면 우리에게 필요한 것은 우리의 안주하는 삶을 뒤흔들어 떨쳐내고 새로운 깨우침과 새로운 통찰을 이끌어 내는 염리심과 같은 경험일지도 모른다.

헌팅턴에게 그 떨리고 충격적인 경험은 시한부 진단이었으며, 이는 그 사실을 부정하고자 하는 그의 과감한 시도를 무기력하게 만들었다.

호스피스 활동과 나의 불교 연구, 그리고 다른 분야의 독서를 통해서, 나는 내가 거부의 단계에 있다는 것을 잘 알고 있었다. 그것은 우리 모두가 습관적으로 빠져들게 되는 종류의 거부였다. 진리를 있는 그대로 직시하는 것은 성자와 부처가 아닌 이상 그 누구도 할 수 없는 일이다. 그러다 보니, 어쩌면 우리는 이런 식으로 살아야 할지도 모르겠다. 하지만 나의 경우 상황이 바뀌었다. 임박한 내 자신의 죽음에 직면하면서, 다른 사람들의 인정을 받기 위해 수년 동안 갈고 닦았던 모든 삶의 태도와 기술은 쓸모없게 되었거나, 아니면 그보다 더 못한 것이 되었다. … 내 남은 삶을 평화롭게 살다가 죽기 위해, 죽음이라는 분노의 신은 나에게 자신을 인류 공동체에 내맡기라고 가르친다. 그리고 내가 항상 소속되어 있으면서도 그 속함의 의미를 충분히 인식하지 못했던 세계, 모든 육체와 마찬가지로 이 쇠약해진 내 몸이 광대한 창조 세계에서 아주 작고 덧없는 그림자에 불과한 그 비인간의 세계와의 친밀감을 느끼라고 가르친다.[171]

그러나 거부감을 극복하고 자신과 타인의 고통을 직접 관찰하고 사랑과 연민으로 행동할 수 있는 사람은 성인과 붓다, 시한부 판정을 받은 사람만이 아닐 것이다. 「잠발라」 이야기에서 잠발라라는 소년은 도시 주변의 해자에서 오백 명의 아귀들을 보고 그 안으로 내려가 "그들과 어울리며 함께 모여 담소를 나누고 우정을 쌓았다."라고 묘사된다. 잠발라가 이전에 친구가 있었다는 언급은 없으며, 그는 쓰레기 더미와 변소에서 홀로 시간을 보냈다. 그리고 신체적으로 기형이었고, 강박적으로 머리카락을 뽑고, 몸에는 똥이 덕지덕지 묻어 있었고, 악취가 나고, 똥까지 먹었다는 점을 고려하면 그가 사회적으로 배척당하는 기피 대상이었던 사람이었다고 추측할 수 있다. 이 이야기에서는 그를 "매우 역겹다"[172]고 묘사하고 있는데, 이는 「상인」에서 아귀를 묘사하는 데 사용된 용어와 동일한 것으로, 그가 진정으로 인간들 사이에서 아귀 취급을 당했다는 것을 짐작할 수 있다.

잠발라가 그 아귀들을 만났을 때, 그는 불교신자가 아니었다. 부모로부터 받은 사랑과 보살핌을 제외하면, 그는 현생에서 아무런 사회화나 교육을 받지 않은 것으로 보인다.[173] 그런데도 그는 어떤 계기도 없이 아귀들을 볼 수 있었고, 그들을 볼 수 있게 되었을 때 그들과 대화하며 우정을 나누었다. 이것은 학습된 행동이 아니라 일종의 타고난, 천진한 지혜에서 나온 행동이었다. 여기서 잠발라는 마찬가지로 우둔해 보였지만 실제로는 지혜로웠고 아라한이 되는 길을 걸었던 빤타까를 떠올리게 한다. 빤타까는 스스로를 "바보, 절대 바보, 바보, 완전한 바보"라고 생각했다. 그러자 붓다는 그에게 이렇게 설명했다.

> 아무것도 모르기 때문에
> 무지한 사람은 오히려 현명하다.
> 그러나 무지하면서도 스스로 현명하다고 생각하는 사람은
> 어리석은 사람이라고 보는 게 맞다.[174]

잠발라는 이러한 천진한 지혜의 전형적인 예이다. 한스 크리스티안 안데르센(Hans Christian Andersen)의 『벌거벗은 임금님』에서 벌거벗은 임금님을 혼자서만 볼 수 있었던 어린아이처럼, 그의 천진한 지혜는 그가 다른 사람들이 보지 못하거나 보지 않으려고 하는 것을 볼 수 있게 해주었다.[175] 잠발라나 빤타까의 이야기와 같은 예들은 우리가 익히 들어왔던 초심을 기르는 것과 그로 인해 수반되는 무학(無

學)의 가치를 보여준다. 이를 통해 우리는 세상을 인간 본래의 어린아이와 같은 눈으로 볼 수 있다. 어쩌면 아귀를 눈으로 직접 보는 것은 우리 중 가장 비인간화된 존재를 보는 것처럼 다양한 형태의 사회화를 벗어던지거나, 우리를 눈멀게 하는 카스트제도, 계급주의, 순응주의, 편협함을 배우지 않거나, 애초에 사회화되지 않은 상태여야만 가능할 수도 있다.

그렇다면 우리는 아귀의 이미지를 어떻게 보아야 할까? 예술가들이 아귀에 대한 불교적 담론에 익숙했고 다양한 수위의 문헌에 대한 충실도와 창의성으로 응답했다고 가정하면, 다음의 그림들을 보면서 내가 했던 것처럼 글과 함께 이미지를 읽을 수 있을 것이다. 아니면 글 없이, 그림에 대한 설명을 읽지 않고, 「잠발라」나 「웃따라」에 등장하는 군중이 되어 끔찍한 고통을 겪는 아귀의 이미지 그대로를 보려고 노력할 수도 있다. 그러면, 깊은 감동을 받고 고통이 삶에 깃들어 있는 방식과 우리가 고통에 대해 눈이 먼 방식에 대한 통찰력을 얻을 수 있다. 그리고 우리가 미처 발견하지 못했던 고통받고 있는 존재들을 알아차리고 잠발라처럼 그들에게 우정을 베풀고 싶다는 생각을 하게 될 수도 있다.

그림 1

이 그림에서 상인들을 이끄는 슈로나 꼬띠까르나(Śroṇa Koṭikarna)는 아귀들로 가득한 철의 도시를 우연히 발견하게 된다. 눈앞에 도시로 통하는 성문이 있는데, 그 앞에 쇠약하고 앙상한 모습을 한 아귀들이 두 팔을 뻗어 그에게 구걸한다. 『디비아바다나』에 기록된 이 이야기의 한 판본에서는,[176] 슈로나 꼬띠까르나가 아귀들로 가득 찬 두 개의 철의 도시를 만나고, 물을 구하기 위해 각 도시로 들어가지만, 그 도시들 역시 물을 애타게 찾는 수천 명의 굶주린 아귀들에 둘러싸여 있는 모습을 볼 수 있다. 문서에 따르면 아귀들은 불에 탄 나무 그루터기처럼 생겼고, 살가죽 위로 돋아난 뼈대는 머리부터 발끝까지 머리카락으로 덮여 있으며, 배는 산 같고 입은 바늘구멍처럼 생겼다고 묘사한다.

그림 2

갈비뼈가 훤히 드러난 쇠약해진 네 명의 호리호리한 아귀들의 긴 팔과 목, 그리고 철사 같은 머리카락이 곧추서 있다.[177] 맨 위에 있는 세 명의 아귀는 입을 크게 벌리고 있는데, 아마도 그들을 둘러싼 불길이 타는 듯한 굶주림을 상징하는 것 같다. 이 세부 양식은 다양한 지옥의 장면이 그려진 정교한 동굴 벽화에서 유래한 것이다.[178] 이 동굴의 벽화는 다양한 예술적 전통을 종합한 것이기 때문에 아귀 이미지의 출처와 소재를 파악하기는 어렵다.[179]

그림 3

이 아귀도는 현존하는 여덟 폭의 두루마리(원래는 열여섯 폭 이상)에서 나온 것으로, 각 두루마리에는 서로 다른 범주의 중생들을 대표하는 열 명의 중생들이 그려져 있다.[180] 여섯 가지 윤회 속의 세계(六道: 천신, 아수라, 인간, 축생, 아귀, 지옥 중생)와 도교의 신 열 명, 지역 신 열 명이 그려져 있다. 이 그림들은 중국 동부 해안의 항구 도시 닝보(宁波) 또는 그 근처에서 제작되었을 가능성이 높으며, 중국 불교에 있어 가장 인기 있고 정교한 의식 중 하나인 수륙재(水陸齋: 육지와 물

속의 중생들을 구제하기 위한 의식)에 사용하기 위한 것이었음을 알 수 있다. 수륙재는 모든 중생, 특히 불의의 죽음을 맞이했거나 부적절하게 매장된 중생들을 구제하기 위한 의식이다. 이를 위해서 다양한 종류의 중생들이 이 의례에 초청되는데, 절차를 원활하게 진행하기 위해서거나 그들을 달래주고 교화하기 위해서이다. 이 그림 속의 인물들은 수륙재에 초대된 다양한 중생들을 보여준다. 다니엘 스티븐슨(Daniel Stevenson)에 따르면, 이 그림은 종교적 의례를 위한 초상이나 의식 행위에 중점을 둔 것이 아니라, "그 의례와 그 의례의 목적이 이루어지는 시뮬라크르(simulacrum, 복제품)"[181]를 구성하는 것이다.

이 독특한 그림에는 아귀계의 열 명의 아귀들이 등장하며, 각각의 아귀는 독특한 특징들을 가지고 있다. 다양한 문헌 자료를 바탕으로 해서, 여기에 묘사되어 있는 다양한 아귀의 형태에 대해 몇 가지 추측할 수 있다. 예를 들어, 천태(天台) 십칠 대 조사 자운참주 준식(慈雲懺主 遵式, 964-1032)이 쓴 『아귀에게 음식을 먹이는 관상법에 대한 직방(職方) 최육재의 질문에 답함(施食觀想答摧育材職方所問)』에 따르면 아귀에는 세 가지 기본 유형이 있다. (1) 가진 것이 없는 아귀(無財鬼), (2) 가진 것이 적은 아귀(少財鬼), 그리고 (3) 가진 것이 많은 아귀(多財鬼)가 제일 큰 분류이다.[182] 첫 번째 유형인 가진 것이 없는 아귀에는 다시 세 가지로 나뉜다.

> (1.1) 불을 내뿜는 아귀: 입에서 끊임없이 화염이 타오른다. (1.2) 바늘 목구멍 아귀: 배는 산처럼 크지만 목은 바늘처럼 가는 것이 특징이다. 경전에는 주로 이 두 가지 유형이 언급되어 있으며, 다른 모든 유형은 일반적으로 주위에 모여 있다. (1.3) 악취를 풍기는 아귀: 입

에서는 악취와 썩은 냄새가 가득하여 그들 자신의 역겨움으로 고통을 받는다.[183]

이 세 종류의 아귀들은 이 그림의 오른쪽 상단에 그려져 있는 것처럼 보인다. 아귀 세 명은 뼈만 앙상한데 배는 커서 극심한 배고픔을 나타내며, 이마, 코, 턱이 튀어나와 있어 유인원과 비슷한 모습을 하고 있다. 숨을 쉴 때마다 불을 내뿜는 아귀, 식사를 방해하는 좁은 목구멍을 가진 바늘 목구멍 아귀, 코를 막고 자신의 끔찍한 입 냄새를 막아보려고 하는 악취를 풍귀는 아귀로 추측할 수 있다.

그런 다음 자운준식 대조사는 두 번째 유형의 아귀, 즉 가진 것이 적은 세 가지 종류의 아귀를 열거한다.

(2.1) 바늘 털 아귀: 털이 바늘처럼 날카로워 움직일 때마다 찌른다. (2.2) 악취 털 아귀: 유독한 털이 날카로워 아귀를 찌르거나 아귀가 그 털들을 뽑으려고 하면 고통과 괴로움을 준다. (2.3) 혹부리 아귀: 음식을 씹으면 목이 붓거나 큰 혹이 늘어져 유해한 피고름을 쏟아낸다.

마지막으로 자운준식 대조사는 세 번째 유형의 아귀, 즉 가진 것이 많은 세 가지 종류의 아귀들을 열거한다.

(3.1) 버려진 음식이나 폐기된 음식을 얻는 아귀: 의례나 공양물에서 규칙적으로 버려진 음식을 얻을 수 있기 때문에 그렇게 불린다.[184] (3.2) 골목길이나 거리에서 떨어지거나 버려진 음식들을 몰래 숨어

서 주워 먹는 아귀. (3.3) 야차(夜叉), 나찰(羅刹), 비사차(毘舍遮, 식육하는 악귀) 등과 같은 존재들로, 실질적인 힘을 가진 아귀: 야차나 나찰이라고 불리는 아귀들이 그들이다. 그들의 즐거움은 인간과 천신들의 즐거움과 유형적으로는 유사하지만, 그들은 낮은 삼악도(三惡道)에 속한다.

이 후자의 세 가지 종류의 아귀는 그림의 왼쪽 아래에 표현되어 있는 것 같은데, 그림에 등장하는 형상의 정체를 파악하기는 더 어렵다. 왼쪽 아래 구석에 있는 형상을 제외하면 바람에 흩날리는 머리카락을 곧게 펴고, 두 손을 정중하게 합장한 채 "풍부한 음식"처럼 보이는 것을 들고 있는 세 명의 형상이 있다. 위쪽 두 인물은 튀어나온 눈과 눈썹, 머리 중앙의 돌출부, 긴 머리카락(파란색과 빨간색)이 있는 등 물리적으로 닮아 있다. 두 형상 모두 비슷한 귀걸이, 팔찌, 팔 장식고리를 하고 어깨와 팔뚝에 긴 녹색 외투를 걸친 비슷한 복장을 하고 있다. 붉은 머리의 형상은 제3의 눈이 있고 머리에 불꽃 모양의 보석을 달고 있다. 아마도 파란 머리를 한 형상은 일종의 하급 신(야차)이고, 붉은 머리를 한 형상은 일종의 악귀(나찰)인데, 후자의 묘사에서 제3의 눈이 흔히 등장하기 때문이다. 세 번째 형상은 천의를 입고 관을 쓰고 왕홀을 들고 있는데, 이는 모두 중국 회화에서는 왕의 지위를 나타내는 것이다. 그의 얼굴은 위의 두 인물보다 좀 더 인상이 사람에 가깝고 덜 짐승처럼 보인다. 이 형상은 아귀들 중에서도 일종의 왕족으로, 아귀들의 왕인 야마(Yama)를 상징하는 것으로 보인다.

왼쪽 아래 구석에 있는 마지막 인물은 귀걸이, 팔찌, 팔 장식고리, 발찌를 착용하고 보석으로 장식된 얇은 띠와 샌들을 신고 있으며,

어깨와 팔뚝에 긴 붉은색 천을 걸치고 있다. 허리까지 오는 긴 머리에 두 개의 상투를 틀어 묶은 스타일이며, 눈은 아래로 처져 있다. 이 인물은 브라만 선지자(범선〔梵僊〕, brahmarṣi)처럼 보이며, 높은 카스트와 상류층, 그리고 다소 이질적인 느낌을 준다.[185]

그림 4

「염구아귀도(焰口餓鬼圖)」는 불교 설화에 바탕을 두고 있다.[186] 여러 불교 경전에 따르면,[187] 아난다(Ānanda) 존자는 "염구아귀"라는 이름의 무섭게 생긴 아귀를 만났다. 그 아귀는 아난다 존자에게 자신이 사흘 뒤에 죽을 것이며, 죽기 전에 거의 무한대에 달하는 아귀들을 먹일 수 없다면 아귀로 다시 태어날 것이라고 말했다고 한다. 이에 놀란 아난다 존자는 붓다를 찾아갔고, 붓다는 모든 아귀들을 먹일 수 있는 특별한 주문을 가르쳐 주셨다. 아난다는 붓다의 가르침을 따라 자신과 수많은 아귀들을 구했다고 한다. 이 이야기는 당나라(618-907년)에 간단한 의례로 시작해서 오늘날 중국과 다른 지역에서 여전히 인기가 있는 복잡한 의식으로 발전한 유가염구시식의(瑜伽焰口施食儀, 불을 내뿜는 아귀에게 음식을 주는 의식)로 알려진 복잡한 의례의 근거가 되었다.[188]

왼쪽 하단에는 한 손에는 금강저를 들고 다른 한 손에는 금강령을 들고 붉은색 "오불관(五佛冠)"을 쓴 아난다 존자가 있다. 아귀시식(餓鬼施食)은 아귀에게 음식을 주는 재로, 이 시식을 주관하는 승려는 현재도 오불관을 쓴다. 아귀를 위해 단에 이 그림을 걸어놓고 음식을 주는 시식을 행하는 승려는 실제로 오불관을 써서 그들과 아난다 사이에는 일종의 유대관계를 형성했을 것으로 보인다. 그림에서 아난다 존자는 촛불, 꽃병, 향로, 의식을 주재하기 위해 펼쳐놓은 서첩을 단위에 준비하고 서 있다. 아난다 존자의 옆에는 시식을 보조하는 두 명의 승려가 서 있는데, 아래쪽 승려는 경건하게 합장한 채 펼쳐놓은 서첩 앞에 서 있다. 두루마리 책자 같은 것을 손에 든 아귀가 단 앞으로 다가오고, 그 아래에는 두루마리 더미처럼 보이는 것을 등에 짊어진 또 다른 아귀가 고개를 돌려 진행 상황을 지켜보고 있다. 이 아귀들은 주례자를 보조하는 것처럼 보인다.

하단 중앙에는 아귀들을 위한 단이 있으며, 왼쪽에는 채소,[189] 가운데에는 찐빵, 오른쪽에는 쌀 등 세 가지가 산더미처럼 쌓여 있다. 이 공양물 더미는 깃발로 장엄되어 있어서(현대 의식에서는 종종 바치는 글귀가 새겨져 있다) 불탑처럼 보인다. 중앙의 찐빵 공양은 아귀들이 가장 좋아하는 것으로 보인다. 시식의 불단과 그 아래에는 쌓여 있는 찐빵을 먹고 있는 아귀들의 모습이 보인다. 그림의 오른쪽에는 아귀 무리가 불단을 향해 내려오고 있고, 그림의 왼쪽에는 아귀들이 찐빵을 손에 들거나, 입에 넣거나, 그릇에 가득 채운 채로 다시 내려오고 있다.

그림 중앙에는 입을 쩍 벌리고 불을 내뿜는 염구아귀가 있다. 벗겨진 정수리를 중심으로 좌우에 머리카락이 곧게 뻗어 있고, 동공이 커져 있고, 투명하게 비치는 내장을 가지고 있는 형상이다. 이 아귀의 왕은 도포를 두르고 귀걸이, 팔찌, 발찌, 정교한 목걸이로 장식을 하고 있다. 그는 바위로 된 좌대에 앉아 연화좌(蓮華坐)의 가부좌를 틀고 허벅지에 손을 얹어 전통적인 좌선 자세를 취하고 있다. 그리고 아래 재물 가운데에서 가져온 찐빵이 그의 양손 안에 놓여 있다. 찐빵은 염구아귀에게 공양을 올리는 것이며, 그의 광배와 정면을 향한 얼굴은 이 그림의 밖에서 이 그림을 보는 사람들이 공양의 대상으로 보도록 안배되어 있다.

염구아귀는 종종 자비의 화신인 관세음보살의 화현으로 여겨지는데, 관세음보살은 염구아귀의 모습으로 나타나 아난다 존자를 궁지로 몰아넣어 유가염구시식을 행하도록 재촉하고 있다. 염구아귀의 위에는 백의관세음보살이 흰옷을 입고 한 손에는 감로가 담긴 보병을, 다른 한 손에는 버드나무 가지를 든 채 구름을 타고 하늘로 솟아오른 모습이다. 관세음보살을 염구아귀와 연결하는 구름은 관세음보살이 그를 다스릴 수 있는 힘을 가지고 있음을 나타낸다. 실제로 유가염구시식의 주재자는 자신을 관세음보살로 관상하며, 여타 아귀들의 우두머리로 간주되는 염구아귀를 다스려 다른 아귀들을 먹인다.

왼쪽 하단에는 연꽃을 위아래에 장식한 명판이 있는데, 이 명판에는 다음과 같은 간기(刊記)가 적혀 있다. "숭정(崇禎) 16년(1643년) 시월 초하루, 제자 웨이인은 이 작품을 조성할 기금을 마련하기 위해 모연을 결심했다."

그림 5

티베트에서 그린 윤회도 탱화의 세부 묘사로,[190] 연대와 출처는 확실하지 않다.[191] 아귀도의 아래쪽에는 목이 가늘고 배가 불룩하며 머리털은 삐죽삐죽 서 있고, 팔다리는 꼬부라져 휘청거리는 아귀들이 있다. 이들은 입에서 불을 내뿜는데, 이는 먹거나 마실 수 없으며 항상 배고프고, 목이 마르다는 것을 나타낸다. 이 허우적거리는 아귀들 사이에는 더 거대하고 보다 정적인 두 명의 아귀가 있다. 하나는 귀자모(鬼子母) 하리띠(Hārītī) 여신[192]으로 추정되는 인물로, 그녀의 목에 매달린 두 어린아이들을 품에 안고 있다. 다른 아귀들처럼 먹을 것이나 마실 것을 구하지 못해 영양실조인 상태여서 아이에게 젖을 먹일 수 없는, 큰 젖가슴은 바짝 말라 있다. 또한, 옆에는 해골 지팡이를 든 채 누각에 앉아 있는 형상이 있는데, 염라대왕 야마[193]로 추정된다. 지팡이 위에는 보석으로 장식되어 있는 해골이 얹혀 있다.[194]

왼쪽 상단에는 운좌(雲座)에 앉은 세 명이 있다. 위에는 한 손에는 불타는 반야검(般若劍)을 들고 다른 한 손에는 경전역자주: 반야경(般若經)을 들고 있는 문수사리(文殊師利) 보살이, 그 아래 왼쪽에는 화염이 이는 광배를 두른 붓다를 호위하는 집금강(執金剛)이, 오른쪽 아래에는 아귀들이 공덕을 쌓지 않았더라도 음식을 먹일 채비를 갖추고 황금 발우를 두 손으로 들고 있는 아귀도에 있는 붓다가 있다.[195] 오른쪽 상단에는 연꽃 봉오리와 연꽃이 광배를 둘러싸고 있는 따라보살이 있고, 그 아래에는 세 명의 아귀들이 다른 아귀들보다 높이 올라와 따라보살을 바라보고 있는데, 따라보살의 축복 덕택에 더 이상 입에서 불을 뿜지 않는 것으로 보인다.

이 그림의 왼쪽 하단에는 지독한 추위와 더위, 그리고 머리가 반으로 잘리고 성기가 찔리는 등 더 끔찍한 고통이 있는 육도 가운데 가장 낮은 "중생의 영역(gati)"인 지옥을 볼 수 있다.

그림 6

이 그림[196]은 『프라 말라이 클론 수앗(Phra Malai Klon Suat)』[197]의 삽화들 가운데 첫 장을 가져온 것이다. 이 책은 기적을 행하는 전설적인 승려 프라 말라이가 천상, 지옥, 아귀의 세계를 여행한 뒤 남긴 상세한 설명이 담겨 있는 프라 말라이 이야기를 암송하도록 만들어진 것이다.[198] 프라 말라이 스님이 구름 틈새에서 왼손에는 부채를, 오른손은 자비의 손길을 뻗은 채 등장하고 있는 모습을 묘사하고 있다. 그 아래에는 다섯 명의 아귀들이 있는데, 저마다 불에 타서 각기 독특한 고통을 겪고 있으며, 두 손을 모아 그를 향해 합장하는 자세를 취하고 있다.

제일 바깥쪽의 두 아귀들은 남성으로, 덥수룩한 수염을 기르고 입을 크게 벌리고 있으며, 툭 튀어나온 눈을 하고 있다. 배가 약간 부풀어 있는 것은 굶주림을 뜻한다. 맨 오른쪽의 인물은 무릎과 이마에서 불길이 솟아오르고 있다. 맨 왼쪽의 인물은 손에 불이 붙어 있고 어깨에 걸쳐진 거대한 음낭, 즉 거대한 물혹으로 고통받고 있다. 『프라 말라이 클론 수앗』에 의하면, "이러한 과보가 농민을 희생시키며 자신의 지위를 악용하는 부패한 정부 관리들을 기다리고 있다."라고 한다.[199]

가운데에 있는 세 명은 갈비뼈와 튀어나온 등뼈가 보이는 여성들로 추정된다. 가운데에 있는 아귀는 정수리에 탑 모양의 돌출부가 있는데, 이는 손을 올려 합장한 모습과 비슷하며 왼쪽 팔꿈치에서 불꽃이 나오고 있다. 머리에는 머리카락과 귀가 있지만 눈, 코, 입은 허리에 있으며 작고 둥그런 한쪽 눈은 오른쪽의 인물을 올려다보고 있다. 『프라 말라이 클론 수앗』은 비슷한 유형의 아귀(머리는 없고, 요도에 입이 달려 있고, 가슴에 눈이, 배에 머리가, 그리고 툭 튀어나온 코를 가지고 있는 아귀)를 묘사하는데, 이들은 전생에 도둑이었기 때문에 이런 과보를 받고 있다고 한다.[200] 정가운데 있는 아귀의 옆구리에 달린 눈과 마주치며 내려다보는 아귀는 물소처럼 보이는 얼굴과 귀, 뿔을 가지고 있으며 무릎과 어깨에서 불꽃이 솟아나고 있다. 『프라 말라이 클론 수앗』은 동물의 머리를 가진 아귀의 일종으로, 사람의 몸과 물소의 머리를 가진 아귀도 있다고 기술한다. 이러한 과보가 마녀를 믿고 사악함에 이끌린 사람을 기다리고 있다.[201] 가운데 왼쪽에 있는 인물도 정수리에 뿔이 있고, 머리카락과 귀는 있지만 얼굴은 없으며, 허벅지에서 불길이 솟아나고 있다. 『프라 말라이 클롯 수앗』이 설명하는 모든 아귀들이 이 그림에 묘사되어 있는 것은 아니다. 이 책은 전생에 동물을 죽여 식량으로 삼고도 양심의 가책이 없었기 때문에, 야생 짐승 무리에게 먹히는 아귀 등, 그림에는 묘사되어 있지 않은 다양한 유형의 아귀들을 설명하고 있다.[202]

『프라 말라이 클론 수앗』에 따르면, 다양한 아귀들은 이 그림에 묘사된 것처럼 합장 공경하며 프라 말라이 스님에게 인간의 중생계에 있는 친척들에게 아귀로 사는 자신의 비참한 처지를 알려서 친척들이 그를 대신해서 공덕을 쌓을 수 있도록 해달라고 간청한다. 프라 말라이 스님은 흔쾌히 동의했다고 한다.[203]

그림 7

이 그림은 "카르니 바르니(karnī bharnī, 뿌린 대로 거둔다)"로 알려진 인도 판화 장르의 대표적인 작품이다.[204] 19세기 후반 자이나교 구원론이 주류 힌두교로 유입되면서 나온 이러한 그림들은 윤리적 죄악이 초래하는 업보의 결과를 묘사하고 있다. 인간의 악행과 그 악행이 다음 생에서 초래하는 특유의 고통이 함께 그려져 있는 이 작품은 업보의 인과관계를 시각적으로 표현하고 있는데, 아귀 이야기에서 볼 수 있는 설명을 연상시킨다. 코뚜레를 꿰고, 물고기를 도살하고, 문서를 위조하고, 술을 마시고, 부모를 학대하고, 동물을 사냥하고, 부적절한 관계를 맺고, 거짓말을 하고, 간통하고, 경쟁자의 아이를 괴롭히고, 짐승에게 짐을 과하게 싣는 자에게 어떤 지옥 같은 과보가 기다리고 있는지를 이 판화에서 확인할 수 있다.

그림 8

가느다란 목과 부풀어 오른 배, 앙상한 척추와 가느다란 팔다리, 긴 손톱과 덥수룩한 머리카락, 초점 없는 눈을 가진 네 명의 아귀가 그려져 있다.[205] 그 뒤에는 낡고 무성한 나무 울타리와 대문이 있다. 아귀들은 종잇조각, 나뭇가지, 잡초, 돌멩이, 오줌 웅덩이, 똥 더미 등이 널려 있는 황량한 거리에 있다. 가운데 있는 아귀는 메마른 가슴을 움츠리고 구부정한 자세로 바닥에 앉아 입을 크게 벌린 채로 낙담한 표정을 짓고 있다. 남성으로 추정되는 다른 세 아귀들은 똥을 먹는 여러 가지 모습을 하고 있다. 맨 뒤에 있는 아귀는 똥 더미를 핥고 있고, 맨 앞의 캐릭터도 똑같이 똥을 핥을 준비를 하고 있는 것처럼 보인다. 맨 오른쪽의 아귀는 손과 입에 똥을 가득 묻힌 채로 관객을 응시하고 있다.

일본 민속화 데이터베이스를 위해 이 이미지를 만든 매튜 메이어(Matthew Meyer)는 다음과 같은 설명을 덧붙인다.

나는 대학에서 불교예술과 문화를 공부했고, 그 이후로 아귀의 이미지에 관심이 많았다. 아귀의 대체적인 모습은 항상 똑같이 배가 불룩하고 절망적인 표정을 짓고 있다. 모두 매우 히에로니무스 보스(Hieronymus Bosch)역자주: 상상 속의 괴물, 기괴하게 생긴 몸 등의 지옥 세계를 주로 그린 16세기 화가의 작품 속에 나오는 것들 같다.

내 일을 하다 보면 귀신의 그림과 괴물을 그린 두루마리를 많이 접하게 된다. 특히 내가 좋아하는 장르 중 하나는 지옥을 묘사한 두루마리들이다. 지옥 두루마리는 많은 일본 사찰이 소장하고 있는 큰 걸개그림으로, 지옥의 여러 층과 함께 종종 아귀의 영역도 그린다. 나는 아귀들이 사람들의 집 밖에 앉아 있는 두루마리를 본 적이 있는데, 우리 세상에 살고 있는 것처럼 보이지만 우리 세상을 보다 더 음산하고 그로테스크한 버전으로 표현한다. 집, 대문 등 평범한 마을 그림에서 볼 수 있는 것들이 있는데, 더 음울하고 색채가 덜 화려할 뿐이다.

이 그림을 그리면서 나는 오랫동안 머릿속에 있던 이미지로부터 영감을 얻었다. 나는 아귀를 부잣집 대문 앞에 배치했는데, 그곳에서 아귀가 먹을 수 있는 것은 길거리에 버려진 쓰레기밖에 없다. 귀신이기 때문에 세상의 아름다움을 보지 못하고 칙칙한 회색 톤만 볼 수 있다. 내가 좋아하는 두루마리가 세월이 지나면서 모두 갈색으로 변했기 때문에 귀신과 아귀를 연상시키는 색조가 갈색에 가깝다.[206]

그림 1_ 슈로나 꼬띠까르나는 아귀들로 득실거리는 철의 도시를 만난다. 5세기경 중국 신장의 키질(**Kizil**) 동굴군에 있는 212번 동굴(소위 선원 동굴)의 벽화이다. 복제본은 1920년 그륀베델(**Grünwedel**) 15-16번 판에서 발췌한 것이다. 이 벽화는 현재 베를린 아시아 예술 박물관에 보관되어 있다. **no. III** 8401.

그림 2_ 네 명의 아귀. 11–12세기 중국 신장 투루판 근처의 베제클릭(Bezeklik) 동굴 18번 벽화의 세부화. Inv. no. III 8453, © 베를린 아시아 예술 박물관; 사진: 이네스 부쉬만(Ines Buschmann).

그림 3_ 육도 윤회도 중 아귀도. 중국 남송시대, 13세기. 비단에 수묵과 채색, 41.25×18.5인치. 일본 시가현 신지 은원. 사진 제공: 오쓰시 역사박물관.

그림 4_ 염구아귀 왕. 중국 명나라, 1643년. 비단에 수묵과 채색, 57.875×31.875인치. 일본 교토 육도진황사(六道珍皇寺). 사진 제공: 오사카 시립미술관.

그림 5_ "윤회도(saṃsāra-cakra, bhāva-cakra)"를 나타내는 티베트 탱화 탕카(thangka)에서 등장한 아귀 부분 세부 묘사. © 뮌헨 국립 민족학 박물관, no. 69-5-1; 사진: 마리안느 프랑케(Marianne Franke).

그림 6_ 태국 중부 우타이타니주(Uthai Thani Province) 왓 퉁 카에오(Wat Thung Kaeo)에 있는 『프라 말라이 클론 수앗』의 1862년경 삽화의 세부 묘사. 사진 제공: 방콕 FPL(Fragile Palm Leaves) 재단 / 헨리 긴즈버그 재단.

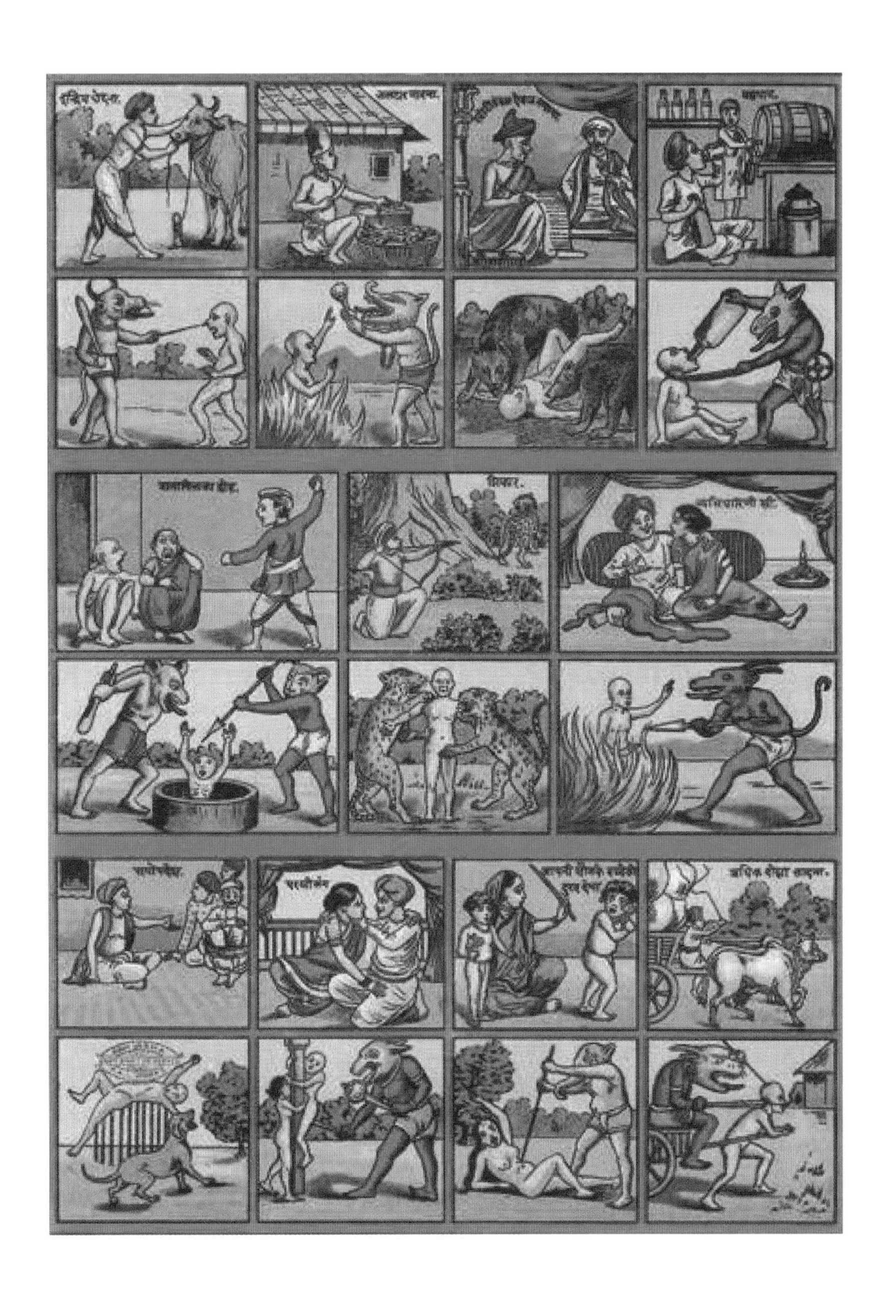

그림 7_ 뿌린 대로 거둔다. “나라크바스(Narakvās) Number 2”. 다색 석판 인쇄화, 말라비(로나발라 근처) 라비 바르마 프레스(Ravi Varma Press), 1915년경.

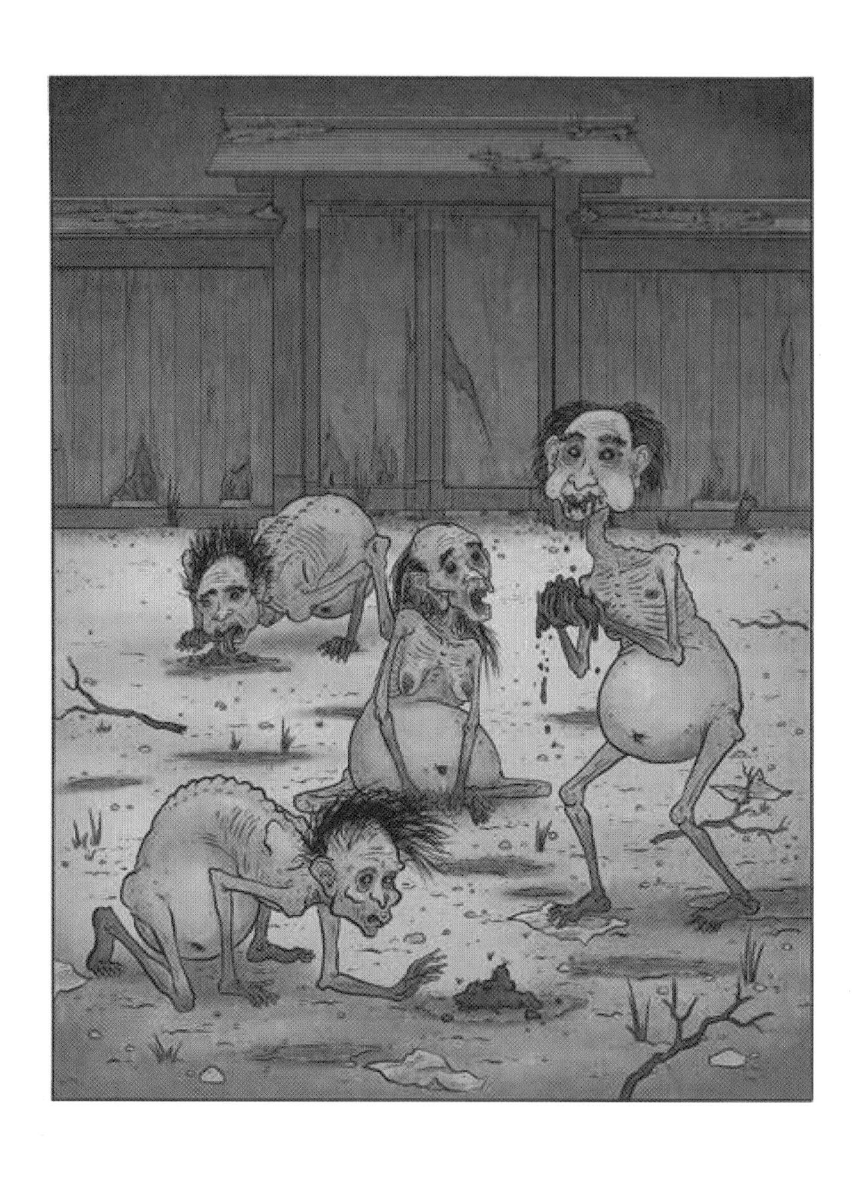

그림 8_ 매튜 메이어, 아귀들, 2015년. 연필화의 디지털 일러스트레이션, 6×8인치.

연구 기록

출처

다음 번역은 1906년 J. S. 스페이어(J. S. Speyer)가 편집한 『백연경』 산스크리트어 본(=Avś)을 기반으로 한다. 스페이어는 자신의 판본을 만들기 위해 다섯 개의 사본(B, D, P, C, F)을 사용했지만,[207] 그가 설명했듯이, "주로 1611년 Cambridge Add에서 출간한 번역본을 참고했다. 나는 B로 표시한다. 내가 수집한 다른 세 개의 사본 C, D, P는 이 판본을 복사한 것이다. 이들에 대해서는 조금도 의심의 여지가 없다."[208] 스페이어는 또한 다른 『백연경』 문서들을 살펴보고 티베트어본 『백연경』에서 문제가 되는 단어와 구절을 간접적으로나마 참고했다. 티베트어에 능숙하지 않았던 그는 1891년 『백연경』을 번역할 때 티베트어본을 주로 사용했던 레옹 피어에게 도움을 요청했다. 스페이어는 "피어는 가장 큰 지원과 공감을 가지고 여섯 번째 열 가지 이야기 모음집까지 내가 필요로 했던 산스크리트어본에 해당하는 티베트어본을 제공해 주었다."라고 말했다.[209]

나는 또한 1958년에 나온 P. L. 바이다(P. L. Vaidya)의 『백연경』 산스크리트어본(=Avś-V)을 검토했다. 이 판본은 스페이어 본을 거의 그대로 옮기기는 했지만 스페이어 본의 방대한 주석과 부록이 빠져 있다. 그렇지만 스페이어 본에 영감받은 부분도 있고, 아예 허위로 된 새로운 내용도 포함되어 있다. 따라서 내 번역에서는 스페이어 본을 참조하고, 내 주석에서는 특히 도움이 되거나 주목할 만한 정보가 있을 경우만 바이다 본을 참조했다. 또한 현재 GRETIL(Göttingen Register of Electronic Texts in Indian Languages)에서 제공되는 것도 유용했다.[210] 이 편집본에는 새로운 문헌이 포함되어 있지는 않지만, 스페이어와 바이다의 작업을 기반으로 하고 있다.

특히 번역에 도움이 된 것은 현재 티베트 장경(藏經)의 경전부(깡규르[Kangyur])에 보존되어 있는 티베트어 번역본이었다. 이 티베트어본은 스페이어 본의 산스크리트어본과 내용상 크게 다르지는 않지만, 산스크리트어를 명확히 하고 때때로 수정하는 데 도움이 되는 경우가 많았다. 후자의 경우에는 티베트 장경 판본 가운데 데게(sde dge=D)판에 보존되어 있는 『백연경』의 티베트어 역본을 참고했다.

산스크리트어와 티베트어 판본 외에도 다른 문헌들, 특히 또 다른 편집본인 『디비아바다나』와 『백연경』과 밀접한 관련이 있는 『설일체유부 율장』을 참고하여 유사점과 차이점을 찾아보았다.[211] 후자의 경우, 나는 길기트(Gilgit) 번역본(Dutt 1984), 길기트 불교 번역본의 팩시밀리판(Vira and Chandra 1995), 사본의 비판 교정본(예: Vogel and Wille 1996), 티베트어 교정본을 활용했다.

또한, 과거와 현재의 다른 학자들의 연구로부터도 큰 도움을 받았다. 외젠 뷔르누프(Eugène Burnouf)는 1844년에 본문의 일부를 번역했고, 레옹 피어는 1891년에 전체 문서를 번역했다. 그들의 작업은 놀라울 정도로 뛰어났다. 그들의 번역본을 읽는 것은 내게 있어서는 배움과 겸허함을 동시에 경험하는 교육이자 가르침이었다. 이러한 선구자들과 달리 나는 많은 학자들의 연구에 의존할 수 있었고, 새로운 판본(예: Demoto 2006, 23-26, Silk 2008, 265-66), 새로운 번역(예: Schopen 1995, 500-502, Appleton 2013, Appleton 2014a, Appleton 2020), 최근 연구(예: Demoto 2006, Muldoon-Hules 2017)와 더불어 폭넓은 참고 문헌들을 활용할 수 있었다. 불교학 분야는 19세기 이후 급격히 확장되었으며, 불교학자들은 현재 글을 통해, 그리고 직접적인 학자 간의 소통을 통해 다양한 상호 교류를 하고 있다.

번역의 규칙

이 책에 수록된 10개의 이야기 각각에 대한 첫 번째 주석에는 해당 티베트어본과 관련성이 있는 경우 추가 판본, 번역본, 연구 및 유사 문헌에 대한 참조를 함께 실었다. 그런 다음 각 이야기에는 더 연구를 하고 싶은 분들을 위해 중요한 문헌과 문법적인 문제, 대체 판본과 재구성 가능성을 기록하는 기술적인 주석을 덧붙였다. 문헌의 모든 특징이나 티베트어본의 대체 판본, 아쉽게도 한문본에 담긴 내용을 일일이 기록하지는 못했지만, 더 복잡하고 불명확한 구절을 이해하는 데 도움이 되는 주석을 달았다.

번역의 방식에 있어서는 『디비아바다나』를 번역할 때 따랐던 것과 동일한 관례를 많이 따랐다.

> 산문은 산문의 문체대로, 운문은 운문의 형식대로 번역하려고 노력했다. 그리고 읽기 쉽도록 관습적인 구절은 생략했다. 고유명사와 지명은 번역하지 않았지만, 각 이야기에서 처음 등장하는 경우 (번역이 도움이 되거나 가능한 경우에는) 괄호 안에 번역을 넣었다. 이러한 이름 중 일부는 용어집에서 찾을 수 있지만 지명은 포함되어 있지 않다. 전문 용어는 가능한 경우 번역했으며, 번역이 불가능한 경우 산스크리트어 원문을 그대로 표기했다. 그러나 몇 가지 예외가 있다. 다르마(dharma), 브라만(brahman), 삼사라(saṃsāra)와 같이 영어에서 자주 사용되는 용어는 번역하지 않고, 아라한(arhat), 타타가타(tathāgata)와 같이 본문에서 자주 나타나는 용어와 자연스럽게 사용된 용어도 번역하지 않았다. 반대로, 아수라(asura) 및 마호라가(mahoraga)와 같은 전문적인 용어들은 번역을 했다. 이 모든 용어는 적절하게 설명할 수 있지만, 영어에 자주 등장하는 용어의 이해와 전문적인 용어들의 번역만으로도 독자들이 복잡한 이야기를 이해하기에 충분하다고 생각한다. 이러한 전문 용어는 번역 여부와 관계없이 용어 사전에서 찾아볼 수 있다.[212] 역자주: 한국어판은 번역한 용어가 오히려 어색해서 굳이 번역하지 않았다.

또한 스타일 측면에서도 원문에서 사용하는 구어체, 전문 용어, 투박하거나 웅변적인 표현 등은 있는 그대로 원문의 어법을 따르려고 노력했다. 예를 들어, 등장인물이 다른 사람을 "꾸짖거나" "가혹한 말"을 할 때는 적절히 직설적으로 들릴 수 있도록 했다. 이 이야기들은 지식인을 위한 논서와 일반인들이 읽기 쉬운 이야기의 성격을 동시에 지니고 있으며, 나는 이러한 혼합적인 성격을 유지하려고 노력했다.

약어

Avś	Avadānaśataka. 참고: Speyer 1902 –9.
Avś-V	Avadānaśataka. 참고: Vaidya 1958.
BHSD	Buddhist Hybrid Sanskrit Dictionary. (참고: Edgerton 1993, vol. 2.)
D	Derge edition of the Tibetan Tripiṭaka
Skt.	Sanskrit
Tib.	Tibetan

산스크리트어 발음법

아래에 나열된 산스크리트어의 모음과 자음은 그 뒤에 나오는 영어 단어의 이탤릭체 문자와 매우 유사하게 발음한다. 자음 뒤에 오는 h는 별도의 문자가 아니라는 점에 유의하라. 그 대신, 뒤에 오는 자음이 기식음역자주: 'ㅎ' 소리가 첨가된다. 예를 들어, ㅋ, ㅌ, ㅊ, ㅍ 등임을 나타낸다. 산스크리트 문자는 산스크리트 알파벳 순서로 나열되어 있다.

모음	a	but
	ā	father
	i	pit
	ī	see
	u	foot
	ū	drool
	ṛ	rig
	ṝ	해당하는 영어 발음이 없다. ṛ을 길게 발음
	e	ray
	ai	high
	o	hope
	au	round
후두음 (혀 뒤쪽을 살짝 들어 올리고 목구멍을 닫아 발음)	k	kick
	kh	blockhead
	g	go
	gh	doghouse
	ṅ	ring
구개음 (혀를 입천장에 대고 발음)	c	chip
	ch	matchhead
	j	job
	jh	hedgehog
	ñ	injury
권설음 (혀끝을 말아 입천장에 닿게 하여 발음)	ṭ	try
	ṭh	tart
	ḍ	drum
	ḍh	해당하는 영어 발음이 없다. ḍ를 강하게 기식음으로 발음
	ṇ	tint

설치음 (혀끝을 윗니 뒤쪽에 대고 발음)	t th d dh n	stick anthill dinner roundhouse nice
양순음 (입술을 모아서 발음)	p ph b bh m	spin upheaval bin clubhouse mother
반모음, 치찰음 및 추가 소리	y r l v ś ṣ s h ṃ ḥ	yes drama life 영어 v와 w 사이의 소리 (예: vine과 wine 사이) ship ś의 권설음 sip hope 아누스와라(anusvāra): 앞의 모음을 비음화함 위사르가(visarga): 앞 모음의 공명이 포함된 연음(예: devaḥ〔데와〕 ḥ를 devaha〔데와하〕로)

『백연경』 속 아귀 이야기

1 사탕수수 방앗간(GUḌAŚĀLĀ[214])

붓다께서는 왕, 궁정 대신, 장자(長者), 도시 주민, 상인, 무역상의 우두머리, 천신(deva), 용(nāga), 야차(yakṣa), 아수라(aśura), 가루다(garuḍa), 긴나라(kinnara), 마호라가(mahoraga)에 의해 존경받고, 공경받고, 숭배받으셨다. 천신, 용, 야차, 아수라, 가루다, 긴나라, 마호라가 등 다양한 신들의 공경을 받으시는 붓다께서는 크나큰 공덕을 지니신 분으로서[215] 가사, 발우, 침구와 의자, 병든 이를 치료할 약을 보시 받으셨다. 한때 세존께서는 라자그리하(Rājagṛha, 왕사성〔王舍城〕) 시에서 제자들로 구성된 승가와 함께 깔란다까니바빠(Kalandakanivāpa, 다람쥐 먹이 주는 곳)의 대나무 숲에 머물고 계셨다.

세존께서 최상의 완전한 깨달음을 얻으셨을 때, 사리불 존자와 목건련 존자는 "지옥과 축생의 영역, 아귀의 영역에서 해방시키지 못한 중생이 한 명이라도 남아 있는 한 우리는 어떤 공양 받은 음식도 먹지 않겠다"라고 결심했다. 그 후로 이 두 존자들은 때때로 지옥의 영역을 돌아다니기도 하고, 축생의 영역과 아귀의 영역을 오가기도 했다. 아귀의 영역에서 이들은 고통받는 중생들의 각양각색의 비명 소리를 들었다.[216] 그들이 이 여행에서[217] 돌아왔을 때, 그들은 사부대중(四部大衆)에게 알렸다. 두 분의 이야기를 들은 사부대중은 깊은 감명을 받았다. 특히 두 존자들이 설한 불법을 들은[218] 많은 중생들이 정신을 차리고 불법을 경청하는 것에 대한 이야기들을 담을 수 있을 만한 그릇이 되었다.[219]

한번은 목건련 존자가 아귀들의 세계를 여행하고 있는데, 산꼭대기 같은 얼굴에,[220] 배는 바다같이 광대하고, 온몸은 털로 뒤덮여 있으며, 바늘귀만 한 입과 산만 한 배를 한 아귀를 보셨다. 그 아귀의 온몸은 화염으로 뒤덮여 있어서 하나의 불덩어리처럼 보였으며, 영원히 불타고 있었다.[221] 타는 듯한, 꿰뚫리는 듯한, 고통스러운, 극심한 통증에 시달리면서 그는 고통 속에서 울부짖고 있었다. 가는 곳마다 땅이 똥과 오줌으로 변해서 그는 간신히 발걸음을 옮기고 있었다.

"친구여," 존자께서 아귀에게 물으셨다. "그대는 무슨 일을 했기에 타는 듯하고, 꿰뚫리는 듯하고, 고통스럽고, 극심한 통증에 시달리고 있습니까?"

"해가 이미 떠 있는데 등불이 필요할까요." 아귀가 대답했다. "세존께 그 질문을 해보십시오. 세존께서는 제가 이런 운명에 처하게 된 과보에 대해 설명해 주실 것입니다."

목건련 존자는 세존께 갔다. 그때 세존께서는 명상을 마치고 나오셔서 사부대중에게 정결한 꿀처럼 달콤한 법을 설명해 주고 계셨다. 수백 명의 대중이 세존의 감미로운 법을 모든 감각을 집중해서 흔들림 없이 경청했다.

세존께서는 예법에 따라 먼저 말씀하시고, 자상하게 말씀하시고, "어서 오라!"는 환대의 말씀을 하시며, 무엇보다도 먼저 미소를 지으셨다. 세존께서 목건련 존자에게 이렇게 말씀하셨다. "목건련이여, 가까이 오라! 어서 오라. 어디에서 왔는가?"

"대덕(大德)이시여, 저는 아귀들의 세계를 여행하고 오는 중입니다."라고 목건련 존자가 대답했다. "그곳에서 저는 입이 바늘귀만큼 작고 배가 산같이 크며, 온몸이 털로 뒤덮여 있으며, 악취가 진동하는 아귀를 만났습니다."라고 말했다. 그리고 그는 이어서 말했다.

목과 입술이 바짝 말라서 끔찍하게 고통스러웠고,
몸은 높은 산처럼 위태롭고,[222]
털투성이 얼굴, 하늘처럼 벌거벗은 몸,
입은 가느다란 바늘귀 같고, 비쩍 마르고,

벌거벗고 털이 숭숭 난 채로
서 있는 해골같이 깡말랐고,
손에 두개골을 들고, 끔찍하며,[223]
비명을 지르며 뛰어다니고,

배고픔과 갈증에 지쳐
불행에 고통받고
타들어 가는 감각에 몹시 괴로워하며
아파서 울부짖고 있습니다.

이 죽음을 피할 수 없는 이들의 세상에서
그는 어떤 끔찍한 악업을 지었을까요?

세존께서 말씀하셨다. "목건련이여, 그대는 그 아귀를 그런 운명에 이르게 한 악업을 듣고 싶은가?"

"네, 대덕이시여."

"그러면 내 말을 들어라, 목건련이여. 잘 집중해서 면밀히 들어라. 내가 말하리라."

목건련이여, 오래전 라자그리하라는 도시에 부유하고, 부귀하며, 유복하고, 방대한 재산을 가지고 있으며, 바이슈라바나 신 정도의 부를 축적한 사람이 있었다. 실제로, 그는 부에 있어서라면 바이슈라바나 신과 견줄 정도였다. 그는 오백 개의 사탕수수즙을 짜는 사탕수수 방앗간을 소유하고 있었다.

붓다께서 아직 태어나지 않았을 적, 벽지불이 세상에 나타났다. 그분들은 가난하고 소외된 사람들에 대한 연민을 가지고 있으며, 외딴 지역에 살았다. 그분들만이 오직 사람들의 공양을 받을 자격이 있었다. 그 당시 가난하고 소외된 사람들을 긍휼히 여기며 외딴곳에 홀로 머물던 어떤 벽지불이 있었다. 어느 날 아침, 그는 가사를 두르고, 발우를 들고서, 라자그리하로 시주를 받으러 들어갔다.

그 대덕께서는 심각한 병에 걸렸는데, 한 의사가 사탕수수즙을 치료약으로 처방해 주었다. 그래서 그 스승께서는 상인의 사탕수수 방앗간으로 갔다.

상인은 당신의 몸과 뜻을 통해 신심을 불러일으키는 그 벽지불을 보고는 "고귀한 분께서 필요하신 것이 있으십니까?"라고 여쭈었다.

벽지불은 "네, 사탕수수즙이 필요합니다."라고 대답했다.

그 상인은 하인에게 지시했다. "이 고귀한 분께 사탕수수즙을 드려라."

그러던 어느 날 상인은 일 때문에 외지에 갔다. 그동안 사탕수수즙을 공양드리던 일꾼에게 다른 사람의 재산(이 경우에는 그의 상관의 재산)에 대해 간탐의 마음이 일어났다. 그는 '이 사람에게 사탕수수즙을 주면 또다시 돌아올 것이다.'라고 생각했다. 아무도 원하지 않는 세 가지 존재 영역(지옥 중생, 축생, 아귀의 영역)에 떨어지고, 모든 이들이 동경하는 두 가지 중생의 영역(즉, 천신과 인간의 영역)을 배척하고, 고귀한 법에서 멀리 떨어진 그는 사악한 생각을 일으키고 벽지불에게 말했다. "이봐! 스님![224] 발우를 줘보시오. 사탕수수즙을 주겠소."

아라한, 샤꺄무니 붓다의 제자들, 그리고 벽지불의 반야와 지혜는 주의를 집중하지 않으면 작동하지 않는다.[225] 그래서 그 벽지불은 가난하고 소외된 그를 긍휼히 여겨 '이 사람은 그저 고용된 일꾼일 뿐이다. 그를 위해 좋은 일을 해야 한다.'라고 생각했다. 그러고는 그에게 발우를 내어주었다.

사악하고 못된 마음을 가진 그 사람은 발우를 들고 보이지 않는 곳으로 가서 발우에 오줌을 가득 채운 다음 사탕수수즙을 얹어 다시 돌아와 벽지불에게 건넸다.

벽지불께서는 그 남자가 저지른 짓을 생각하며 '이 가련한 사람이 큰 죄를 지었구나!'라고 생각했다. 그러고는 발우를 한쪽에 버리고 그 자리를 떠났다.

"목건련이여, 어떻게 생각하는가?" 세존께서 말씀하셨다. "그때 그 순간에 있었던 그 일꾼이 지금 그 아귀이다. 그는 악행의 결과로 윤회의 바퀴 속에서 끝없는 괴로움을 겪고 있다. 지금도 그는 아귀로서 극심한 고통을 겪고 있다. 그러므로 목건련이여, 간탐을 없애기 위해 열심히 정진하라![226] 그렇게 하면 그 아귀와 같은 과오를 짓지 않을 것이다."[227]

"목건련이여, 절대적으로 악한 행동의 결과는 절대적으로 악하고, 절대적으로 청정한 행동의 결과는 절대적으로 청정하며, 이 두 가지가 혼재된 행동의 결과는 혼재되어 있다. 그러므로 목건련이여, 그대는 절대적으로 악한 행위와 혼재된 행위를 모두 멀리하고 절대적으로 청정한 행위만을 수행하기 위해 노력해야 한다. 목건련이여, 그대가 배워야 할 것은 바로 이것이다."

세존께서 이렇게 말씀하셨다. 존귀한 목건련 존자와 여러 신, 아수라, 가루다, 긴나라, 마호라가 등은 마음이 고양되어 세존의 말씀에 기뻐하였다.

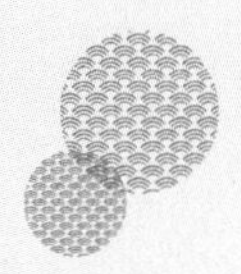

2 음식(BHAKTAM[228])

붓다께서는 왕, 궁정 대신, 장자, 도시 주민, 상인, 무역상의 우두머리, 천신, 용, 야차, 아수라, 가루다, 긴나라, 마호라가에 의해 존경받고, 공경받고, 숭배받으셨다. 천신, 용, 야차, 아수라, 가루다, 긴나라, 마호라가 등 다양한 신들의 공경을 받으시는 붓다께서는 크나큰 공덕을 지니신 분으로서 가사, 발우, 침구와 의자, 병든 이를 치료할 약을 보시 받으셨다. 한때 세존께서는 라자그리하 시에서 제자들로 구성된 승가와 함께 제따 왕자의 숲에 있는 아나타삔다다 동산(Anāthapiṇḍada, 기수급고독원정사〔祇樹給孤独園精舎〕, 기원정사)에 머무셨다.

목건련 존자는 한낮에 휴식을 취하기 위해 나무 밑에 앉아 계실 때, 아귀가 고통스럽게 울부짖는 소리를 들었다. 그녀는 타는 듯한, 꿰뚫리는 듯한, 고통스러운, 극심한 통증에 시달리면서 음식을 찾고 있었다. "친구들이여, 배가 고프오!"라고 외쳤다. "친구들이여, 목이 마르오!"

목건련 존자는 아귀를 보고 물었다. "어떤 악업을 지었기에 이런 고통을 겪게[229] 되었는가?"

"해가 이미 떠 있는데 등불이 필요할까요." 아귀가 대답했다. "세존께 그 질문을 해보십시오. 세존께서는 제가 이런 운명에 처하게 된 과보에 대해 설명해 주실 것입니다."

그 후 목건련 존자가 세존께 다가갔다. 그때 세존께서는 명상을 마치고 나오셔서 사부대중에게 순수한 꿀처럼 달콤한 법에 대해 설명해 주고 계셨다. 수백 명의 대중이 세존의 달콤한 법을 흔들림 없이 경청했다.

세존께서는 예법에 따라 먼저 말씀하시고, 자상하게 말씀하시고, "어서 오라!"는 환대의 말씀을 하시며, 무엇보다도 먼저 미소를 지으셨다. 세존께서 목건련 존자에게 이렇게 말씀하셨다. "목건련이여, 가까이 오라! 어서 오라. 어디에서 왔는가?"

"대덕이시여, 저는 아귀들의 세계를 여행하고 오는 중입니다."라고 목건련 존자가 대답했다. "그곳에서 저는 입이 바늘귀 같고, 배가 산 같으며, 온몸이 털로 덮여 있으며, 악취가 진동하는 아귀를 만났습니다. 그 아귀는 타는 듯한, 꿰뚫리는 듯한, 고통스러운, 극심한 통증에 시달리면서 고통스럽게 울부짖고 있었습니다."라고 말했다. 그리고 그는 이어서 말했다.

목과 입술이 바짝 말라서 끔찍하게 고통스러웠고,
몸은 높은 산처럼 위태롭고,

털투성이 얼굴, 하늘처럼 벌거벗은 몸,
입은 가느다란 바늘귀 같고, 비쩍 마르고,

벌거벗고 털이 숭숭 난 채로
서 있는 해골같이 깡말랐고,
손에 두개골을 들고, 끔찍하며,
비명을 지르며 뛰어다니고,

배고픔과 갈증에 지쳐
불행에 고통받고
타들어 가는 감각에 몹시 괴로워하며
아파서 울부짖고 있습니다.

그녀는 어떤 끔찍한 악업을
이 죽음을 피할 수 없는 이들의 세상에서
지었기에 이제 그러한
끔찍한 고통을 겪습니까?

세존께서 말씀하셨다. "목건련이여, 그대는 그 아귀를 이런 운명에 이르게 한 악업을 듣고 싶은가?"

"네, 대덕이시여."

"그러면 내 말을 들어라, 목건련이여. 잘 집중해서 면밀히 들어라. 내가 말하리라."

목건련이여, 먼 옛날, 과거에 이 현겁(賢劫) 동안 인간이 이만 년을 살았던 때가 있었다. 그때 세상에 무상정등각(無上正等覺)을 성취하신 까사빠 붓다가 계셨다. 그분은…

반야와 지혜가 완벽하신
수가타(sugata, 선서[善逝], 잘 가신 분)이시며,
세간해(世間解, loka-vid)이시며,
수행이 필요한 사람들을 위한 탁월한 인도자이시며,
천신들과 인간의 스승,
붓다,
그리고 세존이셨다.

한번은 바라나시 근처 르시빠따나(Ṛṣipatana, 수행자들이 날아다니는 곳)에 있는 사슴 공원(鹿野園)에 머물고 계셨다.

그 당시 바라나시에는 인색하고, 욕심 많고, 자신의 소유물에 집착하는 한 집주인의 아내가 있었다. 그녀는 곤궁한 거지는커녕 까마귀에게조차 무언가를 줄 엄두를 내지 못했다. 그녀는 고행 수행자, 바라문, 궁핍한 사람, 또는 걸인을 볼 때면 오히려 마음을 더욱 모질게 먹었다.[230]

어느 날 오직 탁발로 연명하는 탁발 수행자가 그녀의 집에 들어왔다. 그녀는 그를 보자마자 간탐의 마음이 일어났다. 그녀는 마음을 모질게 먹고 이렇게 생각했다. '내가 그에게 호의를 베풀면 그는 다시 돌

아올 것이다.' 그러자 그 악인은 다음 세상에 일어날 것을 원하지 않을 나쁜 과보의 위험은 생각지도 않은 채, 그 수행자를 안으로 불러들인 뒤, 문을 닫아걸고 음식도 주지 않았다. 그녀는 그를 꾸짖으며 "중이여, 이렇게 접대하는 것은 너를 위한 것이다. 다시는 이 집에 들어오지 못하게 하기 위해서야!"[231]라고 말했다.

그 여인은 자신의 간탐을 기르고, 발전시키고, 수양했기 때문에 아귀로 다시 태어나서 그런 고통을 겪게 된 것이다. 그러니 목건련이여, 간탐을 없애기 위해 열심히 노력하라! 그렇게 하면 그대는 그 아귀와 같은 과오를 범하지 않을 것이다.

세존께서 이렇게 말씀하셨다. 세존의 말씀에 마음이 고양된 목건련 존자와 여러 천신, 아수라, 가루다, 긴나라, 마호라가 등은 세존의 말씀을 듣고 기뻐했다.

3 마실 물(PĀNĪYAM[232])

붓다께서는 왕, 궁정 대신, 장자, 도시 주민, 상인, 무역상의 우두머리, 천신, 용, 야차, 아수라, 가루다, 긴나라, 마호라가에 의해 존경받고, 공경받고, 숭배받으셨다. 천신, 용, 야차, 아수라, 가루다, 긴나라, 마호라가 등 다양한 신들의 공경을 받으시는 붓다께서는 크나큰 공덕을 지니신 분으로서 가사, 발우, 침구와 의자, 병든 이를 치료할 약을 보시 받으셨다. 한때 세존께서는 라자그리하 시에서 제자들로 구성된 승가와 함께 깔란다까니바빠의 대나무 숲에 머물고 계셨다.

한편 목건련 존자는 아귀들의 세계를 돌아다니셨다. 그곳에서 그는 불에 탄 나무 그루터기 같고,[233] 온몸이 털로 덮여 있고, 입은 바늘귀만 하고, 배는 산처럼 커다란 아귀를 보셨다. 그녀는 불타고 있었으며, 타오르고 있었으며, 화염으로 뒤덮여 있었으며, 하나의 불덩어리처럼 보였으며, 영원히 불타고 있었다. 갈증에 시달리며 그녀는 타는 듯한, 꿰뚫리는 듯한, 고통스러운, 극심한 통증에 시달리면서 고통 속에서 울부짖고 있었다. 그녀가 보기만 해도 강과 우물이 말라 버렸다. 그리고 하늘에서 비가 내리면, 그녀에게 불꽃과 불씨가 쏟아지곤 했다.

그녀를 본 목건련 존자께서는 "무슨 악행을 저질렀기에 이런 고통을 겪고 있는가?"라고 물으셨다.

"대덕이시여, 저는 악업을 지었습니다, 목건련 존자님."이라고 아귀가 대답했다. "세존께 이 문제를 물어보십시오. 세존께서는 제가 이런 처지에 이르게 된 악행을 설명해 주실 것입니다. 그리고 다른 중생들이 이 이야기를 들으면 이 악행을 삼가게 될 것입니다."

목건련 존자는 세존께 갔다. 그때 세존께서는 명상을 마치고 나오셔서 사부대중에게 정결한 꿀처럼 달콤한 법을 설명해 주고 계셨다. 수백 명의 대중이 세존의 감미로운 법을 모든 감각을 집중해서 흔들림 없이 경청했다.

세존께서는 예법에 따라 먼저 말씀하시고, 자상하게 말씀하시고, "어서 오라!"는 환대의 말씀을 하시며, 무엇보다도 먼저 미소를 지으셨다. 세존께서 목건련 존자에게 이렇게 말씀하셨다. "목건련이여, 가까이 오라! 어서 오라. 어디에서 왔는가?"

"대덕이시여, 저는 아귀들의 세계를 여행하고 오는 중입니다."라고 목건련 존자가 대답했다. "저는 그곳에서 시꺼멓게 탄 나뭇등걸처럼 생긴, 털로 뒤덮여 있으며, 바늘귀만 한 입과 산만 한 배를 한 아귀를 보았습니다. 그녀는 불타고 있었으며, 타오르고 있었으며, 화염으로 뒤덮여 있었으며, 영원히 불타고 있었습니다. 극심한 갈증에 고통받는 그녀는 지독하고, 괴로우며, 사무치며, 격렬한 고통에 사로잡혀서 울부짖고 있었습니다. 그녀의 눈앞에서 강과 우물이 말라버렸습니다. 그리고 하늘이 비를 내리면 그녀에게 불꽃과 불씨가 쏟아지곤 했습니다."

세존께서 말씀하셨다. "목건련이여, 그 아귀는 악행을 저질렀다. 그녀가 그런 과보를 받게 된 악행이 무엇인지 듣고 싶은가?"라고 물으셨다.

"예, 대덕이시여."

"그러면, 잘 들어라. 목건련이여. 잘 집중해서 면밀히 들어라. 내가 말하겠노라."라고 말씀하셨다.

목건련이여, 먼 옛날, 인간이 이만 년을 살았던 때에, 세상에 무상정등각을 성취하신 까샤빠 붓다가 계셨다. 그분은…

반야와 지혜가 완벽하신
수가타이시며,
세간해이시며,
수행이 필요한 사람들을 위한 탁월한 인도자이시며,
천신들과 인간의 스승,
붓다,
그리고 세존이셨다.

한번은 바라나시 근처 르시빠따나에 있는 사슴 공원에 머물고 계셨다. 그곳에 갈증으로 괴로워하는 한 스님이 지나가고 있었다. 그러다 우물을 발견했다. 한 젊은 여인이 막 항아리에 물을 채우고 우물 옆에 서 있었다.

스님은 그녀에게 "자매님, 저는 갈증 때문에 괴롭습니다. 물을 좀 주시겠습니까?"

그 젊은 여인에게서 간탐이 일어났다. 그녀는 자신의 것에 집착한 나머지 스님에게 말하기를, "스님, 스님이 죽는다고 해도 저는 물을 주지 않을 것입니다. 제 물 단지가 가득 차 있지 않을 것이니까요."라고 말했다.

갈증과 실의에 빠진 스님은 가던 길을 계속 갔다.

그 젊은 여인은 자신의 간탐을 수행하고, 발전시키고, 수양했기 때문에 아귀로 다시 태어났다. 그래서 그녀는 타는 듯한, 꿰뚫리는 듯한, 고통스러운, 극심한 통증에 시달리는 것이다.

그러므로 목건련이여, 이것이 우리가 배워야 할 가르침이다. 간탐을 없애기 위해 열심히 노력하라! 목건련이여, 네가 배워야 할 것은 바로 이것이다.

세존께서 이렇게 말씀하셨다. 세존의 말씀에 마음이 고양된 목건련 존자와 여러 천신, 아수라, 가루다, 긴나라, 마호라가 등은 세존의 말씀을 듣고 기뻐했다.

4 똥 단지(VARCAGHAṬAḤ[234])

붓다께서는 왕, 궁정 대신, 장자, 도시 주민, 상인, 무역상의 우두머리, 천신, 용, 야차, 아수라, 가루다, 긴나라, 마호라가에 의해 존경받고, 공경받고, 숭배받으셨다. 천신, 용, 야차, 아수라, 가루다, 긴나라, 마호라가 등 다양한 신들의 공경을 받으시는 붓다께서는 크나큰 공덕을 지니신 분으로서 가사, 발우, 침구와 의자, 병든 이를 치료할 약을 보시 받으셨다. 한때 세존께서는 라자그리하 시에서 제자들로 구성된 승가와 함께 깔란다까니바빠의 대나무 숲에 머물고 계셨다.

어느 날 아침, 목건련 존자는 승복을 입고 발우를 들고 가사를 두르고 탁발을 하러 라자그리하로 들어갔다. 그는 시주를 받으며 라자그리하를 돌아다닌 뒤, 공양을 하고, 공양을 마친 뒤 돌아왔다. 그러고 나서는 발우와 가사를 한편에 놓고, 발을 씻은 다음 영취산(靈鷲山) 정상에 갔다. 영취봉에 다다른 목건련 존자는 나무 밑에 앉아 한

낮의 휴식을 취했다.

목건련 존자는 시꺼멓게 탄 나뭇등걸처럼 보이는 아귀를 보았다. 그 아귀의 발가벗은 온몸은 털로 뒤덮여 있었으며, 바늘귀만 한 입과 산만 한 배를 하고 있었다. 그녀는 활활 불붙어 영원히 타고 있는 하나의 불덩어리처럼 보였다. 극심한 갈증에 고통받는 그녀는 지독하고, 괴로우며, 사무치며, 격렬한 고통에 사로잡혀서 울부짖고 있었다. 그녀는 너무나도 지독한 악취를 풍기고 있었다. 그녀는 매우 괴로워 보였고, 똥을 먹고 있었다. 그러나 그 똥조차도 간신히 먹을 수 있었다.[235]

그 모습을 보고 존귀한 목건련 존자는 깊은 슬픔에 잠긴 채 그 아귀에게 물었다.

"어떤 악행을 저질렀기에
이런 과보를 겪고 있습니까?"

"대덕이시여, 저는 악업을 지었습니다, 목건련 존자님."이라고 아귀가 대답했다. "세존께 이 일을 여쭈어보십시오. 세존께서는 제가 이런 처지에 처하게 된 악행을 설명해 주실 것입니다. 그리고 다른 중생들이 이 이야기를 들으면 악행을 삼가게 될 것입니다."

목건련 존자는 세존께 갔다. 그때 세존께서는 명상을 마치고 나오셔서 사부대중에게 정결한 꿀처럼 달콤한 법을 설명해 주고 계셨다. 수백 명의 대중이 세존의 감미로운 법을 모든 감각을 집중해서 흔들림 없이 경청했다.

세존께서는 예법에 따라 먼저 말씀하시고, 자상하게 말씀하시고,

"어서 오라!"라는 환대의 말씀을 하시며, 무엇보다도 먼저 미소를 지으셨다. 세존께서 목건련 존자에게 이렇게 말씀하셨다. "목건련이여, 가까이 오라! 어서 오라. 어디에서 왔는가?"

"대덕이시여, 저는 아귀들의 세계를 여행하고 오는 중입니다."라고 목건련 존자가 대답했다. "저는 그곳에서 시꺼멓게 탄 나뭇등걸처럼 생긴, 털로 뒤덮여 있으며, 바늘귀만 한 입과 산만 한 배를 한 아귀를 보았습니다. 그녀는 불타고 있었으며, 타오르고 있었으며, 화염으로 뒤덮여 있었으며, 영원히 불타고 있었습니다. 극심한 갈증에 고통받는 그녀는 지독하고, 괴로우며, 사무치며, 격렬한 고통에 사로잡혀서 울부짖고 있었습니다. 그녀의 눈앞에서 강과 우물이 말라버렸습니다. 그리고 하늘이 비를 내리면 그녀에게 불꽃과 불씨가 쏟아지곤 했습니다. 그녀에게서는 아주 지독한 악취가 났습니다. 그녀는 똥처럼 형편없어 보였고, 똥을 먹고 있었습니다. 그것조차도 어렵게 구할 수 있었습니다." 그러고 나서, 그는 이렇게 말했다.

벌거벗고 털이 숭숭 난 채로
서 있는 해골같이 깡말랐고,[236]
격렬한 고통에 사로잡혀서,
울부짖고 있었습니다.

그녀는 고통을 못 이겨
도처에 깔린 똥 더미[237] 속을
괴로워하며 뛰어다니면서
"나는 오직 똥만 먹고 마신다!"[238]라고 울부짖습니다.

그녀는 어떤 끔찍한 악업을
이 죽음을 피할 수 없는 이들의 세상에서
지었기에 이제 그러한
끔찍한 고통을 겪습니까?

세존께서 말씀하셨다. "목건련이여, 그대는 그 아귀를 이런 운명에 이르게 한 악업을 듣고 싶은가?"

"네, 대덕이시여."

"그러면 내 말을 들어라, 목건련이여. 잘 집중해서 면밀히 들어라. 내가 말하리라."

목건련이여, 오래전, 가난하고 소외된 사람들을 긍휼히 여기며 외딴 곳에 홀로 머물던 어떤 벽지불이 있었다. 병에 걸린 그는 바라나시로 탁발을 나왔다. 이는 한 의사가 그에게 건강에 좋은 음식을 먹을 것을 처방했기 때문이었다. 그는 한 상인의 집 앞에 이르렀다.

그 상인은 벽지불을 보고 물었다. "존귀한 분이시여, 어떤 것이 필요하십니까?" 그는 말했다. "집에서 만든 영양이 풍부한 음식이 필요합니다." 그러자 그 상인은 그의 며느리에게 "좋은 음식을 이 존귀한 분에게 드려라."라고 말했다. 그 상인의 며느리는 간탐의 마음이 일어서 이렇게 생각했다. '만일 내가 저 사람에게 음식을 준다면, 저치는 여기에 다시 올 거야.' 그녀는 집 안으로 들어가서 발우에 똥을 한가득 담았다. 그리고 나서 그 똥 위에 음식을 덮어 가린 다음에, 그 발우를 들고 가서 벽지불에게 돌려주었다.

수행자들과 벽지불의 반야와 지혜는 그들의 주의를 집중하지 않는 이상 작용하지 않는다. 따라서 그 벽지불은 그 공양이 든 발우를 받아 들고 나서야, 지독한 악취가 난다는 것을 알 수 있었다. 그는 "그녀가 발우에 똥을 가득 채웠을 것이다."라고 생각했다. 그러고 나서 그 존귀한 분은 발우를 한쪽에 버리고 그 자리를 떠났다.

"목건련이여, 어떻게 생각하는가?" 세존께서 말씀하셨다. "그때 그 상인의 며느리가 지금 그 아귀이다. 그 며느리는 그때 그런 악업을 지었기 때문에 그 이후로 항상 지옥 중생이나 짐승이나 아귀로 다시 태어나고 항상 똥을 먹는다. 그러므로 목건련이여, 비열함을 없애기 위해 열심히 노력하라! 그렇게 하면 그 아귀와 같은 과오를 짓지 않을 것이다. 목건련이여, 네가 배워야 할 것은 바로 이것이다."

세존께서 이렇게 말씀하셨다. 존귀한 목건련 존자와 여러 신, 아수라, 가루다, 긴나라, 마호라가 등은 마음이 고양되어 세존의 말씀에 기뻐했다.

5 목건련(MAUDGALYĀYANAḤ[239])

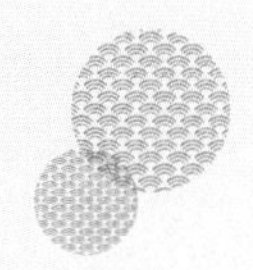

붓다께서는 왕, 궁정 대신, 장자, 도시 주민, 상인, 무역상의 우두머리, 천신, 용, 야차, 아수라, 가루다, 긴나라, 마호라가에 의해 존경받고, 공경받고, 숭배받으셨다. 천신, 용, 야차, 아수라, 가루다, 긴나라, 마호라가 등 다양한 신들의 공경을 받으시는 붓다께서는 크나큰 공덕을 지니신 분으로서 가사, 발우, 침구와 의자, 병든 이를 치료할 약을 보시 받으셨다. 한때 세존께서는 라자그리하 시에서 제자들로 구성된 승가와 함께 깔란다까니바빠의 대나무 숲에 머물고 계셨다.

그때, 라자그리하와 죽림정사(竹林精舍) 사이에 오백 명의 아귀들이 있었다. 그들의 몸은 시꺼멓게 탄 나뭇등걸 같았다. 그들의 발가벗은 온몸은 털로 뒤덮여 있었으며, 바늘귀만 한 입과 산만 한 배를 하고 있었다. 그녀는 활활 불붙어 영원히 타고 있는 하나의 불덩어리처럼 보였다. 극심한 갈증에 고통받는 그녀는 지독하고, 괴로우며, 사무치며, 격렬한 고통에 사로잡혀서 울부짖고 있었다. 그들은 마치 회오리바람처럼 공중에서 돌고 있어서, 안정적인 지상에서는 쉴 곳이 없었다.

어느 날 아침, 목건련 존자는 승복을 입고 발우를 들고 가사를 두르고 탁발을 하러[240] 라자그리하로 출발하였다. 존자는 아귀들을 보았고, 그 아귀들도 존자를 보았다.

그 아귀들은 한 무리가 되어 존귀한 목건련 존자께 다가갔다. 존자께 다가간 그들은 다 함께 근심과 슬픔이 가득한 목소리로 말했다. "대덕 목건련 존자님이시여, 우리는 한때 라자그리하에 살던 오백 명의 상인이었습니다. 우리는 간탐을 가지고, 욕심 많고, 자기 것에 집착했습니다. 우리는 선물을 주지도, 보시를 하지도 않았습니다. 다른 이들이 선물을 주거나 보시를 하려고 할 때면, 그들을 방해했습니다. 그리고 우리는 보시를 받을 만한 분들을 보면 '아귀들'이라고 비난했습니다. '아귀로 태어난 것처럼 늘 다른 사람들의 집을 전전하며 구걸을 하는구나!' 그렇게 하고 나서, 우리들은 죽은 뒤 이처럼 아귀로 태어났습니다."

"대덕 목건련 존자님, 저희 친척들이 라자그리하에 살고 있습니다. 그들에게 저희를 이런 처지에 이르게 한 악행을 설명해 주십시오. 그런 다음 대중 모연(募緣)을 시작하시어 붓다께서 이끄시는 승가 공동체에 대중 공양을 해주십시오. 그리고 그 대중 공양을 저희의 이름으로 해주시어, 그 공덕을 저희가 받을 수 있도록 해주십시오. 그러면 우리는 아귀의 삶으로부터 해방될 수 있을 것입니다."

존귀한 목건련 존자께서는 침묵으로 아귀들의 요청을 받아들였다. 그 후 목건련 존자는 아귀들의 친척 집에서 대중 모연을 시작했고, 다음 날 부처님이 이끄는 승가를 초청해 대중 공양을 올리게 했다. 그러고 나서는 아귀들에게 이렇게 말했다. "세존께서 승가의 스님들과 함께 내일 대중 공양을 오실 것이니 꼭 오시오."

그런 다음 존자는 그 아귀들의 친척들에게 이렇게 알렸다. "내일 여러분이 올린 대중 공양 때 그대들의 친척들을 위해서 꼭 오셔야 합니다. 그 자리에서 우리는 여러분의 친척들의 현재 상태인 아귀들을 보게 될 것입니다."

그 후, 목건련 존자는 혼자서 음식을 준비하기 시작했다. 밤이 새벽이 될 무렵, 음식이 준비되었지만, 식사를 위해 징을 울릴 때가 되었을 때, 존귀한 목건련 존자는 그 아귀들을 볼 수 없었다. 그는 천안통으로 그 아귀들에게 집중해서 찾기 시작했다. 하지만 마가다의 어느 곳에서도 그들을 찾지 못했다. 이어서 하나씩 하나씩 사주(四洲)를 샅샅이 뒤지기 시작했지만 역시 그곳에서도 그들을 찾지 못했다. 그런 다음 존자께서는 당신의 반야와 지혜를 발휘하여 계속 찾았지만, 그들을 찾을 수 없었다.

목건련 존자는 걱정이 되어 세존께 여쭈었다. "세존이시여, 보시의 은덕을 받을 이들이 어디에도 보이지 않습니다!"

세존께서는 "목건련이여, 체념하지 말라. 모든 제자와 벽지불의 손이 닿지 않는, 그리고 헤아릴 수 없는 세계가 있다. 그들은 업보의 바람을 따라 떠돈다.[241] 목건련이여, 이제 여래(如來)의 힘을 잘 보라. 일체지자(一切智者)의 반야와 지혜를 보여줄 것이다. 내가 여래의 신통력을 보여주겠다. 징을 쳐라!"

징을 치자 승원의 모든 사람들이 모여들었다. 아귀들의 친척들과 호기심에 나온 다른 사람들도 아귀들이 보고 싶어 모여들었다. 세존께서는 신통력을 발휘하시어 붓다와 붓다를 따르는 제자들의 무리가 공양물을 드시는 모습을 만드시어, 아귀들이 그 모습을 의식에 남길 수 있게 하셨다.

'우리의 친척들이 세존께서 이끄는 승가 공동체에 공양을 올리는 것은 우리를 위함이다!'라고 그 아귀들은 생각했다.

이 공양으로 얻은 공덕이
우리 아귀들에게 가기를!
우리들이 이 끔찍한 아귀들의 세계에서
속히 일어날 수 있기를 기원합니다.

그러자 세존께서는 다섯 가지 좋은 특성을 갖춘 목소리로 공양에 대한 보답을 하셨다.

이 공양으로 얻은 공덕이
이 아귀들에게 가기를!
그들이 끔찍한 아귀들의 세계에서
속히 일어날 수 있기를 기원합니다.

세존께서는 특별히 그들을 위해 법에 대해 설명하셨고, 모인 대중들이 그 말씀을 들었을 때 수백, 수천의 중생들이 간탐의 번뇌를 없애고, 진리를 성취했다. 그 오백 명의 아귀들은 세존에 대한 신심을 마음속에 키우다가 죽어서 삼십삼천(三十三天)의 천신들의 특별한 무리에서 다시 태어났다.

중생이 천신들의 아들과 딸로 태어난 직후에는 세 가지 질문을 생각하는 것이 본성이다.

나는 어디에서 죽어 어디로 떠나는가?

나는 어디에 다시 태어나는가?

이는 어떤 업의 과보인가?

새로 태어난 천신들은 자신들이 아귀의 세계에서 죽어 떠나왔다는 것을 알았다. 그들은 도리천(忉利天, Trāyastriṃśa)의 천신들 가운데 특별한 천신들의 무리에 다시 태어났다. 이는 세존을 향해 그들의 마음속에 믿음을 키운 결과였다.

그러자, 전생에 아귀였던 천신의 아이들에게 이런 생각이 떠올랐다. "우리가 이곳(도리천)[242]에서의 시간이 끝날 때까지 기다렸다가 세존을 뵈러 가는 것은 옳지 않구나. 이곳에서의 시간이 끝나기 전에 우리는 세존을 뵈러 가야 한다."라고 말했다.

바로 그날 밤, 전생에 아귀였던 천신의 아이들은 흠잡을 데 없이 화려한 귀걸이와 보석으로 빛나는 관을 쓰고, 진주로 된 끈과 목걸이를 몸에 장식하고 사프란, 타말라(tamāla) 잎, 호로파(葫蘆巴, 향신료의 일종) 등을 바르고, 청색과 적색의 수련, 흰 연꽃, 닭벼슬나무 꽃 등 신성한 꽃 등으로 무릎을 가득 채웠다. 깔란다까니바빠의 대나무 숲 전체를 환하게 비추면서, 그들은 세존께 그 꽃들을 뿌리고 그 앞에 앉아서 법을 경청했다.

전생에 아귀였던 그 천신의 아이들의 성향과 천성과 기질과 성품을 아시는 세존께서는 그들에게 법을 설해주셨고, 그들은 그 법을 듣고 큰 지혜를 얻었다. 그들은 마치 방금 수익을 올린 상인처럼 기뻐하며 세존을 세 번 돌고 나서 그 자리에서 사라졌다.

그때 세존께서 목건련 존자에게 말씀하셨다. "잘했다, 잘했다! 목건련이여! 그대의 불법에 대한 헌신은 훌륭했다. 그대는 이[243] 아귀들을 천신들 사이에 자리 잡게 했다. 어젯밤에 그들이 나를 찾아왔고, 나는 그들에게 법을 가르쳤다. 그들은 은혜를 입고 이익을 얻은 뒤 떠났다."

그 뒤, 존귀한 목건련께서는 (이제 천신들의 아들딸이 된) 아귀들의 전생의 친척들에게 이 모든 것을 설명하셨다. 존자님의 말을 듣고 그들은 경탄했다. 그러고 나서 그들은 세존에 대한 믿음을 마음속에 키웠고 세존을 더욱 공경했다.

"그러므로 목건련이여, 간탐을 없애기 위해 열심히 정진하라![244] 그렇게 하면 저 아귀들과 같은 과오를 일으키지 않을 것이다."

세존께서 이렇게 말씀하셨다. 존귀한 목건련 존자와 여러 신, 아수라, 가루다, 긴나라, 마호라가 등은 마음이 고양되어 세존의 말씀에 기뻐했다.

6 웃따라(UTTARAḤ[245])

붓다께서는 왕, 궁정 대신, 장자, 도시 주민, 상인, 무역상의 우두머리, 천신, 용, 야차, 아수라, 가루다, 긴나라, 마호라가에 의해 존경받고, 공경받고, 숭배받으셨다. 천신, 용, 야차, 아수라, 가루다, 긴나라, 마호라가 등 다양한 신들의 공경을 받으시는 붓다께서는 크나큰 공덕을 지니신 분으로서 가사, 발우, 침구와 의자, 병든 이를 치료할 약을 보시 받으셨다. 한때 세존께서는 라자그리하 시에서 제자들로 구성된 승가와 함께 깔란다까니바빠의 대나무 숲에 머물고 계셨다.

라자그리하라는 도시에 부유하고, 부귀하며, 유복하고, 방대한 재산을 가지고 있으며, 바이슈라바나 신 정도의 부를 축적한 상인이 있었다. 실제로, 그는 부에 있어서라면 바이슈라바나 신과 견줄 수 있었다. 그는 그에 맞는 집안의 소녀를 아내로 맞아, 장난치고, 즐기며, 사랑을 나누었다. 얼마 후, 장난치고 즐기고 사랑을 나누다가 그의 아내는 임신을 하게 되었다. 8-9개월 후 아내는 아들을 낳았다. 아들의 탄생을 축하하기 위해 친척들이 그 아이의 이름을 지어주었다.

"이 아이의 이름은 무엇이라고 지어야 할까요?"

"이 애는 달의 저택 웃따라 아래에서 태어났으니 이름을 웃따라로 짓자."라고 친척들이 말했다.

소년 웃따라는 잘 먹고 잘 자랐으며, 시간이 지나면서 성장했다. 그러다, 아버지가 돌아가시고, 웃따라가 가장이 되었다. 그는 가게를 차리고 물건들을 사고팔아 무역으로 생계를 유지했다.[246]

웃따라는 매일 세존 앞에 나아가 세존을 뵙고 참된 법을 들으면서 세존의 가르침에 대한 신심을 키웠다. 그는 출가해야겠다는 생각이 들어 어머니에게 "어머니, 제가 세존의 승단에서 승려로 출가할 수 있도록 허락해 주십시오."라고 말했다.

그의 어머니는 "아들아, 너는 내 외아들이다. 내가 살아 있는 한 승려로 출가하지 말아다오. 내가 죽으면 네 뜻대로 하렴."이라고 말했다.

웃따라는 자신이 번 모든 것을 어머니에게 드리면서 "어머니, 이걸로 고행 수행자와 바라문, 가난하고 궁핍한 사람들에게 공양을 드리십시오."라고 말하곤 했다.

그러나 그의 어머니는 간탐을 품고 있어서 탐욕스러웠으며, 욕심이 많았고, 자기 것에 집착하는 사람이었다. 고행 수행자나 바라문이 그녀의 집에 탁발을 오면, 그녀는 아들이 준 돈을 감춰놓고 그들을 비난했다. "아귀로 태어난 것처럼 언제나 남의 집을 돌아다니면서 구걸을 하는군요!" 그리고 나서 그녀는 그의 아들에게 거짓말을 했다. "오늘은 많은 스님들에게 음식을 보시했단다." 결국, 그녀는 죽고 나서 아귀로 태어났다.

어머니를 여의고 나서, 웃따라는 보시를 하고 공덕을 쌓은 뒤, 세존의 계를 받아 승려가 되었다. 그는 노력하고, 정진하고, 또 정진해서 끊임없이 돌아가는 다섯 개의 바퀴살역자주: 지옥, 아귀, 축생, 인간, 천상의 중생의 분류로, 아수라는 천상에 속한다을 가진 윤회(saṃsāra)를 비로소 이해할 수 있었다. 그는 내생과 모든 내생의 조건들을 부수었다. 환생의 조건들은 삭고 쇠퇴하여, 흩어지고, 사라질 수밖에 없기 때문이었다. 그리고 모든 번뇌를 제거함으로써 아라한과를 직접 체험하고 마침내 아라한이 되어…

> 그는 욕계, 색계, 무색계의 삼계에 대한 집착에서 자유로웠다.
> 그는 흙 덩어리와 금덩어리를 매한가지로 여겼다.
> 그는 하늘과 손바닥에 대한 평등심을 가졌다.
> 그는 칼로 깎은 것과 전단향(栴檀香)으로 칠한 것을 구별하지 않았다.
> 그는 그의 (무지라는) 달걀 껍데기를 사무애지(四無碍智, pratisaṃvid)로 부수었다.
> 그는 세 가지 앎, 여섯 가지 신통(三明六通), 그리고 반야지(般若智)를 갖췄다.
> 그리고 그는 세속적인 집착, 유혹, 그리고 명예를 혐오했다.
> 그는 인드라(Indra)와 우뻰드라(Upendra)를 포함한 천신들의 존경, 외경, 경의를 받을 만하게 되었다.

갠지스강 강변에 잎사귀로 오두막을 짓고, 그곳에서 명상을 했다. 그의 어머니는 아귀로 태어났다. 그녀는 불에 탄 나무 그루터기처럼 보였고, 벌거벗은 채, 온몸은 털로 뒤덮여 있으며, 입은 바늘귀만 하고, 배는 산처럼 커다란 아귀였다. 그녀는 화염으로 뒤덮여 있어서, 하나의 불덩이처럼 보였다. 고통에 울부짖으며, 그녀는 웃따라 존자에게 다가왔다. 웃따라 존자는 아귀를 보고 물었다. "그대는 누구인가? 어쩌다 이렇게 되었는가?"

아귀가 말했다.

나는 그대의 어머니였습니다.
그대를 낳은 어머니였습니다, 사랑하는 아들이시여.
먹을 것도 마실 것도 없는
나는 아귀의 세계에 태어났습니다.

내가 죽은 뒤
이십오 년이 지났습니다.
나는 물을 분간할 수도 없게 되었으며,
음식의 모양은 말할 것도 없습니다.

열매가 가득 열린 나무 가까이 가면,
나 때문에 열매가 열리지 않게 되었습니다.
물이 가득 찬 호수에 가면,
나 때문에 호수가 말라버렸습니다.[247]

대덕의 나무 아래는 평화롭습니다.
시원한 물이 물 단지에 가득 차 있습니다.

고통받는 이에게 연민을 내시어,

내게 물을 주십시오. 갈증으로 괴롭습니다![248]

그러자 웃따라 존자가 어머니에게 말했다. "어머니, 과거에 어머니가 인간이었을 때 분명히 보시하고 공덕을 쌓으셨습니다."

아귀는 "사랑하는 아들이시여, 그때는 비열함이 나를 집어삼켰기 때문에 공양을 올리거나 공덕을 세우지 않았습니다. 악한 생각에 우리의 귀중품을 모두 제의용 불구덩이 밑에 묻어버렸지요. 그러니 사랑하는 아들이시여, 이제 친척들의 집에 가서 대중 모연을 시작하여, 붓다께서 이끄시는 승가 공동체에 공양을 올리고, 내 이름으로 올린 그 공양의 공덕을 내가 받게 하고, 붓다께서 나를 가르치도록 해주십시오.[249] 그러면 나는 이 아귀의 몸에서 자유로워질 것입니다."라고 말했다.

웃따라 존자가 "어머니, 그렇게 될 것입니다. 하지만 반드시 부처님 곁에 서 계셔야 합니다."라고 말했다.

아귀가 "아들이시여, 벌거벗고 있으면 부끄럽고 창피할 것입니다."라고 말했다.

웃따라가 말하길, "어머니, 어머니는 죄를 지었을 때는 부끄러워하지 않았습니다. 그런데 왜 이제 와서 부끄러움을 느끼십니까?"라고 물었다.

아귀는 "알겠습니다."라고 말하며 "반드시 오겠습니다."라고 대답했다.

그 후 웃따라 존자는 친척들의 집에서 대중 모연을 시작했고, 다음 날 붓다께서 이끄시는 승가 공동체를 초청해 공양을 올렸다. 공양

시간을 알리는 징이 울릴 때, 붓다께서 이끄시는 승가 공동체가 모였다. 아귀는 붓다 근처에 섰다. 수백, 수천의 중생들이 부처님을 보기 위해 주위에 모여들었다. 그들은 아귀의 기이한 몸을 보고 크게 놀라며 마음속으로 세존에 대한 신심을 길렀다.

웃따라 존자는 붓다께서 이끄시는 승가 공동체에 좋은 음식을 공양 올리고, 그 아귀의 이름으로 공양 올렸다. 세존께서는 다섯 가지 좋은 특징을 갖춘 목소리로 직접 공양의 공덕을 설하셨다.

이 공양으로 얻은 공덕이
이 아귀에게 가기를!
그녀가 끔찍한 아귀의 세계에서
빨리 벗어날 수 있기를 기원합니다.

특히 세존께서는 그 아귀와 많은 사람들에게 법에 대해 설명해 주셨고, 그 말씀을 들은 수백, 수천의 중생들이 진리에 대한 눈을 얻었다. 그 아귀는 신심을 일으키며 죽어서, 신통력을 지닌 아귀로 다시 태어났다. 웃따라 존자는 마음을 오롯이 하여 그의 어머니가 신통력을 가진 아귀로 다시 태어난 것을 보았다.

웃따라 존자가 말했다. "어머니, 이제 당신은 하실 수 있으니, 공양과 보시를 하십시오."

"그러나 아들이시여, 나는 할 수가 없습니다." 신통력을 지닌 아귀가 말했다. "내어주고 싶은 마음이 없습니다."

그러자, 웃따라 존자는 신통력을 지닌 아귀에게 말했다.

여전히 그대의 몸은 부풀어 올라 있지만,
여전히 앙상하여, 피부와 뼈와 가죽만 남았고,
눈은 탐욕에 가려져 있습니다.
그래서 당신은 다시 아귀의 세계로 돌아온 것입니다.

이 호된 질책이 있은 후 얼마 지나지 않아 웃따라 존자는 두 폭의 천을 구해[250] 승가 공동체에 보시했다. 그 후 한 승려가 승복을 승가 공동체에서 사서[251] 옷걸이에 그 승복을 걸어 두었다.[252] 그날 밤 (웃따라의 어머니였던) 아귀가 와서 그것을 훔쳐 갔다. 그 스님은 웃따라 존자에게 이 사실을 알렸고, 웃따라 존자께서는 그 아귀를 꾸짖은 후 승복을 되찾아 돌려주었다. 이렇게 승복을 도둑맞은 스님에게 웃따라 존자가 되찾아 돌려주는 일이 세 번이나 일어났다. 그런 다음, 스님은 천을 두 개로 조각내서 꿰매어 사방 승가를 위해 바닥을 덮는 천을 만들었다. 그러자 아귀가 다시는 그것을 훔치지 않았다.

"이제 그대는 간탐이 어떻게 중생들을 우습게 만드는지 알았으니, 간탐을 없애는 데 생각을 집중해야 한다. 그러면 저 아귀와 같은 과오를 짓지 않을 것이다."

세존께서 이렇게 말씀하셨다. 존귀한 목건련 존자와 여러 천신, 아수라, 가루다, 긴나라, 마호라가 등은 마음이 고양되어 세존의 말씀에 기뻐했다.

7 날 때부터 눈이 먼 사람(JĀTYANDHĀ[253])

붓다께서는 왕, 궁정 대신, 장자, 도시 주민, 상인, 무역상의 우두머리, 천신, 용, 야차, 아수라, 가루다, 긴나라, 마호라가에 의해 존경받고, 공경받고, 숭배받으셨다. 천신, 용, 야차, 아수라, 가루다, 긴나라, 마호라가 등 다양한 신들의 공경을 받으시는 붓다께서는 크나큰 공덕을 지니신 분으로서 가사, 발우, 침구와 의자, 병든 이를 치료할 약을 보시 받으셨다. 한때 세존께서는 라자그리하 시에서 제자들로 구성된 승가와 함께 제따 왕자의 숲에 있는 아나타삔다다 동산에 머무셨다.

어느 날 아침, 난다까 스님은 승복을 입고 발우를 들고 가사를 두르고 탁발을 위해 슈라바스띠(Śrāvastī) 시에 들어갔다.[254] 탁발을 하기 위해 슈라바스띠 시내를 돌아다닌 뒤, 공양을 했다. 공양을 마친 뒤 돌아왔다. 그러고 나서 그는 발우와 가사를 치워놓고 아귀들의 세계로 떠났다.

그곳에서 난다까 스님은 시꺼멓게 탄 나뭇등걸 같고, 선천적으로 눈이 멀었으며, 온통 털로 덮여 있고, 입은 바늘귀 같고, 배는 산만한 아귀를 만났다. 그녀는 악취가 났고 화장터의 시체처럼 보였다.[255] 까마귀, 독수리, 개, 자칼들이 그녀 주위로 몰려들어 그녀를 갈기갈기 찢어서 살을 먹어 치우고 있었다. 깊은 곳에서 느껴지는 고통에 시달리고, 타는 듯한, 찌르는 듯한, 괴로운, 급격한 고통에 괴로워하며, 그녀는 고통 속에서 울부짖고 있었다.

난다까 스님은 심히 충격을 받고 그녀에게 물었다. "자매님, 어떤 악업을 지었기에 지금 이런 고통을 겪고 있습니까?"

"이미 해가 떴는데 등불은 필요 없습니다."라고 아귀가 대답했다. "세존께 그 문제에 대해 물어보십시오. 세존께서는 저를 이런 운명에 이르게 한 공덕을 설명해 주실 것입니다. 그리고 다른 중생들이 그 이야기를 들으면 이 악행을 삼가게 될 것입니다."

난다까 스님이 세존께 다가갔다. 그때 세존께서는 명상을 마치고 나오셔서 사부대중에게 정결한 꿀처럼 달콤한 법을 설명해 주고 계셨다. 수백 명의 대중이 세존의 감미로운 법을 모든 감각을 집중해서 흔들림 없이 경청했다.[256]

세존께서는 예법에 따라 먼저 말씀하시고, 자상하게 말씀하시고,[257] "어서 오라!"는 환대의 말씀을 하시며, 무엇보다도 먼저 미소를 지으셨다. 세존께서도 이와 같이 난다까 존자에게 말씀하셨다. "난다까여, 가까이 오라! 어서 오라. 어디에서 왔는가?"

난다까 존자가 말했다. "대덕이시여, 저는 아귀들의 세계를 여행하고 오는 중입니다. 그곳에서 저는 시커멓게 탄 나뭇등걸처럼 생긴 아귀를 보았습니다.[258] 온몸이 털로 뒤덮여 있었고, 입은 바늘귀만 하고, 배는 산처럼 컸습니다. 그녀는 악취가 나고, 화장터에 있는 시체처럼 보였습니다. 까마귀, 독수리, 개, 자칼들이 그녀 주위로 몰려들어서 갈기갈기 찢어 살을 먹어 치우고 있었습니다. 그녀는 깊은 곳에서 느껴지는 고통에 시달리고, 타는 듯한, 찌르는 듯한, 괴로운, 급격한 고통에 괴로워하며, 그녀는 고통 속에서 울부짖고 있었습니다."

이어서 그는 말했다.

목과 입술이 바짝 말라서 끔찍하게 고통스러웠고,
몸은 높은 산처럼 위태롭고,
털투성이 얼굴, 하늘처럼 벌거벗은 몸,
입은 가느다란 바늘귀와 같고, 비쩍 마르고,

벌거벗고 털이 숭숭 난 채로
서 있는 해골같이 깡말랐고,
손에 두개골을 들고, 끔찍하며,
비명을 지르며 뛰어다니고,

배고픔과 갈증에 지쳐
불행에 고통받고
타들어 가는 감각에 몹시 괴로워하며
아파서 울부짖고 있습니다.

그녀는 어떤 끔찍한 악업을

이 죽음을 피할 수 없는 이들의 세상에서
지었기에 이제 그러한
끔찍한 고통을 겪습니까?

세존께서 말씀하셨다. "난다까여, 그대는 그 아귀를 이런 운명에 이르게 한 악업을 듣고 싶은가?"

"네, 대덕이시여."

"그러면 내 말을 들어라, 난다까여. 잘 집중해서 면밀히 들어라. 내가 말하리라."

난다까여, 먼 옛날, 인간이 이만 년을 살았던 현겁에[259] 이 세상에 무상정등각을 성취하신 까사빠 붓다께서 계셨다. 그분은[260]…

반야와 지혜가 완벽하신
수가타이시며,
세간해이시며,
수행이 필요한 사람들을 위한 탁월한 인도자이시며,
천신과 인간의 스승,
붓다,
그리고 세존이셨다.

한번은 바라나시 근처 르시빠따나에 있는 사슴 공원에 머물고 계셨다. 바라나시에는 법을 갈망하는 어떤 상인의 딸이 있었다. 마침내 그녀는 법을 듣고 조건들에 따라 이루어진 중생의 과오들과 열반의

미덕을 보게 되었다. 그 후, 그녀는 부모님의 허락을 얻어 세존의 계율에 따라 비구니가 되었다. 친척들은 그녀를 위해서 사원을 세웠고,[261] 그곳에서 그녀는 사미니와 비구니들과 함께 살았다.

시간이 지나면서, 그녀는 부주의로 인해 계율에 대해 마음이 느슨해졌다. 다른 비구니들은 그녀가 타락했다고 생각하여 그녀를 쫓아냈다. 이에 대해 그 상인의 딸은 사원의 후원자들에게서 (비구니들을 위해 보시할 예정이었던) 대중 모연[262]을 중단시켜 버렸다.[263] 그녀는 또한 사미니와 스승들 모두를 헐뜯었다. 그리고 덕 높은 스님들을 보면 눈을 감아버렸다.

"어떻게 생각하느냐, 난다까여? 그 상인의 딸이 현재의 그 아귀이다. 사원에 있을 때 간탐을 탐닉한 탓에 아귀로 태어났다. 그녀가 (그녀의 친척들이 비구니들에게 보시하던) 정기적인 공양을 중단한 이후로, 그녀는 이제 까마귀, 독수리, 개, 자칼들에게 쫓기고 있다.[264] 그녀가 사미니든 스승이든 모든 비구니들을 비난한 이후로, 그녀에게 악취가 달라붙었다. 그리고 덕 높은 스님들을 만나면 눈을 감아버렸기 때문에 그녀는 장님으로 태어났다.

난다까여, 절대적으로 악한 행동의 결과는 절대적으로 악하고, 절대적으로 청정한 행동의 결과는 절대적으로 청청하며, 이 두 가지가 혼재된 행동의 결과는 혼재되어 있다. 그러므로 난다까여, 그대는 절대적으로 악한 행위와 혼재된 행위를 모두 멀리하고 절대적으로 청정한 행위만을 수행하기 위해 노력해야 한다. 난다까여, 그대가 배워야 할 것은 바로 이것이다."

이 법이 설해지는 동안, 수만, 수천, 수백의 중생들이 진리에 대한 눈을 얻었다. 그때 세존께서 승려들에게 말씀하셨다. "승려들이여,[265] 이 중생들과 이와 같은 중생들은 간탐과 악한 언행에 큰 위험이 있다는 것을 알고 있다. 그러니 간탐과 악한 언행을 없애기 위해 열심히 정진하라! 승려들이여, 너희가 배워야 할 것은 바로 이것이다."

세존께서 이렇게 말씀하셨다. 승려들과 여러 천신, 아수라, 가루다, 긴나라, 마호라가 등은 마음이 고양되어 세존의 말씀에 기뻐했다.

8 상인(ŚREṢṬHĪ[266])

붓다께서는 왕, 궁정 대신, 장자, 도시 주민, 상인, 무역상의 우두머리, 천신, 용, 야차, 아수라, 가루다, 긴나라, 마호라가에 의해 존경받고, 공경받고, 숭배받으셨다. 천신, 용, 야차, 아수라, 가루다, 긴나라, 마호라가 등 다양한 신들의 공경을 받으시는 붓다께서는 크나큰 공덕을 지니신 분으로서 가사, 발우, 침구와 의자, 병든 이를 치료할 약을 보시 받으셨다. 한때 세존께서는 라자그리하 시에서 제자들로 구성된 승가와 함께 제따 왕자의 숲에 있는 아나타삔다다 동산에 머무셨다.

라자그리하에 부유하고, 부귀하며, 유복하고, 방대한 재산을 가지고 있으며, 바이슈라바나 신 정도의 부를 축적한 상인이 있었다. 실제로, 그는 부에 있어서라면 바이슈라바나 신과 견줄 수 있었다.

어느 날 그는 제따 숲에 가서 붓다를 뵈었다.

그분은 위인의 서른두 가지 큰 상호(相好)로 장엄되어 있고,
그분의 몸은 여든 가지 작은 종호(種好)가 빛나고 있으셨네.
그분은 천 개의 태양보다 더 밝은 광채가 빛나는
팔 길이에 달하는 후광으로 장엄되어 있으셨고,
보석의 산이 움직이듯 모든 면에서 아름다우셨다.

그 상인은 세존을 보자마자 세존의 발에 예경(禮敬)하고 그 앞에 앉아서 법을 들었다.[267]

세존께서는 그에게 조건들로 이루어진 존재에 대해 염리심(厭離心)을 일으키도록 마련된 불법을 설명해 주셨다. 그 말을 들은 상인은 조건들로 이루어진 존재의 결점과 열반의 공덕을 보고 세존의 계를 받아 출가했다.

출가한 지 얼마 지나지 않아 그는 명성을 얻고 큰 공덕을 쌓아 승복과 발우, 침구와 의자, 병자를 치료할 수 있는 약을 보시 받았다. 그는 그 보시를 받았으나, 받은 모든 것에 인색해서[268] 동료 승려들과 나누지 않았다. 이러한 간탐을 행하고 발전시키고 수양한 결과, 그는 자신의 소유물을 탐하게 되었다. 그래서 그는 죽고 나서 자신이 생전에 살던 사원의 바로 그 방에 아귀로 다시 태어났다.

그의 동료 승려들은 추도의 징[269]을 치고 그의 시신을 옮겼다. 그들은 장례식을 거행한 후 사원으로 돌아왔다. 그곳에서 그들은 숨진 비구의 승방 문을 열어 그의 발우와 가사를 찾아 승단에 돌려주기 위해 찾기 시작했다. 바로 그때 그들은 손, 발, 눈이 일그러지고 몸이

끔찍하게 흉측한 아귀를 보았다. 그 아귀는 죽은 비구의 발우와 가사를 움켜쥐고 있었다.[270] 그 흉측한 광경에 승려들은 크게 놀라워하며 세존께 알렸다.

그때 세존께서는 좋은 가문의 죽은 아들(즉, 죽은 승려)을 위해 선을 베푸시고, 많은 제자들에게 경각심을 불러일으키며,[271] 간탐의 참혹한 과보를 명확히 밝히시기 위해서, 그 수도원으로 가셔서 그를 에워싸고 있는 승단을 이끄셨다.

그 아귀는 붓다를 뵈었다.

그분은 위인의 서른두 가지 큰 상호로 장엄되어 있고,
그분의 몸은 여든 가지 작은 종호가 빛나고 있으셨네.
그분은 천 개의 태양보다 더 밝은 광채가 빛나는
팔 길이에 달하는 후광으로 장엄되어 있으셨고,
보석의 산이 움직이듯 모든 면에서 아름다우셨다.

아귀는 세존을 뵙자마자 세존에 대한 신심이 일어나서 자신의 과거 행동을 부끄럽게 여겼다.

그때 세존께서 우레와 같이 깊고 우렁찬 사자후로[272] 아귀를 꾸짖으셨다. "친구여, 이렇게 그대의 발우와 가사를 끌어안고 있는 것은 스스로를 파멸시키는 길이다![273] 이것 때문에 그대는 아귀라는 끔찍한 중생계에 다시 태어나게 된 것이다. 그러니 나에 대한 신심을 마음속에 키워라! 그리고 이 사원의 음식에 대한 무집착을 마음속에 길러라! 그렇지 않고 네가 여기서 죽으면 지옥계에 다시 태어나게 될 것이다."

그러자 아귀는 발우와 가사를 승단에 돌려주고 세존의 발 앞에 엎드려 자신의 죄를 참회했다. 세존께서는 공양으로 얻은 공덕을 아귀의 이름으로 보시하셨다.

이 보시의 공덕이
이 아귀에게 가기를!
그가 빨리 이 끔찍한
아귀계를 벗어날 수 있기를!

아귀는 세존에 대한 신심을 키웠고, 죽은 뒤 신통력을 지닌 아귀로 태어났다.

바로 그날 밤, 그 신통력을 지닌 아귀는 흠잡을 데 없이 화려한 귀걸이와 보석으로 빛나는 관을 쓰고, 진주로 된 끈과 목걸이를 몸에 장식하고 사프란, 타말라 잎, 호로파 등을 바르고, 청색과 적색의 수련, 흰 연꽃, 닭벼슬나무 꽃 등 신성한 꽃 등으로 무릎을 가득 채웠다. 그러고 나서는 제따 숲 전체를 환하게 비추면서 세존께 그 꽃들을 뿌려드리고 세존 앞에 앉아 법을 경청했다. 세존께서는 그에게 법에 대해 설해주셨고, 그는 그 설법을 듣고 신심으로 충만해졌다. 그 뒤, 그는 떠났다.

사원의 승려들은 밤의 첫 번째와 마지막 시간에 깨어 명상하고 있었는데,[274] 세존께서 계신 곳 언저리에서 환히 빛나는 불빛을 보았다. 그들은 무엇을 보았는지 궁금하여 세존께 가서 물었다. “세존이시여, 어젯밤에 세상의 군주인 범천(梵天, Brahmā), 천신들의 수장인 제석천(帝釋天, Śakra), 또는 사천왕(四天王)들이 세존을 뵈러 왔습니까?"

세존께서 말씀하셨다. "아니다. 나를 보러 온 것은 세상의 군주인 범천도, 천신들의 수장인 제석천도, 또는 사천왕들도 아니었다. 그 대신, 죽었다가 지금은 신통력을 가진 아귀로 다시 태어난 그 아귀였다. 어젯밤 그는 내 앞에 나타났고, 나는 그에게 법을 가르쳤다. 그가 떠날 때 그는 신심으로 가득 찼다.

그러므로 승려들이여, 간탐을 없애기 위해 열심히 정진하라! 그래야 아귀가 되었던 그 상인과 같은 과오를 짓지 않을 것이다. 승려들이여, 너희가 배워야 할 것은 바로 이것이다."

세존께서 이렇게 말씀하셨다. 승려들과 여러 천신, 아수라, 가루다, 긴나라, 마호라가 등은 마음이 고양되어 세존의 말씀에 기뻐했다.

9 자식들(PUTRĀḤ[275])

붓다께서는 왕, 궁정 대신, 장자, 도시 주민, 상인, 무역상의 우두머리, 천신, 용, 야차, 아수라, 가루다, 긴나라, 마호라가에 의해 존경받고, 공경받고, 숭배받으셨다. 천신, 용, 야차, 아수라, 가루다, 긴나라, 마호라가 등 다양한 신들의 공경을 받으시는 붓다께서는 크나큰 공덕을 지니신 분으로서 가사, 발우, 침구와 의자, 병든 이를 치료할 약을 보시 받으셨다. 한때 세존께서는 라자그리하 시에서 제자들로 구성된 승가와 함께 깔란다까니바빠의 대나무 숲에 머물고 계셨다.

어느 날 아침, 날라다 스님은 승복을 입고, 발우를 들고, 가사를 두르고 탁발을 하러 라자그리하로 들어갔다. 시주를 받으며 라자그리하를 돌아다닌 뒤, 공양을 하고, 공양을 마친 뒤 돌아왔다. 그러고 나서 그는 발우와 가사를 치워놓고 아귀들의 세계로 떠났다.

영취산 봉우리 근처에서 그는 야마(죽음의 신)의 악마들 중 하나처럼 보이는 아귀를 보았다. 그녀는 마치 화장터 한가운데 있는 것처럼 피를 뒤집어쓰고 해골에 둘러싸여 있었다. 그녀는 매일 밤낮으로 다섯 아들을 낳았으며, 모성애가 있었음에도, 극심한 굶주림으로 인해 아이들을 잡아먹을 수밖에 없는 극심한 고통을 겪고 있었다.

"그대는 무슨 악업을 지었기에 이런 고통을 겪게 되었습니까?" 날라다 장로가 물었다.

"이미 해가 떴는데 등불이 필요할까요."라고 아귀가 대답했다. "세존께 그 문제에 대해 물어보십시오. 세존께서는 저를 이런 운명에 이르게 한 공덕을 설명해 주실 것입니다. 그리고 다른 중생들이 그 이야기를 들으면 이 악행을 삼가게 될 것입니다."

날라다 존자가 세존께 다가갔다. 그때 세존께서는 명상을 마치고 나오셔서 사부대중에게 정결한 꿀처럼 달콤한 법을 설명해 주고 계셨다. 수백 명의 대중이 세존의 감미로운 법을 모든 감각을 집중해서 흔들림 없이 경청했다.

세존께서는 예법에 따라 먼저 말씀하시고, 자상하게 말씀하시고, "어서 오라!"는 환대의 말씀을 하시며, 무엇보다도 먼저 미소를 지으셨다. 세존께서 날라다 존자에게 말씀하셨다. "날라다여, 가까이 오라! 어서 오라. 어디에서 왔는가?"

"대덕이시여, 저는 아귀들의 세계를 여행하고 오는 중입니다." 라고 날라다 존자가 대답했다. "그곳에서 저는 야마의 악마들 가운데 한 명 같은 아귀를 보았는데, 마치 화장터 한가운데 있는 것처럼 피를 뒤집어쓰고, 해골에 둘러싸여 있었습니다. 그리고 그녀는 이렇게 말했습니다."

낮에 다섯 아이를 낳아서 먹고,
밤에도 다섯 아이를 낳아서 또 먹습니다.
아이들을 낳고 나면 결코
포만감을 느끼지 못합니다.

그러자 날라다 존자가 세존께 물었다.

이 죽음을 피할 수 없는 이들의 세상에서
그녀는 얼마나 끔찍한 악업을 지었길래
지금 이처럼 끔찍한 괴로움을
겪고 있을까요?

세존께서 말씀하셨다. "날라다여, 그 아귀는 악업을 지었다. 그대는 그 아귀를 이런 운명에 이르게 한 악업을 듣고 싶은가?"

"네, 대덕이시여."

"그러면 내 말을 들어라, 날라다여. 잘 집중해서 면밀히 들어라. 내가 말하리라."

날라다여, 아주 먼 옛날 바라나시에 부유하고, 부귀하며, 유복하고, 방대한 재산을 가지고 있으며, 바이슈라바나 신 정도의 부를 축적한 사람이 있었다. 실제로, 그는 부에 있어서라면 바이슈라바나 신과 견줄 정도였다. 그는 그에 맞는 집안의 소녀를 아내로 맞아, 장난치고, 즐기며, 사랑을 나누었다. 그렇게 놀고 즐기고 사랑을 나누다 보니 아들도 딸도 낳지 못했다. 얼굴을 손에 괴고, 그는 앉아서 생각에 잠겼다. "내 집에는 많은 보물이 가득하지만 아들도 딸도 없다. 상속인이 없는 내 재산은 내가 죽으면 바로 왕의 것이 될 것이다."[276]

아들이 없어서 아들을 간절히 원했던 그는 시바(Śiva), 바루나(Varuṇa), 꾸베라(Kubera), 샤크라(Śakra), 브라흐마(Brahmā) 등의 신들과 공원 신, 숲의 신, 정원의 신[277], 교차로의 신, 공양을 받는 신 등 좀 더 특별한 신들에게 기도를 드렸다. 그는 또한 자신의 천성을 공유하며, 끊임없이 그를 따라다니는 가문의 신들에게도 기도를 올렸다.

그러한 기도의 결과로 아들이 태어나고 딸도 태어난다고 흔히들 믿지만, 이것은 사실이 아니다. 만약 그랬다면 모든 사람이 전륜성왕처럼 천 명의 아들을 낳았을 것이다. 그 기도 때문이 아니라, 세 가지를 갖추면 아들이 태어나고 딸도 태어나는 것이다. 어떤 것이 세 가지인가? 어머니와 아버지가 사랑으로 하나가 되어야 하고, 어머니가 건강하고 가임 능력이 있어야 하며, 환생을 원하는 중생이 반드시 기다리고 있어야 한다. 이 세 가지 조건을 갖추고 있기 때문에 아들이 태어나고 딸도 태어나는 것이다. 그렇기 때문에, 그는 이러한 신들을 모셨음에도, 아들도 딸도 얻지 못했다.

그러다가 이런 생각이 들었다. '두 번째 아내를 데려와야겠다. 그러면 그녀가 임신을 할 것이다.' 그래서 그는 그에 맞는 집안의 소녀를 아내로 맞았다. 그는 그녀와 장난치고, 즐기며, 사랑을 나누었다. 얼마 지나서, 그의 두 번째 아내는 임신을 하게 되었다. 그녀는 즐겁고, 만족스러웠고, 기뻐서 그의 남편에게 말했다. "축하드려요, 서방님! 제가 임신했어요! 그리고 태아가 제 자궁의 오른편에 자리 잡았으니, 아들임이 확실해요!"

기분이 좋아진 그는 흥에 겨워 이렇게 말했다.

마침내 오랫동안 기다리던 아들의 얼굴을 볼 수 있게 되었습니다!
내 아들이 무례하지 않기를!
내 아들이 내가 아들에게 기대했던 의무를 수행할 수 있기를!
내 도움을 받고, 그 호의를 내게 돌려주기를!
그가 내 유산을 상속받을 이가 되기를!
내 가문의 혈통이 오래 지속되기를!

그리고 우리들이 죽어 사라졌을 때, 적게든 많게든 공양을 올리며,[278] 덕행을 실천하여 이렇게 말하여 그 보답이 우리에게 오게 할 수 있기를!
"이 두 분이 어디에 다시 태어나시든, 이 공덕이 두 분과 함께하기를!"

그 상인은 두 번째 부인이 임신한 것을 알고 추운 겨울에는 추위에 대비한 모든 필수품을, 더운 여름에는 더위에 대비한 모든 필수품을 구비하여 어떠한 구애도 받지 않고 궁궐의 위층에 머물게 했다. 그녀는 의사가 처방한 음식, 너무 쓰지 않고, 너무 시지 않고, 너무 짜지 않고, 너무 달지 않고, 너무 맵지 않고, 너무 떫지 않은 음식, 쓴맛, 신맛, 짠맛, 단맛, 매운맛, 떫은맛이 나지 않는 음식을 제공 받았다. 그녀의 몸은 진주로 된 줄과 목걸이로 장식되어 있었고, 신성한 난다나 숲속을 거니는 요정처럼 침대에서 침대로, 의자에서 의자로 옮겨 다니며 절대 그 아래로 내려오지 않았다. 그리고 그녀는 태아가 다 성숙할 때까지 어떤 불쾌한 말도 듣지 않았다.
상인의 유일한 배우자였던 첫 번째 부인은 두 번째 부인이 존중받고 소중히 대접받는 것을 보고 시기심에 휩싸였다. 그녀는 '이 둘째 부인이 아들을 낳으면 반드시 나를 괴롭힐 것이다. 어떻게 해서든 묘책을 마련해야 한다'고 생각했다. 속담에 따르면 감각적인 쾌락을 탐닉하는 사람은 악행을 저지르는 것을 부끄러워하지 않는다고 한다. 첫 번째 아내는 어리석게도 누구도 원치 않는 윤회의 세 가지 영역, 즉 지옥, 축생, 아귀의 초입에 서 있었다. 그녀는 두 번째 부인의 신뢰를 얻은 다음 낙태를 유도하는 독약을 주었다. 그 약을 먹은 결과 그 가엾은 두 번째 부인은 유산을 하게 되었다.

두 번째 부인은 모든 친척을 한자리에 모이게 한 다음 첫 번째 부인에게 이렇게 물었다. "당신은 내 신뢰를 얻은 다음 유산을 유도하는 약을 주었죠? 그래서 유산을 하게 됐어요!"

그러자 첫 번째 부인은 친척들 앞에서 맹세했다. "내가 너에게 약물을 주어 유산하게 만들었다면, 나는 아귀가 되어 내 아이들이 태어날 때마다 먹어버릴 것이다!"

"날라다여, 어떻게 생각하느냐?" 세존께서 말씀하셨다. "그 상인의 아내가 현재 그 아귀이다. 그녀는 본래 시기심이 많았기 때문에 유산을 유도하는 약을 먹였고, 그래서 아귀로 태어났다. 게다가 맹세까지 하면서 거짓말을 했기 때문에, 그 행위의 결과로 매일 밤낮으로 다섯 아들을 낳고 먹는 것이다.

그러니 날라다여, 너는 말로 하는 악행을 없애기 위해 열심히 정진하라! 그래야 저 아귀와 같은 과오를 범하지 않을 것이다. 날라다여, 네가 배워야 할 것은 바로 이것이다."

세존께서 이렇게 말씀하셨다. 승려들과 여러 천신, 아수라, 가루다, 긴나라, 마호라가 등은 마음이 고양되어 세존의 말씀에 기뻐했다.

10 잠발라(JĀMBĀLAḤ[279])

붓다께서는 왕, 궁정 대신, 장자, 도시 주민, 상인, 무역상의 우두머리, 천신, 용, 야차, 아수라, 가루다, 긴나라, 마호라가에 의해 존경받고, 공경받고, 숭배받으셨다. 천신, 용, 야차, 아수라, 가루다, 긴나라, 마호라가 등 다양한 신들의 공경을 받으시는 붓다께서는 크나큰 공덕을 지니신 분으로서 가사, 발우, 침구와 의자, 병든 이를 치료할 약을 보시 받으셨다. 한때 붓다께서는 바이살리(Vaiśālī) 시 근처에서 제자들로 구성된 승가와 함께 미후지안정사(彌猴池岸精舍, Markaṭahrada) 원숭이 연못 언덕의 중각강당(重閣講堂, Kūṭāgāra Hall)에 머물고 계셨다.

그때 바이살리 시를 둘러싼 해자 근처에[280] 오백의 아귀들이 살면서 그들이 먹은 것을 토하고 싸며 담즙과 오줌의 오물 더미 속에 살았다. 이 아귀들이 먹을 수 있는 유일한 음식은 피고름과 똥뿐이었다.

그들은 보기에 끔찍했으며, 그들의 본성은 괴로움을 겪는 것이었다. 그들은 이렇게 말했다.[281]

우리는 우리가 먹은 것을 토하고 싸며
담즙과 오줌의 오물 더미 속에 사네.
우리가 먹을 수 있는 유일한 음식은 피고름과 똥뿐이네.
우리는 끔찍하고, 우리의 본성은 괴로움을 겪는 것이네.

바이살리에는 한 브라만이 살았다. 그는 그에 맞는 집안의 소녀를 아내로 맞아, 장난치고 즐기며, 사랑을 나누었다. 그렇게 놀고 즐기며 사랑을 나누다 보니, 그의 부인이 임신을 하게 되었다. 그러자 끔찍한 악취가 그녀의 몸에서 나기 시작했다. 브라만은 점쟁이들을 불러서 그의 부인의 상태에 대해 물어보았다.

그들은 "이것은 배 속의 아기 때문입니다."라고 대답했다.

여덟아홉 달이 지난 후, 브라만의 부인은 아들을 낳았는데, 그 아기는 흉측했고, 볼품없었으며, 보기 흉했다. 그 아기의 온몸에는 똥이 잔뜩 묻어 있었고, 끔찍한 악취가 풍겼다. 그 아기가 매우 역겨운 모습을 하고 있음에도 불구하고 사랑으로 이어진 그의 부모님은 그를 정성껏 키웠다. 그는 변소를 좋아했고, 쓰레기 더미나 진흙탕에 앉아 머리카락을 뽑고 똥을 입에 넣곤 했다. 그래서 그 소년은 잠발라(진흙탕)라고 불렸다.

한번은 잠발라가 여기저기를 배회하고 있을 때, 뿌라나 까샤빠(Pūraṇa Kāśyapa)가 그를 보고, '그가 저런 더러운 곳을 좋아하니 분명 성자임에 틀림없다! 내가 꼭 그를 입문시켜야겠다.'라고 생각했다.

그래서 뿌라나 까사빠는 그에게 기본적인 것들을 가르쳤다.[282]

잠발라는 벌거벗은 채로 돌아다니며 선행을 베풀었다. 돌아다니는 동안 그는 바이살리를 둘러싼 해자에서 오백 명의 아귀들을 보았다. 전생의 업으로 그들과 인연이 맺어진 그는 도시를 둘러싼 해자로 내려가 그곳에서 그들과 어울리며 함께 모여 담소를 나누고 우정을 쌓았다.

어느 날 잠발라가 어떤 일을 하러 급히[283] 바이살리 시에 들어가게 되었다. 마침 그때 세존께서 도시를 둘러싼 해자에 도착하셨다. 아귀들은 붓다를 뵈었다.

> 그분은 위인의 서른두 가지 큰 상호로 장엄되어 있고,
> 그분의 몸은 여든 가지 작은 종호가 빛나고 있으셨네.
> 그분은 천 개의 태양보다 더 밝은 광채가 빛나는
> 팔 길이에 달하는 후광으로 장엄되어 있으셨고,
> 보석의 산이 움직이듯 모든 면에서 아름다우셨다.

그들은 세존을 보자마자 세존의 발 앞에 엎드렸다.

세존께서 그들에게 물으셨다. "무엇이 너희를 괴롭게 하는가?"

"세존이시여, 저희는 갈증 때문에 괴롭습니다." 그들이 대답했다.

세존께서는 다섯 손가락에서 여덟 가지 좋은 성질이 깃든 다섯 개의 물줄기를 각각 내보내시어, 그 오백 명의 아귀들의 목마름을 해결해 주셨다. 그들은 차례로 세존에 대한 믿음을 마음속에 키우면서 죽어서 삼십삼천의 천신들 가운데서 다시 태어났다.

나는 어디에서 죽어 어디로 떠나는가?

나는 어디에 다시 태어나는가?

이는 어떤 업의 과보인가?

새로 태어난 천신들은 자신들이 아귀의 세계에서 죽어 떠나왔다는 것을 알았다. 그들은 도리천의 천신들 가운데 특별한 천신들의 무리에 다시 태어났다. 이는 세존을 향해 그들의 마음속에 믿음을 키운 결과였다.

그러자, 전생에 아귀였던 천신의 아이들에게 이런 생각이 떠올랐다. "우리가 이곳 도리천에서의 시간이 끝날 때까지 기다렸다가 세존을 뵈러 가는 것은 옳지 않구나. 이곳에서의 시간이 끝나기 전에 우리는 세존을 뵈러 가야 한다."라고 말했다.

바로 그날 밤, 전생에 아귀였던 천신의 아이들은 흠잡을 데 없이 화려한 귀걸이와 보석으로 빛나는 관을 쓰고, 진주로 된 끈과 목걸이를 몸에 장식하고 사프란, 타말라 잎, 호로파 등을 바르고, 청색과 적색의 수련, 흰 연꽃, 홍두화 등 신성한 꽃 등으로 무릎을 가득 채웠다.[284] 미후지안정사 전체를 환하게 비추면서, 그들은 세존께 그 꽃들을 뿌리고 그 앞에 앉아서 법을 경청했다.

전생에 아귀였던 그 천신의 아이들의 성향과 천성, 기질, 생김새와 성품을 아시는 세존께서는 그들에게 네 가지 고귀한 진리(四聖諦)를 설하셨다. 오백 명의 천신의 아이들은 그 말을 듣고 금강저(金剛杵) 같은 견고한 반야지로 스무 개의 봉우리의 잘못된 견해로 이루어진 '나'라는 잘못된 견해(有身見)의 산을 무너뜨리고 예류과(預流果)를 성취했다.

방금 수익을 올린 상인처럼, 곡식을 잔뜩 거둔 농부처럼, 전투에서 승리한 전사처럼, 온갖 병을 고친 환자처럼, 그들은 이 진리를 깨달은 뒤 위엄 있게 세존의 앞에 나아가, 위엄 있게 세존 주위를 세 번 돈 뒤 천상의 집으로 돌아갔다.

그 사이에 잠발라는 도시 주변의 해자로 돌아갔다. 그는 아귀들이 보이지 않자 그들을 찾기 시작했다. 그는 지칠 정도로 사방을 샅샅이 뒤졌지만 여전히 그들을 찾을 수 없었다.

모든 붓다들께서 알고, 보고, 깨닫고, 이해하지 못하는 것은 아무것도 없다. 붓다들께서 큰 연민의 마음을 내시는 것은 자연스러운 것이며,[285]

여러 붓다께서는 인간들을 위해 선을 행하고자 하시며,
여러 붓다께서는 알아차림이라는 유일한 수호자를 두셨네.
여러 붓다께서는 사마타와 위빠사나의 삼매에 머무르시며,
여러 붓다께서는 몸, 말, 뜻의 세 가지 대상의 자제에 능통하셨네.
여러 붓다께서는 네 가지 번뇌의 폭류(四暴流)를 건너셨고,
여러 붓다께서는 선정을 성취할 수 있게 해주는 네 가지 기반 위에 발을 디디고 계시네.
여러 붓다께서는 중생들을 깨달음의 길로 이끄는 사섭법(四攝法)에 대해서도 이미 오래전부터 자재하셨고,
여러 붓다께서는 다섯 가지 나쁜 특성을 부수셨으며,
여러 붓다께서는 윤회의 지옥, 아귀, 축생, 인간, 천상의 오도(五道)를 넘으셨고,
여러 붓다께서는 여섯 가지 좋은 성품을 성취하셨으며,

여러 붓다께서는 육바라밀을 성취하셨고,

여러 붓다께서는 칠각지(七覺支)라는 꽃으로 가득 차 있으시네.

여러 붓다께서는 팔정도(八正道)의 스승이시며,

여러 붓다께서는 구차제정(九次第定)을 통달하셨으며,

여러 붓다께서는 강력한 열 가지 힘을 지니셨고,

여러 붓다께서는 시방 모든 곳에 명성이 자자하시고,

여러 붓다께서는 다른 이들을 다스리는 수천의 천신들보다 수승하시네.

세존들께서는 밤과 낮에 세 차례씩 불안(佛眼)으로 세상을 살피면서 다음과 같은 질문들에 대하여 반야와 지혜를 성취하셨다.

더 나빠질 이는 누구인가?

더 나아질 이는 누구인가?

곤경에 처한 이는 누구인가?

고난을 겪을 이는 누구인가?

위험에 처할 이는 누구인가?

곤경과 고난과 위험을 겪게 될 이는 누구인가?

끔찍한 삼악도를 향해 나아가는 이는 누구인가?

끔찍한 삼악도에 이끌리는 이는 누구인가?

끔찍한 삼악도를 향해 마음이 기울어지는 이는 누구인가?

끔찍한 삼악도에서 건져 올려 천상과 해탈에 들게 해야 할 이는 누구인가?

감각적 쾌락의 진창 속에 빠져 있어 내가 도움의 손길을 내밀어야 할 이는 누구인가?

고귀한 재산이 없어 고귀한 재물의 주권과 영토를 확립해 주어야 할 이는 누구인가?[286]

공덕의 뿌리가 없어 공덕의 뿌리를 심어주어야 할 이는 누구인가?

공덕의 뿌리가 이미 있어서 그 공덕의 뿌리를 증장하도록 해주어야 할 이는 누구인가?

공덕의 뿌리를 이미 증장하도록 해주어 해탈시켜야 할 이는 누구인가?

그리고 말씀하시길,

바다라는 괴물들의 고향이
조수의 시간이 지나도록 그냥 내버려 둘지라도,
붓다는 사랑하는 아이들을 가르치는 데는
절대 시간이 흘러가도록 내버려 두지 않는다.

다음 날 아침, 세존께서는 고귀한 법의 아들 잠발라에게 선을 베푸시기 위해 승복을 입고, 발우를 드시고, 가사를 걸치시고 그를 둘러싼 승가 공동체를 이끌고 탁발을 하시기 위해 바이살리로 들어가셨다. 탁발을 하시다가 어느 시장에 들어서셨다.[287] 여기저기 아귀들을 찾아 헤매던 잠발라가 자신이 세존 앞에 서 있다는 것을 알아차렸다. 그때 그는 붓다를 뵈었다,

그분은 위인의 서른두 가지 큰 상호로 장엄되어 있고,

그분의 몸은 여든 가지 작은 종호가 빛나고 있으셨네.
그분은 천 개의 태양보다 더 밝은 광채가 빛나는
팔 길이에 달하는 후광으로 장엄되어 있으셨고,
보석의 산이 움직이듯 모든 면에서 아름다우셨다.

잠발라는 그를 보자마자 세존에 대한 믿음이 마음속에서 일어났다. 신심으로 가득 찬 그는 세존의 발 앞에 엎드려 공경히 두 손을 합장하고 말했다. "세존이시여, 저는 세존께서 잘 설하신 법과 계율에 따르는 승려가 되기를 원하나이다.[288] 저 같은 이도 출가할 수 있도록 허락해 주신다면 그렇게 하겠습니다."

그때 마음이 큰 연민으로 가득 차 있으시고, 다른 사람들의 기질과 성품을 아시며, 잠발라의 운명을 아셨던 세존께서는[289] 코끼리의 코와 같은 황금빛 팔을 펼치시며 말씀하셨다. "어서 오라! 오, 수도자여! 수행자의 삶을 살아라!"라고 말씀하셨다.

세존의 말씀이 끝나자마자, 잠발라는 한 손에 발우와 물 항아리를 들고 서 있었고,[290] 일주일 동안 자란 머리카락과[291] 수계(受戒)한 지 백 년이 된 출가자의 단정한 모습을 하고 있었다.

여래께서 그에게 말씀하셨네. "이리 오라!"
머리를 깎고 몸을 가사로 감싼 채로,
그는 즉시 감각의 평정을 얻었고,
그렇게 그는 붓다의 뜻에 따라 머물렀다.[292]

그때 세존께서는 그에게 삼매의 힘을 이끌어 주셨다.

잠발라는 정진과 고뇌와 노력 끝에 끊임없이 회전하는 윤회의 다섯 바퀴살을 이해할 수 있었다. 썩고 쇠퇴하고 흩어지고 소멸하는 모든 조건 지어진 요소로 이루어지는 환생을 부수었다. 그리고 모든 번뇌를 제거함으로써 아라한과를 직접 성취했다. 아라한이 되어,

그는 욕계, 색계, 무색계의 삼계에 대한 집착에서 자유로웠다.
그는 흙 덩어리와 금덩어리를 매한가지로 여겼다.
그는 하늘과 손바닥에 대한 평등심을 가졌다.
그는 칼로 깎은 것과 전단향으로 칠한 것을 구별하지 않았다.
그는 그의 무지라는 달걀 껍데기를 사무애지로 부수었다.
그는 세 가지 명철한 앎, 여섯 가지 신통력, 그리고 반야지를 갖췄다.
그리고 그는 세속적인 집착, 유혹, 그리고 명예를 혐오했다.
그는 인드라와 우뻰드라를 포함한 천신들의 존경, 외경, 경의를 받을 만하게 되었다.

아라한과를 얻은 뒤에도 그는 여전히 고행을 즐겼다.[293] 이에 대해 세존께서는 승려들에게 말씀하셨다. "승려들이여, 나의 제자들 가운데 고행에 대한 정진에서 가장 으뜸은 잠발라이다."

의구심이 생긴 몇몇 승려들이 모든 의심을 제거하신 분인 붓다께 물었다. "대덕이시여, 잠발라 장로께서는 무엇을 하셨길래 이런 고행을 하고 계십니까?"

"도반들이여!" 세존께서 말씀하셨다. "잠발라 장로가 전생에 짓고 쌓은 업들이 이제 한데 모여서 그 조건이 성숙한 것이다. 그 업들은 다가오는 홍수처럼 그의 앞에 남아 있으며, 반드시 이루어질 것이

다. 이 업들은 잠발라가 짓고 쌓은 것이다. 그 어느 다른 이가 이 과보를 겪겠는가? 도반들이여, 업을 짓고 쌓은 이들에게 있어, 그 어떠한 과보도, 그 자신의 밖에서 익지 않는다. 흙의 요소에서도, 물의 요소에서도, 불의 요소에서도, 바람의 요소에서도 자신의 업은 성숙하지 않는다. 그 대신, 선한 것이든 악한 것이든 행한 행위는 다시 태어날 때 자신에게 귀속되는 오온, 십팔계, 그리고 육근(六根) 안에서 성숙한다."

업은 결코 사라지지 않는다,
수백 년이 지난 후에도.[294]
올바른 조건이 적당한 때가 되면 모이고,
그때 비로소 중생들에게 영향을 미치게 된다.

붓다께서는 잠발라를 현재의 상태에 이르게 한 과보에 대해 말씀하셨다. 스님들이여, 오래전 이 현겁에, 사람들이 사만 년을 살았던 과거의 어느 때, 세상에 끄라꾸찬다(Krakucchanda)라는 무상정등각을 성취하신 붓다가 계셨다. 그분은…

반야와 지혜가 완벽하신
수가타이시며,
세간해이시며,
수행이 필요한 사람들을 위한 탁월한 인도자이시며,
천신들과 인간의 스승,
붓다,

그리고 세존이셨다.

한번은 붓다께서 수도 소바바띠(Śobhāvatī)[295] 근처에 머물고 계셨다. 그 도시의 어떤 장자가 사원을 지어 여러 지역에서 온 승려들이 마음대로 머물다 갈 수 있게 했다. 그 사원에 영구적으로 머무는 거주자 중 한 사람은 보통 사람이었는데, 그는 그가 사는 곳에 대해 유난히 간탐이 있었다.[296] 그는 사원을 방문하는 승려들을 보면 이성을 잃고 짜증을 내고 적대감을 드러내며 격분하고 날뛰었다. 그러나 사원에서 떠나는 승려들을 보면 그는 기쁨과 즐거움으로 가득 차곤 했다. 그러고는 뛰어나가서 그들을 모욕하곤 했다.

어느 날 시골에서 한 승려가 왔다. 사원의 주인인 창건주[297]는 불환(不還)을 성취한 사람이었는데, 그는 그 승려의 몸가짐만 보고도 아라한임을 알아챘다. 믿음으로 가득 찬 그는 다음날 승가 공동체와 함께 그 스님을 초대해서 식사와 증기욕을 하게 했다.[298] 그러나 그 당시 상주 스님은 그곳에 없었다.

다음 날 증기욕이 준비되고 음식이 준비되었을 때 그 상주하는 승려가 도착했다. 그는 한증탕에 들어갔는데, 그곳에서 허리감개만 걸친 채로 방문한 아라한을 모시며 여러 가지 향료를 그의 몸에 발라 드리고 있는 사원의 주인을 보았다.[299] 상주하는 스님의 마음속에는 간탐이 일어났다. 악한 생각으로 오염된 마음으로 아라한에게 거친 말을 내뱉었다. "스님, 이따위 시주자의 시주를 받느니 차라리 몸에 똥칠을 하는 게 낫겠소!"

아라한은 침묵으로 이 질책을 받아들였다. '이 가련한 사람.' 그는 생각했다. '그가 이 중한 악업의 과보를 겪지 않기를 바란다.'

곧 사원 공동체의 모임이 열렸을 때, 상주하는 승려는 이런 말을 들었다. "당신은 아라한에 대한 악한 생각으로 당신의 마음을 더럽혔소!"

이 말을 듣고 그는 후회했다. 그런 다음 그는 아라한의 발 앞에 엎드려 "고귀한 분이시여, 제가 당신에게 모진 말을 했으니 용서해 주십시오."라고 말했다.

그러자 아라한은 상주하는 승려의 신심을 고양시키기 위해 공중으로 올라가 여러 가지 기적을 보여주기 시작했다. 상주하는 스님은 더 큰 후회를 느꼈다. 그 아라한 앞에서 상주하는 스님은 자신이 한 일이 악행이라고 참회하고 선언하고 선포했다. 그럼에도 불구하고 그는 최상의 반야를 성취할 수 없었다.

시간이 흐르고 죽음의 문턱에 다다랐을 때 상주하는 스님은 이렇게 간절히 발원했다. "비록 내가 아라한을 향해 악한 생각으로 마음을 더럽히고 거친 말을 내뱉었지만, 그 행동의 과보로 고통받지 않게 해주시옵소서. 대신 제가 경전을 읽고, 공부하고, 공양하며, 승가 공동체를 위해 봉사해 왔으니, 그 행동의 결과로 앞으로는 완벽하게 깨달으신 붓다들을 기쁘게 하고 실망시키지 않게 해주십시오!"라고 간절히 발원했다.

"스님들이여, 어떻게 생각하는가? 그 당시 그곳에 상주하고 있던 승려는 다름 아닌 잠발라였다. 그는 아라한에게 가혹한 언행을 저지른 결과, 윤회 속에서 끝없는 고통을 겪었다. 그리고 그 행위의 업이 여전히 남아 있었기 때문에, 그의 윤회에서의 마지막 생인 지금도 그는 끔찍하고 끔찍한 냄새를 풍기며 변소와 화장실에서 살고 싶어 하는 강한 성향을 가지고 있는 것이다. 그러나 그는 경전을 읽고 공부하여 오온에 정통하고, 십팔계에 정통하고, 육근에 정통하고, 연기법에 정통하고, 가능한 것과 불가능한 것에 정통하게 되었으므로,[300] 그는 승려로서 나의 교단에 출가하여 모든 번뇌를 없애고 아라한과를 직접 성취했다.

그러므로 승려들이여, 이것이 배워야 할 교훈이다. 간탐을 없애기 위해 열심히 노력하라! 왜 그래야 하는가? 그렇게 하면 그대들은 이전에 보통 사람이었던 잠발라와 같은 과오를 범하지 않을 것이기 때문이다. 그 대신 훌륭한 공덕을 쌓아 아라한과를 성취하도록! 승려들이여, 이것이 바로 그대들이 배워야 할 것이다."

세존께서 이렇게 말씀하셨다. 승려들과 여러 천신, 아수라, 가루다, 긴나라, 마호라가 등은 마음이 고양되어 세존의 말씀에 기뻐했다.

『백연경』의 다섯 번째 열 가지 이야기 모음집은 이렇게 끝난다.

역자 후기

이 책이 다루고 있는 주제가 흥미로워서 출판할 것을 권하기는 했지만, 다루는 주요 언어가 팔리어와 산스크리트어이기 때문에 그 분야의 전문가가 이 책을 번역하기를 바랐다. 게다가 학자들의 책은 늘 학문적인 정확성을 중요하게 여기기 때문에 보지 않아도 많은 각주에 대부분의 독자들이 크게 중요하게 여기지 않을 상세한 것들이 담겨 있을 것이라고 생각해서 피하고 싶었다. 그렇지만 이 책이 담고 있는 아귀라는 주제가 무척 흥미로워서 편집자께서 번역해 줄 것을 부탁하셨을 때 하나를 더 배운다는 입장에서 싫다고 할 수 없었다. 아니나 다를까 300개의 장문의 각주와 많은 인용문들, 그리고 아직 한국에 제대로 정립되지 않은 번역의 용례들이 나를 괴롭혔다. 이 책을 번역하겠다고 했던 것이 무척 후회되었지만, 그와 동시에 앤디 로트먼 교수가 보여주는 아귀라는 중생에 대한 흥미로운 분석과 『백연경』에 담긴 아귀에 대한 열 가지 이야기들이 아주 재미있었기 때문에 이번 책은 내게 있어서 어려우면서도 즐거운 작업이었다.

번역을 하면서 힘들었던 것 가운데 하나는 영어의 meanness에 꼭 들어맞는 단어가 한국에 없다는 것이었다. 로트먼이 어원 분석부터 역사적 측면까지 상세하게 설명하듯 영어의 meanness에 해당하는 산스크리트어 matsārya와 팔리어 macchariya는 상당히 다층적인 의미를 가지고 있는 단어이다. meanness는 인색하다, 치사하다는 뜻과 더불어 야비하고 비열하다는 뜻도 있다. 로트먼이 소개하듯이 자기가 가지지 못한 것에 대한 시기심까지도 내포하고 있는 단어이다. 이러한 여러 의미들을 포함할 수 있는 단어를 찾으려고 한 달 정도 국어사전, 영어 사전, 일본어 사전, 중국어 사전 등 여러 사전들을 뒤졌지만 찾을 수 없었다. 혹시 이러한 두 가지 뜻을 포함한 단어가 있는지 국립 국어원에 질문을 했지만, 일개 번역가의 질문에 일일이 답해줄 수 없다는 mean한 답변만을 받았을 뿐이었다. 그래서 불교 한문 용어로 주의를 돌려 찾은 단어가 간린(慳吝)과 간탐(慳貪)이었다. 두 단어 모두 불교 용어이지만, 간린은 인색하다는 뜻이 더 강한 데다가 천주교에서도 일곱 가지 대죄 가운데 하나를 지칭하는 데 쓰고 있기 때문에, 간탐을 meanness의 번역어로 쓰기로 했다.

간탐은 『시공 불교사전』에서도 정의하듯 "인색함"과 "탐욕스러움"을 동시에 담고 있는 불교 용어이다. 당나라 때 도세(道世) 스님이 편찬한 백과사전인 『법원주림(法苑珠林)』은 77권에서 십불선행(十不善行) 가운데 탐욕(貪欲)의 동의어로 간탐을 상세하게 설명하고 있다. 도세 스님은 간탐을 소개하는 글에서 "무릇 많은 중생들의 미혹이라는 병은 '나'에 대한 집착이 그 시작이며, 범부(인간)들의 삿된 미혹은 간탐을 그 근본으로 한다. 선(善)은 가볍기가 털과 같고, 악(惡)은 무겁기가 산과 같다. 복(福)은 봄날의 얼음만큼이나 적다, 육정(六情, 안이비설신의〔眼耳鼻舌身意〕의 육근〔六根〕)의 그물은 벗어나기 어려우니, 탐진치 삼독(三毒)의 나루를 건널 수 없다(夫群生惑病著我為端 凡品邪迷慳貪為本 所以善輕毫髮惡重丘山 福少春氷貧多秋雨 六情之網未易能超 三毒之津無由可度)."라고 절망적인 인간의 상황을 설명한다. 더불어 간탐이 아귀의 과보를 받아 백천만 년 동안 굶주림과 목마름을 겪어야 하는 직접적인 원인이라고 지목한다(我聞佛說 慳貪之者墮餓鬼中 百千萬歲受飢渴苦 畏怖因緣故捨慳貪). 따라서 간탐을 meanness의 번역어로 쓰는 것은 큰 무리가 없을 것이라고 생각한다.

로트만은 『앙굿따라 니까야』를 인용해서 간탐의 다섯 가지 대상이 거처(āvāsa), 가족(kula), 재산(lābha), 평판(vaṇṇa), 불교 교리(dhamma)라고 지목한다. 돌이켜 생각해 보면, 나 역시 이러한 다섯 가지에 대한 간탐과 그로 인한 시기심, 그리고 '어째서 나는 그것을 가지지 못했는가?'라는 생각을 하고, 그 생각을 자기를 돌아보는 데 쓰지 않고, 남에게 화를 내는 데 쓴 적이 부지기수이다. 표면적인 간탐은 이러한 다섯 가지이며, 저자가 수망갈라 스님을 인용해서 말하듯 "'남들이 안(mā) 가지고 있는 이 훌륭한(acchariya) 것을 나만 가지고 있자'라는 생각을 일으키는 인색하거나 간탐심을 품은 자의 마음의 상태"이다. 수망갈라 스님이 설명하듯 '나'에 대한 집착이 더 근원적인 것 같다. 따라서 도세 스님이 위에서 설명하는 것처럼 보다 근원적인 간탐은 무명(無明)에서 비롯한 참나 또는 자성이라는 허상에 대한 집착이라고 볼 수 있을 것 같다.

『법원주림』은 여러 경전들을 근거로 간탐을 없앨 수 있는 것은 보시라고 주장한다. 도세 스님은 "보시가 부의 원인이며 언제나 풍요와 즐거움을 부른다(施是富因常招豐樂也)"고 설명해서, 이러한 절망적인 상황을 벗어나고 싶어 하는 사람은 보시를 그 출발점으로 삼아야 한다고 강조한다. 보시가 중요한 이유는 가장 쉽게 선업을 쌓을 수 있기 때문이며, 받는 사람들을 기쁘게 하기 때문이다. 『법원주림』의 용례를 따라 간탐을 탐욕과 동의어로 본다면, 보시는 십선(十善) 가운데 불탐욕(不貪慾)을 가장 구체적으로 실천하는 방법이라고 할 수 있다. 로트먼은 보시가 간탐이 일어나는 것을 사전에 막아주고, 이 세상에서의 인연이 끝났지만 여전히 업의 실타래로 연결되어 있는 망자들의 복지를 보장해 줄 수 있다고 한다. 특히, 지나친 간탐으로 인해 아귀로 태어난 조상들의 고통을 덜어줄 수 있다고 한다. 『법원주림』은 목건련의 말을 빌려 보시할 때 마음에 갈등이 일어나지 않을 때, 즉 아무런 계산 없이 선뜻 보시할 마음이 일었을 때야 비로소 제대로 보시를 할 수 있으며, 어진 이들이 받아들일 수 있는 보시라고 말한다(施與心鬪諍 此福賢所棄 施時非鬪時 可時隨心施).

보통 우리는 아귀를 큰 입과 산만 한 배, 그리고 매우 가는 목을 가진 중생으로 표현하지만, 이 책이 소개하듯, 다양한 모습의 아귀들이 있다. 쫑카빠 대사는 『보리도차제론』에서 아귀는 "뜨거움·차가움·배고픔·목마름·피곤함·두려움"의 여섯 가지 지독한 고통을 겪는다고 설명한다.* 『백연경』은 쫑카빠 대사가 설명하는 여섯 가지 고통보다는 간단하게 지독한 허기와 갈증에 시달리며, 불타는 듯한 고

* 쫑카빠 로상닥빠 저, 게시 소남 걀첸 역, 『티벳스승들에게 깨달음의 길을 묻는다면: 람림, 개정증보판』(하늘호수, 2021), 139-40.

통을 온몸으로 느끼고 있다고 한다. 물론, 개개의 아귀들은 각자가 지은 특징적인 악업에 따라 별개의 고통을 겪는다. 예를 들어, 존귀한 스님을 보기 싫어 눈을 질끈 감았던 비구니는 아귀가 기본적으로 가지고 있는 고통에 더해 눈까지 멀었다.

상상조차 할 수 없을 정도의 고통 때문에 복을 지을 생각조차 할 수 없는 지옥 중생들과는 달리, 아귀는 복을 짓고 싶다는 생각은 할 수 있는 것으로 『백연경』은 묘사하고 있다. 더불어 로트먼이 설명하듯 아귀는 자신이 아귀로 태어나게 된 직접적인 원인인 간탐과 이로부터 비롯한 전생의 악업을 반추할 수 있는 제한된 능력을 가진 것으로 묘사되고 있다. 그러나 아귀는 복을 지을 수 있는 힘이 없기 때문에, 전생에 연이 있는 그들의 친척들과 후손들에게 그들을 위하여 복을 지어줄 것을 부탁한다. 현재 인간의 몸을 가진 이들이 돌아가신 조상들과의 업연을 기반으로 고인들이 복을 지을 수 있도록 도와줄 수 있다는 것은 『쿳따까 니까야(Khuddaka Nikāya)』의 「담장 밖의 경(Tirokuṭṭasutta)」에서도 설명하는 것이다. 이 경에 의하면 빔비사라 왕이 죽림정사를 붓다께 보시하면서 그 공덕을 조상들에게 회향하지 않자, 그의 꿈에 수많은 생을 거치며 악행을 저질러 왔던 그의 조상들이 아귀로 나타나 자신들에게도 공덕을 회향하여 구원해 줄 것을 애걸했고, 붓다께서는 당신과 제자들에게 공양을 올리며 그 공덕을 죽어서 아귀가 된 조상들을 "지목"하여 회향할 것을 권했다고 한다. 「담장 밖의 경」은 이렇게 읊는다.*

* 출처: 네이버 카페 사마나수카 승원: https://shorturl.at/gCIR0. 이곳에는 붓다께서 설하신 보시에 관한 여러 좋은 경전들이 있으니 참고하면 좋을듯하다.

죽은 친지(아귀)들은 담장 밖이나 인근 네거리에 서 있거나,
자신의 집에 와서 문기둥에 서 있다.
음식과 먹을 것이 많이 있어도
불선업 때문에 아무도 그 존재들을 기억하지 못한다.

죽은 친지들을 연민한다면 이와 같이
바른 때에 깨끗하고 훌륭하고 알맞은 음식을 보시한다.
'나의 이 공덕을 돌아가신 친지들이 나누어 가질 수 있기를!'
'돌아가신 친지들이 행복하기를!'

거기에 운집한 친지아귀들은 모여서
많은 음식에 감사하며 이와 같이 기뻐한다.
'우리가 (공양을) 받았으니 친지들도 오래 살기를!'
'우리에게 공양을 올린 보시자들이 보답받기를!'

그곳에는 농사도 없고 그곳에는 목축도 없다.
돈(금)으로 사거나 팔 수도 없다.
죽은 아귀들은 여기서 보시한 것으로 거기서 살아간다.
높은 곳에 내린 빗물이 아래로 흐르듯이
오직 여기에서 보시한 것이 아귀들에게 이익이 된다.

넘치는 강물이 바다를 이루듯이
오직 여기에서 보시한 것이 아귀들에게 이익이 된다.

'나에게 베풀었고 나를 도와주었고 나의 친지, 친구, 동료였다.'
전에 해주었던 것을 떠올리며 아귀들에게 공양 올린다.
울거나 슬퍼하거나 탄식하며
그렇게 친지들이 지내도 아귀들에게 아무 이익이 없다.

이 성스러운 상가에 공양을 올리는 것이
오랜 세월 유익이 되고 바로 이익을 준다.
그는 친지의 도리를 다하고,
아귀들은 수승한 공양을 받고,
스님들은 힘을 얻으니
그들이 행한 공덕은 적지 않다.

이처럼 아귀가 기댈 수 있는 곳은 다른 중생들보다 더 강력하게 업연으로 연결되어 있는 자손들밖에 없으며, 자손들은 특히 그 조상들의 이름을 지목해서 공덕을 회향함으로써 아귀들이 지을 수 없는 복을 짓게 해주고, 그를 통해 아귀의 몸을 벗어날 수 있는 기회를 준다고 한다. 『백연경』은 여기에 흥미로운 요소를 더하는데, 몇몇 아귀는 복을 지을 수 없는 무능한 아귀에서 복을 지을 수 있는 특별한 능력을 지닌 아귀로 다시 태어난다고 한다. 이 신통력을 지닌 아귀는 여타의 아귀들과 달리 복을 지을 "기회"를 가지고 있다고 한다. 그러나 그 복을 지을 기회를 긍정적인 방향으로 선택하는 것은 그 아귀에게 달린 것이다.

위에서 소개한 「담장 밖의 경」은 아귀, 조상, 제사, 공덕의 회향에 관련해서 승가에 회향하는 것이 중요한 이유를 설명하고 있다. 승가는 보통 복의 밭(福田)이라고 불리는데, 그것은 복을 지을 수 있는 기회를 주기 때문이기도 하지만, 「담장 밖의 경」은 "스님들이 힘을 얻어 공덕을 짓기 때문에" 그 공덕이 보시를 행한 이들에게 돌아간다고 설명한다. 그러나 모든 승려가 복의 밭이 되는 것은 아니라고 『아함경』은 여러 경들을 통해 강조하고 있다. 복의 밭이 될 수 있는 스님은 "청정한 범행"을 실천하는 스님이고, 이 청정한 범행은 계(戒)를 지키는 스님이라고 한다. 즉, 계를 지키지 않는 승려는 복의 밭이 될 수 없는 것이다. 『대승대집지장십륜경(大乘大集地藏十輪經)』은 계를 지키지 않는 승려를 "승복 입은 도둑"이라고 칭하지만, 그 도둑놈들을 욕하지는 말라고 한다. 그들을 비난하고 욕을 하는 것이 자신의 계를 범하는 것이 되기 때문이라고 분명히 말한다. (이것을 남용해서 종종 "스님이 잘못을 하더라도 비난하지 말라"라고 하지만, 그것은 이 경전이 전하고자 했던 바를 잘못 인용하는 것이다.) 그 대신 그러한 도둑놈들이 사는 절을 떠나라고 권한다.

계를 지키는 것이 복이 된다는 것을 『법원주림』은 목건련을 통해 "여래께서는 다섯 가지의 큰 보시를 가르치신다. 그것은 곧 살생하지 않고, 남의 것을 훔치지 않고, 사음하지 않고, 거짓말하지 않고, 술을 마시지 않는 것이다. 이를 형체와 목숨이 다할 때까지 수행해야 할 것이다(如來說五事大施 即是不殺不盜不婬不妄語不飮酒 盡形壽而修行之)."라고 말한다.• 즉, 계를 지키는 것은 자신의 복을 쌓는 것이고, 조상을 위해 재를 지내는 것은 조상들의 복을 쌓아주는 길이라고 할 수 있다. 이에 대해 『지장보살본원경(地藏菩薩本願經)』은 재를 지내

• 출처: http://tripitaka.cbeta.org/mobile/index.php?index=T53n2122_077.

는 것의 1/7은 조상에게 돌아가고 6/7은 재를 지내는 이에게 돌아간다고 하니, 계를 지키고, 조상을 위해 재를 지내는 것은 큰 공덕이 있다고 할 수 있다. 이는 『해심밀경』을 비롯한 많은 경전들이 한결같이 가르치고 있는 바이다. 다시 말하지만, 계를 지키는 것은 복덕을 쌓는 길이다.

보시가 양날의 칼이 될 수 있다고 로트먼은 경고한다. 보시를 해서 환경이 좋아지고, 자신이 건강해지면, 그만큼이나 더 지독한 간탐을 일으키고 더 크게 악행을 저지를 기회가 생기기 때문이다. 이 때문에, 복덕을 짓는 데에는 지혜가 필요하다. 이에 대해 『대지도론』은 다음과 같이 설명한다.

> [經] 다시 사리불아, 보살마하살이 간탐하는 마음, 파계(破戒)하는 마음, 성내는 마음, 게으른 마음, 산란한 마음, 어리석은 마음을 일으키지 않으려 하면 반야바라밀을 배워야 하느니라.

> [論] 이 여섯 가지 마음은 삿되기 때문에 능히 육바라밀을 가리고 막는다. 마치 보살이 보시를 행할 때 만약 간탐하는 마음이 있으면 보시가 청정하지 않게 되나니, 이른바 좋은 물건을 보시할 수 없는 것과 같다. 설령 좋은 물건을 베풀어 준다 해도 많이 주지 못하고, 설령 바깥 물건을 베풀어 준다 해도 안의 물건은 주지 못하며, 설령 안의 물건을 베풀어 준다 해도 모조리 주지 못하나니, 모두가 간탐하는 마음 때문이다.
>
> 보살은 반야바라밀을 행하면서 온갖 법은 나가 없고 내 것이 없고 모든 법은 모두가 공하여 마치 꿈과도 같고 허깨비 같은 줄 아므로,

몸의 머리와 눈과 골수를 보시하는 것이 마치 풀과 나무와 같이한다. 이 보살은 비록 아직 도를 얻지 못했다 하더라도 항상 이 간탐하는 마음을 일으키지 않게 하려면 반야바라밀을 배워야 한다.

모든 그 밖의 사람은 욕망을 여의고 도를 얻기 때문에 파계는 마음을 내지 않는다. 보살은 반야바라밀을 행하는 까닭에 파계하는 일을 보지 않는다. 그것은 왜냐하면, 계(戒)란 온갖 모든 착한 공덕이 머무르는 곳이 되기 때문이다. 비유하건대 마치 땅은 온갖 만물이 의지하는 곳이 되는 것과 같다.•

앞서 『법원주림』의 저자 도세 스님이 간탐을 소개하며 말하듯, 간탐은 나에 대한 집착이 그 원인이라고 할 수 있고, 간탐하는 마음을 버리기 위해서는 보시를 행하면서 이와 동시에 지혜를 닦아야 하는 것이다. 그래야만 제대로 된 보시를 행해서 간탐의 마음을 줄이고 공덕을 길러 업연으로 이어진 가까운 중생들을 아귀의 길에서 벗어나게 해주고, 자신도 아귀의 길에 들어가는 것을 막을 수 있다.

• 是六種心惡故 能障蔽六波羅蜜門 如菩薩行布施時 若有慳心起 令布施不清淨 所謂不能以好物施 若與好物 不能多與 若與外物 則不能內施 若能內施 不能盡與 皆由慳心故 菩薩行般若波羅蜜 知一切法無我 無我所 諸法皆空 如夢如幻 以身頭目骨髓布施 如施草木 是菩薩雖未得道 欲常不起是慳心 當學般若波羅蜜 諸餘人離欲得道故 不生破戒心 菩薩行般若波羅蜜故 不見破戒事 所以者何 戒為一切諸善功德住處

출처: https://abc.dongguk.edu/ebti/c2/sub1.jsp; http://tripitaka.cbeta.org/mobile/index.php?index=T53n2122_077.

감사 인사

학자로서가 아니라 한 명의 불교도로서 나는 지속적으로 윤회와 업에 대해서 관찰하고 생각한다. 성격이 고약해서 사람뿐만 아니라 개, 고양이, 새의 잘못에도 화를 내곤 한다. 그럴 때마다, 2016년 겨울 남인도에서 뵈었던 돌아가신 102대 간덴티빠(겔룩빠의 종정) 리종린뽀체(1928-2022)의 가르침을 생각한다. 허리에 힘이 없어서 가부좌를 트시고 허리를 180도 접어 앞으로 몸을 숙이신 상태에서도 당신께서는 "남의 장점만 보라, 단점을 보지 말라"는 가르침을 주셨다. (나는 그때 그분의 모습과 가르침을 생각하면, 지금도 눈물이 나오고 온몸의 털이 솟는다.) 그 뒤로 지금까지 중생의 삶, 윤회, 업에 대해서 생각하며 끊임없이 "남의 장점만 보라"는 가르침을 연결시켜 보았다. 윤회의 세계는 불안정하며, 오류가 있고, 한계가 있고, 끊임없이 변화한다. 윤회의 세계를 방황하는 중생들은 당연히 불완전한 존재일 수밖에 없다. 그러한 불완전한 존재들에게서 나는 그들이 완벽하기를 바랐던 것 같다. 그리고 그들의 불완전한 모습에 실망하고 굉장히 화를 냈었다. 그들의 장점을 보는 것이란 쉽지가 않기 때문이다.

이번에 역자 후기를 준비하느라 『법원주림』의 「간탐부」를 읽다가 옛날이야기 「옹고집전」의 원류라고 생각하는 『노지장자인연경(盧至長者因緣經)』을 접하게 되었다. 이 경은 노지장자라는 갑부가 간탐을 부려 너무나 인색했는데, 제석천이 똑같이 생긴 사람으로 변화해서 그를 골려주었고, 붓다께서 가르치시어 그를 뉘우치게 한다는 이야기이다. 여기서 붓다께서는 제석천에게 노지장자의 분신이 되어 그를 놀리는 것을 멈추라고 하시면서 "일체의 모든 중생은 모두 실수와

죄가 있으니, 놓아주라(一切衆生皆有過罪 宜應放捨)"고 말씀하신다. 이 대목을 읽으며 돌아가신 리종 린뽀체의 "남의 장점만 보라"는 가르침, 위에서 소개한 『지장십륜경』의 남의 부도덕함을 욕하지 말라는 가르침, 그리고 붓다의 이 가르침을 연결시켜 생각해 보면, 남들의 단점을 보는 것이 자신을 닦는 데 도움이 되지 않는 이상 쓸모없는 일이라는 것을 알 수 있다. 더 나아가 남의 단점을 반면교사로 삼으면서 자신의 삼독심을 일으키지 않을 만큼 수행이 덜 된 내가, 남의 단점을 보는 것은 내 악업을 쌓고 이 아까운 시간을 허비하는 것에 불과하다는 것을 알게 되었다.

이러한 생각들을 곰곰이 되뇌면서, 나는 내가 주변 사람들의 단점을 볼 때도, 그들은 내 장점을 보고 있었다는 사실도 알게 되었다. 부족하고 부족한 나의 장점을 보고 감싸주는 아사미, 대희, 수희, 제희, 어머니, 돌아가신 아버지, 은주 누나와 온 가족들에게 감사를 드린다. 늘 좋은 말씀을 해주시고 조언을 아끼지 않으시는 은사 법안 스님, 혜신 법사님, 윤원철 선생님과 故김성철 선생님, 친형 같은 한양대학교 의료인문학 교실의 상호 형(유상호 교수님)과 형의 가족들에게도 감사드린다. 늑장을 부리다 번역을 한국 집에서 마치면서 막대한 양의 차를 마셨는데, 그 많은 차를 보내주시고 좋은 인연들을 소개해주신 안은숙, 조경아 님께도 감사의 말씀을 드리고 싶다.

꾸마라지바(Kumārajiva, 구마라습)의 전기에는 꾸마라지바 스님의 총명함을 후세에 잇고 싶어 한 왕이 그를 미약에 취하게 한 뒤 계를 범하게 했다는 이야기가 나온다. 그 후, 꾸마라지바는 늘 자신은 계를 범해서 진흙과 같지만 경(經)과 논의 가르침은 연꽃과 같으니 연꽃을 보라고 했다고 한다. 비록 많은 잘못을 저지르고 단점이 많은 역자가 번역한 책이고 하는 말이지만, 부디 좋은 점만을 보고 배우시기를 바란다.

『백연경』의 「잠발라」 이야기에서 붓다께서는 업에 대해서 다음과 같이 가르치신다.

> 잠발라 장로가 전생에 짓고 쌓은 업들이 이제 한데 모여서 그 조건이 성숙한 것이다. 그 업들은 다가오는 홍수처럼 그의 앞에 남아 있으며, 반드시 이루어질 것이다. 이 업들은 잠발라가 짓고 쌓은 것이다. 그 어느 다른 이가 이 과보를 겪겠는가? 도반들이여, 업을 짓고 쌓은 이들에게 있어, 그 어떠한 과보도, 그 자신의 밖에서 익지 않는다. 흙의 요소에서도, 물의 요소에서도, 불의 요소에서도, 바람의 요소에서도 자신의 업은 성숙하지 않는다. 그 대신, 선한 것이든 악한 것이든 행한 행위는 다시 태어날 때 자신에게 귀속되는 오온, 십팔계, 그리고 육근 안에서 성숙한다.
>
> 업은 결코 사라지지 않는다,
> 수백 년이 지난 후에도.
> 올바른 조건이 적당한 때가 되면 모이고,
> 그때 비로소 중생들에게 영향을 미치게 된다.

업의 과보는 업을 지은 사람이 받기 마련이다. 『달라이 라마, 화를 말하다』에서 달라이 라마 존자께서도 말씀하시듯, 연속되는 삶을 길게 놓고 보면 업의 과보는 지위 고하를 막론하고 공평하다. 그러니 화를 낼 필요가 없는 것이다. 화를 내는 대신에 연민의 마음을 내는 것이 옳은 자세라고 생각한다.

한국에 들러서 여러 사람들을 만나면서 느낀 것 가운데 하나는 많은 분들이 지혜는 중요하다고 생각하지만 복덕을 구하고 짓는 것은 경시하는 것 같다는 것이다. 역자 역시 그렇게 살다가 버지니아대학으로 유학을 오기 전 크게 뉘우치고 복덕을 증장하는 데 이 생을 바치겠다고 결심을 했었고, 그 뒤로 능인선원의 지광 스님의 아낌없는 후원으로 학업을 마칠 수 있었다. 이번에 역자 후기를 쓰느라 『법원주림』의 「간탐부」를 읽은 것은 여러모로 내게 정말 많은 도움이 되었는데, 복덕의 중요성을 강조하기 위해 인용하는 『분별업보경(分別業報經)』의 게송은 지금까지의 내 삶을 비추는 거울 같은 느낌이라 소개한다.

늘 지혜를 닦는 것을 즐거워하면서도	常樂修智慧
보시를 실천하지 않는 이는	而不行布施
늘 총명하고 명철하게 태어나지만	所生常聰哲
가난하고 빈궁해서 재산이 없다.	貧窶無財產

오직 보시만을 즐기면서	唯樂行布施
지혜를 닦지 않는 이는	而不修智慧
큰 재산을 가지고 태어나지만,	所生得大財
어리석고 어두워 지견(知見)이 없다.	愚暗無知見

보시와 지혜 두 가지를 모두 닦는 이는	施慧二俱修
재물과 지혜를 모두 갖추고 태어나니	所生具財智

두 가지를 모두 수행하지 않는 이는　　二俱不修者
긴 밤을 가난하고 천한 곳에 처한다.　　長夜處貧賤

은사 법안 스님께서 말씀하시는 것을 로트먼 역시 정확하게 지적하며 말한다. “아무리 작더라도, 보시는 삶 속에서 개인의 운을 개선할 수 있는 최선의 방법이다. 보시는 내생으로 가져갈 수 있는 유일한 화폐(즉, 공덕)를 저축할 수 있는 기회를 준다.” 이 책을 읽으시는 분 모두 모든 힘을 다해 복을 구하고 지혜를 닦아 윤회라는 괴로움의 바다를 건널 수 있으시기를 기원한다.

가루다(garuḍa): 새를 닮은 초자연적 존재의 한 종류. 뱀처럼 생긴 용들의 적으로 알려져 있다.

괴로움(duḥkha): 윤회 속의 중생은 원천적으로 괴롭다고 하는 불교의 교리.

구차제정(九次第定, navānupūrvavihāra): 사선정(四禪定)과 사무색정(四無色定)—즉, 공무변처정(空無邊處定, ākāśānantyāyatana), 식무변처정(識無邊處定, vijñānānantyāyatana), 무소유처정(無所有處定, akiñcanyāyatana), 비상비비상처정(非想非非想處定, naivasaṃjñānāsaṃjñāyatana)—과 가장 높은 단계인 상수멸정(想受滅定, saṃjñāvedayitanirodha)을 포함한 아홉 단계의 선정이다.

긴나라(kinnara): 반인반수의 동물로 여겨지는 존재로, 문자 그대로 "어떤(kiṃ) 종류의 사람(nara)인가?"라는 뜻이다.역자주: 제석천궁에서 음악을 연주하는 신으로 종종 상체는 사람이고 하체는 새인 중생으로 묘사된다

까샤빠(Kāśyapa): 스물네 번째 붓다이자 현겁의 세 번째 붓다. 영향력 있는 외도의 스승이었던 뿌라나 까샤빠와 혼동해서는 안 된다.

꼴리까(Kolika) 또는 꼴리따(Kolita): 목건련 존자의 본명. 태어난 마을의 이름을 따서 명명되었다. 목건련 참조.

끄라꾸찬다(Krakucchanda): 스물두 번째 붓다이자 현겁의 첫 번째 붓다.

난다나 숲(nandanavana): 도리천에 있는, 말 그대로 "기쁨의 숲"이다.

다문천왕(多聞天王, Kubera, Vaiśravaṇa, Dhanada): 사천왕과 야차를 참고하라.

대덕(大德, bhadanta): 승려를 존칭하는 용어이다.

대목건련(大目建連, Mahāmaudgalyāyana): "위대한 목건련"이라는 뜻의 존칭. 목건련 참조.역자주: 대목건련은 목건련으로 통일해서 번역했다

도리천(忉利天, Trāyastriṃśa): 수미산 정상에 위치한 삼십삼천(三十三天)의 하늘로, 제석천이 다스린다.

따말라(tamāla): 따말라빠뜨라(tamālapatra)는 녹나뭇과(Lauraceae) 나무이다. 잎

(pātra)이 값비싼 나무이다. 잎은 향이 좋으며 요리와 약용으로 모두 사용한다. 일반적인 월계수와 속(屬), 형태, 향이 다르지만 "인도 월계수 잎"이라고도 불린다.

마호라가(mahoraga): 뱀의 머리에 사람의 몸을 가졌다고 전해지는 천상의 존재 중 하나이다.

명철한 앎(智, vidyā): 전생을 기억하는 명철한 앎(숙명지〔宿命智〕, pūrvanivāsānusmṛtijñāna), 중생의 업에 따른 탄생과 죽음에 대한 명철한 앎(생사지〔生死智〕, cyutyupapādajñāna), 번뇌의 소멸에 대한 명철한 앎(누진통〔漏盡通〕, āsravakṣayajñāna) 이렇게 세 가지이다.

목건련(目建連, Maudgalyāyana): 부처님의 주요 제자 중 한 명으로, 신통력에 가장 뛰어나다고 여겨진다.

무상정등각(無上正等覺, anuttarasamyaksambodhi): 붓다의 완벽한 깨달음.

물의 여덟 가지 좋은 성질(aṣṭāṅga): (1) 시원하고, (2) 상쾌하고, (3) 달고, (4) 부드럽고, (5) 맑고, (6) 나쁜 악취가 없고, (7) (목넘김이) 편안하고, (8) (위에) 해가 되지 않는다.

바라문(brāhmaṇa): 브라만교에 따른 네 가지 계급(varṇa) 중 하나(즉, 브라만〔brahman〕, 끄샤뜨리야〔kṣatriya〕, 바이샤〔vaiśya〕, 슈드라〔śūdra〕)이다. 이 바라문 계급의 주요 임무는 제의 활동과 관련된 것이다.

번뇌(āsrava): 윤회에서 벗어나기 위해 차단해야 하는 이 부정적인 업력은 때때로 "해악" 또는 "누(漏)"로 번역되기도 한다. 이들은 종종 네 가지 종류의 번뇌와 동일시된다.

범천(梵天, Brahmā): 색계(色界, rūpadhatu)의 초선천(初禪天)의 세 하늘로 구성된 "범천계(梵天界, brahmāloka)"에서 가장 높은 신이다. 가장 높은 대범천(大梵天, Mahābhrahmā), 중간의 범천의 신관들(범보천〔梵輔天〕, Brahmapurohita), 첫 번째로 낮은 하늘인 범천이 다스리는 천신들의 무리(범중천〔梵衆天〕, Brahmakāyika)가 있다.

벽지불(辟支佛, pratyekabuddha): 붓다처럼 스스로 깨달음을 얻었지만 승가를 이룩하지 않은 분.

불안(佛眼, buddhacakṣu): 붓다는 다섯 가지 눈(五眼, pañcacakṣu)을 가졌다고 한

다. 그 다섯 가지란 육안(肉眼, māṃsacakṣu), 둘째는 천안(天眼, divyacakṣu), 셋째는 혜안(慧眼, prajñācakṣu), 넷째는 법안(法眼, dharmacakṣu), 다섯째가 불안(佛眼, buddhacakṣu)이다.

불환(不還, 아나함[阿那含], anāgamin): 아라한에 이르는 수행의 네 단계 중 세 번째 단계에 도달한 사람을 말한다. 이 수행의 결과를 성취한 사람은 인간으로 더 이상 환생하지 않고 더 상위 천상에 태어난 뒤 깨달음을 성취한다.

붓다(buddha): 가능한 가장 높은 깨달음을 얻은 사람, 말 그대로 "깨어난 자"이다. 본문에서 "붓다"는 종종 샤꺄무니 붓다를 지칭하는 칭호로 사용되고 있다.

붓다의 다섯 가지 좋은 특성(pañcāṇga)을 갖춘 목소리: (1) 천둥처럼 깊고, (2) 청중의 귀를 진정시키고 편안하게 하며, (3) 즐겁고 유쾌하며, (4) 명쾌하고 명료하며, (5) 적절하고 일관성이 있다.

뿌라나 까샤빠(Pūraṇa Kāśyapa): 붓다와 동시대 인물로 영향력 있는 스승이자 업을 부정하는 "무업(無業)"의 교리를 주장했다.역자주: 뿌라나 까샤빠는 인과를 부정하기 때문에 윤회를 부정하고, 행위의 결과 등도 인정하지 않았다

삐샤차(piśāca): 일종의 악마. 모니어-윌리엄스(Monier-Williams)는 "아마도 고기에 대한 그들의 애착(piśita의 piśa)때문에, 또는 그들의 노란색 외모에서 그렇게 불렸을 것"이라고 말한다.

사리불(舍利弗, Śāriputra): 부처님의 주요 제자 중 한 명으로, 법을 이해하는 데 가장 뛰어나다고 여겨지는 인물이다.

사무애변(四無碍辯) 또는 사무애지(四無碍智)(pratisaṃvid): 네 가지의 막힘이 없는 것으로, 가르침(법무애[法無礙], dharma-pratisṃvid), 가르침의 뜻(의무애[義無礙], artha-pratisṃvid), 언어와 비유, 수사(사무애[辭無礙], nirukti-pratisṃvid), 그리고 이 세 가지에 걸림이 없어 중생에게 이익을 주는 것(락설무애[樂說無碍], pratibhāna-pratisṃvid)이다.

사부대중(四部大衆, catasraḥ parṣadaḥ): 붓다를 따르는 승려인 비구와 비구니, 그리고 재가자인 우바새와 우바이를 일컫는다.

사섭법(四攝法, catvāri saṅgrahavastūni): 보시(dāna), 친절한 말(愛語, priyavacana), 유익한 행동(利行, arthacaryā), 모범이 되는 행동(同事, samānārthatā)이다.

사성제(四聖諦, caturāryasatya): 붓다의 가르침의 가장 고전적인 형식이다. 괴로움이 있고(苦, duḥkha), 괴로움의 원인이 있으며(集, samudaya), 괴로움은 끝낼 수 있고(滅, nirodha), 그 끝으로 인도하는 길(道, mārga)이 있다는 진리.

사신족(四神足, caturṛddhipāda): 신통력과 깨달음을 얻도록 해주는 토대로, 선정에 들고자 하는 욕망(욕신족[欲神足], chanda), 선정에 들려는 정진(정진신족[精進神足], vīrya), 선정에 들려고 마음을 모음(심신족[心神足], citta), 선정에 들기 위해 사유하고 주시함(사유신족[思惟神足], mīmāṃsā)이다.

사주(四洲, caturdvīpa): 인간이 살고 있는 네 개의 대륙. 남쪽의 염부제(閻浮提, Jambudvīpa, 검은 자두 같은 열매가 열리는 염부나무 섬, 또는 인도), 북쪽의 구로주(俱盧洲, Kuru), 서쪽의 우화주(牛貨洲, Godanīya), 동쪽의 승신주(勝身洲, Videha)의 네 대륙을 말한다.역자주: 이 네 대륙 가운데 오직 남염부제에만 붓다들이 나타난다고 한다

사폭류(四暴流, caturogha): 욕(欲, kāma), 유(有, bhava), 견(見, drsti), 무명(無明, avidya). 이 네 가지 번뇌의 폭류를 건넌 이를 아라한이라고 한다.

삼계(三界, triloka): 세 가지 수준의 중생들이 사는 세 가지 세계. 욕계(欲界, kāma), 색계(色界, rūpa), 무색계(無色界, ārūpya)이다. 붓다는 이 세 가지 세계의 스승이라고 한다.

삼십이상(三十二相, dvātriṃśat mahāpuruṣalakṣaṇa): 위대한 인물에게 나타나는 서른두 가지 특징. 『장아함경(Dīgha-nikāya)』의 「락카나숫따(Lakkaṇa-sutta)」에 따르면, 다음과 같다.

(1) 발바닥이 편평하다. (2) 발바닥에는 천 개의 바큇살과 테두리와 바퀴통과 모든 것을 완전히 갖춘 바퀴들이 있다. (3) 발꿈치가 길다. (4) 손가락이 길다. (5) 손과 발이 부드럽고 섬세하다. (6) 손과 발에 망(網)이 있다. (7) 발목이 발꿈치 위가 아니라 발바닥의 중간 위에 있다. (8) 장딴지가 사슴과 같다. (9) 구부리지 않고 선 채로 양 손바닥으로 무릎을 만지고 문지른다. (10) 성기가 몸 안에 들어가 있다. (11) 피부가 금빛이다. (12) 외피가 부드럽다. 외피가 부드러워서 더러운 것들이 더럽히지 않는다. (13) 몸의 털이 하나씩이다. 털구멍에 각각의 털이 생긴다. (14) 몸의 털이 위를 향해 있다. 위를 향해 생긴 털이 푸른색이고 검은색이고 오른쪽으로

감겨 자란다. (15) 몸이 범천처럼 곧다. (16) 일곱 군데가 풍만하다. (17) 절반의 몸은 사자의 앞과 같다. (18) 양 어깨 사이가 불룩하다. (19) 몸이 반얀나무와 같은 비율을 가지고 있어서 신장이 양팔을 펼쳤을 때의 너비와 같다. (20) 몸통이 고르고 둥글다. (21) 하늘의 으뜸가는 맛을 느낀다. (22) 턱이 사자와 같다. (23) 치아가 사십 개다. (24) 치아가 고르다. (25) 치아에 틈이 없다. (26) 치아가 아주 하얗다. (27) 혀가 넓다. (28) 범천의 소리를 가져서 맑고 듣기 좋은 목소리로 말한다. (29) 깊고 검은 눈을 가졌다. (30) 속눈썹이 어린 암소와 같다. (31) 눈썹 사이에 털이 있는데, 희고 부드러운 솜을 닮았다. (32) 머리에 터번이 있다.

삼악도(三惡道, apāyagati): 윤회의 육도(六道), 혹은 오도 가운데 지옥, 아귀, 축생의 세계.

선근(善根, kuśalamūla): "선행(kuśala)" 또는 그러한 행위에서 얻은 공덕으로, 소원이나 서원의 "뿌리 또는 기초(mūla)"로 작용한다.

선서(善逝, sugata): 붓다의 열 가지 명호 가운데 하나. 종종 "최고의 행복을 성취한 분" 또는 "완전히 깨달은 분"을 의미한다.

선정(禪定, śamatha): 완벽하고 자연스러운 집중력을 기르고 신통력을 얻는 것을 목표로 하는 명상의 한 유형이다.

성문(聲聞, śrāvaka): 붓다를 따르는 사람을 "들은 이(śrāvaka)"라고 하는데, 이는 초기 불교에서 붓다의 법을 듣는 것이 중요했음을 나타낸다. 그러나 다수의 『백연경』의 이야기들에서 신자들은 듣는 것만큼이나 보는 것도 중요하게 여기는데, 이는 시각적 수행이 신심을 수양하는 주요 수단으로 여겨지기 때문이다.

세 가지 대상의 자제(tridamathavastu): 아마도 몸, 말, 뜻을 지칭하는 것 같다.

세존(世尊, bhagavān): 붓다의 열 가지 명호 가운데 하나.

수미산: 남염부제에 위치한 8만 리 높이의 신성한 산으로 세계의 중심이라고 여겨진다. 이 산의 중턱에는 네 명의 천왕이, 정상에는 도리천의 신들이 거주하고 있다.

승가(saṅgha): 비구(bhikṣu)와 비구니(bhikṣuṇī)로 구성된 불교 교단. 본문에서는 종종 비구 승가(bhikṣusaṅgha)를 일컫는다.

신통(神通, abhijñā): 아라한이 가진 힘과 능력. 천안통(天眼通, divyacakṣu), 천이통(天耳通, divyaśrotra), 타심통(他心通, paracittajñāna), 숙명통(宿命通, pūrvanivāsānusmṛti), 신족통(神足通, ṛddhi)이 있다. 종종 여섯 번째 신통력으로 번뇌의 소멸에 대한 앎(누진통)이 포함되기도 한다. 자세한 내용은 신통력 항목을 참조하라.

신통력(ṛddhi): 수행을 통해 얻은 일련의 특별한 힘. 초인적인 능력 중 하나이기도 하다. (1) 한 사람이 여럿이 되고, 여럿이 한 사람이 되는 것, (2) 투명해지는 것, (3) 단단한 물체를 통과하고, (4) 땅속을 여행하고, (5) 물 위를 걷고, (6) 공중을 날고, (7) 해와 달을 손으로 만지고, (8) 브라만 신의 세계로 올라가는 등 흔히 여덟 가지가 있다고 한다.

십이처(十二處, āyatana): 여섯 가지 감각 기관(눈, 귀, 코, 혀, 몸, 마음)과 그에 해당하는 대상(시각, 소리, 냄새, 미각, 촉각 대상, 정신적 대상), 이렇게 열두 가지가 있다.

십팔계(十八界, dhātu): "외부 세계와 관련하여 인격을 구성하는 정신적-육체적 요소"라고 에저튼은 말한다. 여섯 가지 감각 기관(눈, 귀, 코, 혀, 몸, 마음), 감각 기관의 여섯 가지 대상(시각, 소리, 냄새, 미각, 촉각 대상, 정신적 대상), 그리고 그에 따른 여섯 가지 의식(눈 의식, 귀 의식, 코 의식, 혀 의식, 몸 의식, 마음 의식)을 합해 총 열여덟이다.

아나타삔다다(Anāthapiṇḍada): 붓다의 주요 공덕주들 가운데 한 명. 프라세나지트(Prasenajit) 왕의 아들인 제따(Jeta) 왕자 소유의 숲을 사서 우기를 지낼 수 있는 사원을 지어 붓다에게 보시했다.

아라한(Arhat): 자신의 모든 번뇌를 파괴하여 깨달음을 얻은 "공양을 받으실 만한 분(응공[應供])"이라고 한다. 붓다의 열 가지 명호 가운데 하나이다. 폴 그리피스(Paul Griffiths)에 따르면, "붓다는 비불교도들의 공양(pūjārhattva)과 귀의를 받을 만한 자격이 있다는 것을 가리키기 위해 사용되었으며, 다른 어원을 통해 해석한다면, 붓다가 적(ari)을 죽이고(han-) 깨달음을 성취한 것을 나타내기 위해" 붓다의 호칭으로 사용된다고 한다.

아수라(Asura): 수미산 기슭의 물 밑에 사는 천신. 가장 낮은 천계 바로 아래에 있는 이 "천신(수라)"은 종종 그 위에 있는 천신들과 전쟁을 벌인다.

알아차림이라는 유일한 수호자(ekārakṣa): 팔리어 자료에 따르면, 열 가지 고귀한 삶(ariyavāsa) 가운데 세 번째이다. 『장아함경』은 유일한 수호자란 사실 알아차림이라고 설명한다.

야차(夜叉, yakṣa): 신통력을 가지고 있는 숲에 연관된 하위 신들. 사천왕 가운데 한 명인 다문천왕이 그들의 군주이다.

업(業, karma): 흔히 "행위" 또는 "행동"으로 번역하지만, 그러한 행위의 결과(예: 자신의 내생, 현재의 경험 또는 성향을 결정할 때)가 발휘하는 힘(업력)을 지칭할 때는 업으로 번역한다.

여래(如來, tathāgata): 붓다의 명호 가운데 하나. 이 용어는 다양한 해석(예: "이렇게 오다〔tathā-āgata〕" "그렇게 가다〔tathā-gata〕" "이렇게 사라지지 않다〔tathā-agata〕")이 있지만 붓다를 지칭할 때만 사용한다. 종종 샤꺄무니 붓다가 자신을 지칭할 때 사용한다.

여래십력(如來十力, daśabala): 붓다가 자신의 권능을 행사하는 힘을 말한다. 가능한 것과 불가능한 것을 아는 데서 오는 힘(처비처지력〔處非處智力〕, sthānāsthānajñānabalam), 업의 결과를 아는 데서 오는 힘(업이숙지력〔業異熟智力〕, karmavipākajñānabalam), 중생들의 다양한 성향을 아는 데서 오는 힘(종종승해지력〔種種勝解智力〕, nānādhimuktijñānabalam), 다양한 요소로 이루어진 세계를 아는 데서 오는 힘(종종계지력〔種種界智力〕, nānādhātujñānabalam), 중생의 근기의 우열을 아는 데서 오는 힘(근상하지력〔根上下智力〕, indriyavarāvarajñānabalam), 모든 태어날 곳으로 이끄는 행위의 과정들을 아는 데서 나오는 힘(종종계지력〔種種界智力〕, sarvatragāmanīpratipattijñānabalam), 네 가지 선정(四禪定), 여덟 가지 해탈(八解脫), 세 가지 삼매(三三昧), 여덟 가지 안온함(八等持)의 염오, 염오의 정화와 발현을 아는 데서 나오는 힘(선정해탈지력〔禪定解脫智力〕, sarvadhyānavimokṣasamādhisamāpattisaṅkleśavyavadānavyutthānajñānabalam), 전생을 기억하는 힘(숙명지력〔宿命智力〕, pūrvanivāsānusmṛtijñānabalam), 중생의 죽음과 환생을 아는 힘(사생지력〔死生智力〕, cyutyutpattijñānabalam), 번뇌를 파괴하는 힘(누진지력〔漏盡智力〕, āśravakṣayabalam).

여섯 가지 좋은 성품(ṣaḍaṅga): 팔리어 자료에 따르면, 열 가지 고귀한 삶

(ariyavāsa) 중 두 번째이다. 『장아함경』은 이러한 성품을 가지고 있는 사람이 어느 대상을 볼 때, 소리를 들을 때, 냄새를 맡을 때, 맛을 볼 때, 대상을 만질 때, 정신적 대상을 마음으로 인식할 때 등 여섯 가지 경우에 평정심과 알아차림을 유지한다고 설명한다.

연기(緣起, pratītyasamutpāda): 윤회를 인과적 상호 의존성이라고 설명하는 불교의 교리. 더 나아가 모든 현상이 상호 의존적이라는 교리이다.

예류(預流, srotāpanna): 아라한과를 성취하는 수행의 단계 가운데 두 번째 단계에 도달한 사람. 예류를 성취한 사람은 일곱 번의 환생 안에 깨달음을 성취한다.

오개(五蓋, pañcāṅga): 탐욕(탐욕개〔貪欲蓋〕, kāmacchanda), 성냄(진애개〔瞋恚蓋〕, vyāpāda), 마음이 잠에 듦(수면개〔睡眠蓋〕, styānamiddha), 마음이 들뜨거나 무기력해짐(도회개〔掉悔蓋〕, auddhatyakaukṛtya), 붓다의 가르침에 대한 근거 없는 의심(의법개〔疑法蓋〕, vicikitsā)이다.

오도(五道, pañcagati): 다양한 범주의 중생들. 이들은 천신(deva), 인간(manuṣya), 축생(tiryagyoni), 아귀(preta), 지옥 중생(naraka)이다. 종종 인간과 아귀 사이에 아수라가 추가되기도 한다.역자주: 티베트 불교 전통에서는 아수라가 천신의 모든 즐거움을 향유할 수 있는데, 상위 천신을 시기하는 마음 때문에 괴로움을 받는다고 해서 아수라를 천신의 일종으로 간주하고 오도윤회를 말한다

오온(五蘊, pañcaskandha): 한 개인의 신체적, 정신적 구성 요소를 이루는 것으로 물질(색온〔色蘊〕, rūpa), 느낌(수온〔受蘊〕, vedanā), 표상(상온〔想蘊〕, saññā), 의지(행온〔行蘊〕, saṃskāra), 의식(식온〔識蘊〕, vijñāna)이다.

온(蘊, skandha): 오온(五蘊)을 참조하라.

용(nāga): 인간의 모습을 취할 수 있는 뱀으로 물속에 살며 신통력을 지니고 있다. 인간에게는 종종 위험하지만, 이 존재는 불법을 배울 수 있다. 사천왕 가운데 광목천왕이 이들을 다스린다.

위인(mahāpuruṣa): 삼십이상(三十二相)을 지닌 분으로, 온 지구를 다스리는 전륜성왕이나 붓다가 될 운명을 타고난 사람을 일컫는다.

유신견(有身見, satkāyadṛṣṭi): '참나'가 실제로 존재한다는 잘못된 믿음.

육바라밀(六波羅蜜, ṣaṭpāramitā): 보살이 실천하고 완성해야 할 여섯 가지 덕

목이다. 보시바라밀(布施波羅蜜, dānapāramitā), 지계바라밀(持戒波羅蜜, śīlapāramitā), 인욕바라밀(忍辱波羅蜜, kṣāntipāramitā), 정진바라밀(精進波羅蜜, vīryapāramitā), 선정바라밀(禪定波羅蜜, dhyānapāramitā), 반야바라밀(般若波羅蜜, prajñāpāramitā)이다.

윤회(輪廻, saṃsāra): 괴로움을 그 특징으로 하는 삶, 죽음, 재생의 반복적인 순환. 요컨대, 우리가 알고 있는 중생들이다.

일래(一來, 사다함〔斯陀含〕, sakṛtāgāmin): 아라한과를 성취하는 수행의 단계 가운데 두 번째 단계에 도달한 사람. 이 단계를 성취한 사람은 다음 생에서 깨달음을 성취한다.

전륜성왕(轉輪聖王, cakravartin): 일곱 가지 보물을 사용하여 전 지구를 정복해서 지배한다고 하는 왕.

제석천(帝釋天, Śakra): 신들의 왕(devendra)이라고 불리는 도리천의 왕.

지혜(vipaśyanā): 현실의 진정한 본질에 대한 직접적 이해를 증진하는 분석 명상의 한 유형이다.

진리: 사성제를 참고하라.

천안(天眼, divyacakṣu): 붓다의 다섯 가지 눈 가운데 하나인 천리안. 이는 또한 초인적인 능력 중 하나이기도 하다.

칠각지(七覺支, saptabodhyaṅga): 수행자를 깨달음으로 이끄는 요소들. 알아차림(염각지〔念覺支〕, smṛti), 법에 대한 고찰(택법각지〔擇法覺支〕, dharmapravicaya), 정진(정진각지〔精進覺支〕, vīrya), 기쁨(희각지〔喜覺支〕, prīti), 평안(경안각지〔輕安覺支〕, praśrabdhi), 선정(정각지〔定覺支〕, samādhi), 평정심(사각지〔捨覺支〕, upekṣā)이 칠각지이다.

팔십종호(八十種好, aśītyānuvyañjana): 위대한 사람의 부차적인 특징. 로버트 서먼(Robert Thurman)의 열거에 따르면, 이들은 다음과 같다: 〔1〕 놋쇠 색의 손톱이 〔2〕 광택이 있고 〔3〕 길다. 〔4〕 손가락 끝이 둥글다. 〔5〕 손가락이 끝으로 갈수록 가늘어진다. 〔6〕 손가락이 넓게 펴진다. 〔7〕 정맥이 튀어나오지 않고 〔8〕 엉키지 않는다. 〔9〕 발목이 가늘다. 〔10〕 발이 평평하다. 〔11〕 사자의 걸음걸이 〔12〕 코끼리의 걸음걸이 〔13〕 백조의 걸음걸이 〔14〕 황소의 걸음걸이 〔15〕 오른쪽으로 치우치는 걸음걸이 〔16〕 우아한 걸음걸이 〔17〕 안정된 걸음걸이 〔18〕 몸이 잘 덮여 있고 〔19〕 깨끗하고 〔20〕 비율이 좋고 〔21〕 순수하고 〔22〕 부드럽고 〔23〕 완벽하고 〔24〕 성기가 완전히 발달되어 있다. 〔25〕 허벅지가 넓고 무릎이 둥글며 〔26〕 걸음걸이가 고르고 〔27〕 안색이 생기 있고 〔28〕 자세가 구부정하지 않으며 〔29〕 체구가 널찍하고 〔30〕 매우 침착하며 〔31〕 팔다리와 손가락, 발가락이 잘 구분되고 〔32〕 시야가 맑고 흐리지 않다. 〔33〕 관절이 튀어나오지 않고 〔34〕 복부가 이완되어 있고 〔35〕 대칭이 맞으며 〔36〕 살찌지 않고 〔37〕 배꼽이 깊고 〔38〕 오른쪽으로 감겨 있으며 〔39〕 완전히 잘생기고 〔40〕 모든 행이 청정하고 〔41〕 피부에 반점이나 변색이 없다. 〔42〕 손은 솜처럼 부드럽고 〔43〕 손금은 깨끗하고 〔44〕 깊고 〔45〕 길고 〔46〕 얼굴은 지나치게 길지 않고 〔47〕 거울처럼 밝고 〔48〕 혀는 부드럽고 〔49〕 길고 〔50〕 붉다. 〔51〕 그의 목소리는 코끼리의 나팔 같고 천둥 같지만 〔52〕 달콤하고 온화하며 〔53〕 치아는 둥글고 〔54〕 날카롭고 〔55〕 흰색이며 〔56〕 고르고 〔57〕 규칙적으로 배열되어 있으며 〔58〕 코는 길고 〔59〕 곧고 〔60〕 눈은 맑고 〔61〕 넓으며 〔62〕 속눈썹이 두껍다. 〔63〕 눈동자와 흰자위가 선명하고 홍채는 연꽃잎 같다. 〔64〕 눈썹이 길고 〔65〕 부드럽고 〔66〕 머리가 고르고 〔67〕 완만하게 구부러져 있다. 〔68〕 귀는 귓불이 길고 〔69〕 대칭이 잘 맞는다. 〔70〕 청각이 예민하다. 〔71〕 이마는 높고 〔72〕 넓으며 〔73〕 머리는 매우 크고 〔74〕 머리카락은 벌처럼 까맣고 〔75〕 굵으며 〔76〕 부드럽고 〔77〕 헝클어짐이 없고 〔78〕 단정하고 〔79〕 향기롭고 〔80〕 발과 손에는 (영원의 매듭〔śrīvatsa〕, 길상의 만〔卍〕자〔svastika〕, 오른쪽으로 도는 희선〔喜旋, nandyāvarta〕의) 길상이 새겨져 있다.

서먼은 (티베트에서 814년에 제작한 산스크리트어-티베트어 번역 용어집인) 『번역명의대집(飜譯名義大集, Mahāvyutpatti)』 §§ 269 – 348의 예를 따르지만, 에저튼(BHSD, s.v. anuvyañjana)에서는 약간 다른 팔십종호의 항목을 기록하고 있다.

팔정도(八正道, āṣṭāṅgamārga): 열반에 이르는 여덟 가지 수행의 길이다. 올바른 견해(正見, samyagdṛṣṭi), 올바른 사고(正思, samyaksaṅkalpa), 올바른 말(正語, samyagvāc), 올바른 행동(正業, samyakkarmānta), 올바른 생활(正命,

samyagājīva), 올바른 노력(正精進, samyagvyāyāma), 올바른 알아차림(正念, samyaksmṛti), 올바른 삼매(正定, samyaksamādhi)이다.

현겁(賢劫, bhadrakalpa): 현재와 같이 다섯 분의 붓다가 나타나는 시대. 현겁에는 끄라꾸찬다(Krakucchanda), 까나까무니(Kanakamuni), 까샤빠(Kāśyapa), 샤꺄무니(Śākyamuni)가 이미 출현했으며, 마이트레야(Maitreya)가 다섯 번째 이자 마지막 부처가 될 것이다.

호세사천왕(護世四天王, catvāro lokapālāḥ): 사방의 수호자. 동쪽의 지국천왕(持國天王, Dhṛtarāṣṭra), 서쪽의 광목천왕(廣目天王, Virūpākṣa), 남쪽의 증장천왕(增長天王, Virūḍhaka), 북쪽의 다문천왕으로, 사천왕(四天王, catvāro mahārājānaḥ)이라고도 한다.

홍두화(māndāraka): 다섯 가지 천상의 나무 중 하나이다. 신들이 예경을 할 때 이 나무의 꽃이 존경의 표시로 하늘에서 비처럼 내린다고 전해진다.

주석

1 Brontë 2000, 370.

2 LaFleur 1989, 273. 서구인들이 아귀를 무시하는 것과 인도 미술 전반을 무시하는 것 사이에는 필연적인 관계가 있다. Partha Mitter가 유럽인들의 인도 미술에 대한 반응에 대해 저술한 『Much Maligned Monsters』(1977)를 참조하라. 이 책의 제목은 아귀에 대한 서구 학자들의 연구의 역사에 딱 들어맞는 것이다.

3 설일체유부와 『백연경』의 관계에 대해서는 다음의 문헌들을 참고하라: Przyluski 1918, 486; Waldschmidt 1948, 255; Vaudeville 1964, 85-86; Hartmann 1985; Hahn 1992; Meisig 2004, 33-42, 57-65, 74, 77-79, 128-54; Schopen 2004, 122-69; Demoto 2006; Dhammadinnā 2015, 491; Muldoon-Hules 2017, 187-90. 9세기 초 인도 승려 Jinamitra와 Devacandra가 만든 산스크리트어본의 티베트어본 역시 설일체유부의 환경에서 행해졌으며, 산스크리트 원본과 대부분 일치한다는 점 역시 주목할 만하다(Demoto 2006, 1-2; Dhammadinnā 2015, 496n26).

4 Dhammadinnā(2015, 506)에 의하면 "『백연경』에는 네 가지 전통이 있다: (a) 산스크리트어 및 티베트어 '주류' 사본 전통, (b) Schøyen Collection에 있는 사본 파편들의 증거, (c) Turfan Collection에 있는 중앙아시아 요약본, (d) 한문본(T 200). 이 『백연경』 교정본의 역사는 따라서 매우 복잡하며 논쟁의 여지가 있다." 예를 들어, 한문 번역본은 5세기 중반부터 6세기 말 사이에 만들어진 것인데, 현존하는 산스크리트어본과는 매우 다른 층위(Meisig 2004; Demoto 2006, 6-7)를 가지고 있는 것으로 보이며, 산스크리트어본과 일치하지 않는다. Demoto는 "한편으로, 산스크리트어본과 한문본을 면밀하게 비교한 결과, 한문본에 쓰인 단어들은 아마도 설일체유부 승려들이 정정한 결과인 것으로 보인다."라고 말했다. 사본들의 역사와 관계

들에 대한 더 자세한 연구는 다음을 참조하라: Formigatti 2016, 105-14; Muldoon-Hules 2017, 179-86.

5 산스크리트어본 『백연경』의 36, 37, 38, 40, 46, 54, 78, 86, 그리고 100번째 이야기는 『설일체유부 율장』과 매우 밀접한 관계를 보인다. 문헌학적 연구에 대해서는 다음을 참조하라: Muldoon-Hules 2017, 187-90.

6 가장 설득력 있는 가정은 설일체유부 승려들이 『백연경』의 초기 사본을 『설일체유부 율장』과 유사하게 편집했다는 것이다. 즉, 『백연경』이 승려들이 지켜야 할 율장의 항목들과 유사하게 편집되어 있는 것인데, 이것이 현재 사용하는 『백연경』의 산스크리트어 사본이 설일체유부가 많이 쓰는 용어와 구성 방식을 사용한다는 것을 근거로 한다. 참조: Hahn 1992, 171; Schopen 2000, 151nII.36; Schopen 2004, 125-26; Schopen 2014, 362. Yamagiwa는 이 책에 담겨 있는 이야기들 가운데 하나인 46번째 이야기가 『설일체유부 율장』에 있는 것보다 훨씬 지적이며 더 잘 맞는다고 주장한다(Yamagiwa 2001, §4.2).

7 Muldoon-Hules는 "『백연경』은 무엇보다도 승려들이 승려들을 위해 쓴 것으로 보아야 한다."라고 말한다. 예컨대 48번 이야기가 이에 속할 것이다. 나도 그에 동의하는 바이지만, 이러한 이야기가 재가신도를 교육하는 데에도 쓰였을 개연성이 충분하다. 예를 들어, 이 문헌에 있는 아귀에 대한 열 가지 이야기 가운데 일곱 편은 재가신도를 특징으로 한 것이며, 재가신도가 승가에 하는 보시의 중요성과 인색하게 굴었을 때의 결과를 설명하고 있다. 이러한 이야기는 보시를 할 수 있는 재가신도에게 비구나 비구니가 들려주고 싶은 이야기이다. 설일체유부와 관련이 있는 또 다른 선집인 『디비아바다나』에 대한 비슷한 주장은 다음을 참조하라: Rotman 2008, 23-30. Dhammadinnā는 "일반적으로, 아바다나(avadāna) 혹은 비유(譬喩)와 계율 전파의 근접성은 이들 이야기가 공통적으로 가지고 있는 교훈적인 역할을 잘 설명하고 있다. 율장의 이야기는 승가의 도덕과 규칙에 대한 교육의 맥락 안에서 교육의 목적을 수행한다. 본생담(本生譚)과 아바다나의 이야기는 똑같은 교육적인 목적을 가지고 있다. 그 교육의 대상은 재가신도뿐만 아니라, 율장과 본생담, 그리고 아바다나 사이의 상호 관계가 보여주듯

승가의 율장 교육도 포함하고 있다."

8 이들 두 모음집의 스무 가지 이야기에 대해서는 다음을 참조하라: Appleton 2015. Appleton은 "두 번째 모음집의 모든 이야기들은 과거의 붓다들에 대한 귀의에 연관된 행들을 다루고 있다. 네 번째 모음집의 이야기들에는 과거의 붓다들이 나오지 않으며, 깨닫기 전의 보살들이 보다 독립적으로 행하는 이야기를 담고 있다."라고 말한다. 그리고 이는 "본생담과 아바다나가 공유하는 관용적인 면을 볼 수 있는 기회를 제공한다."라고 말한다(Appleton 2015, 19). 『백연경』의 다른 모음집에 대한 더 자세한 정보는 다음을 참조하라: Feer 1891, xiv-xvi.

9 초기 브라만교 문헌에는 인간이 죽은 뒤에 죽기 이전의 삶과 다음의 삶 사이의 중간 상태에 머무르게 된다. 이때 죽은 자는 일종의 혼(preta)의 형태를 띤다고 한다. 죽은 자의 친척들이 다르마샤스뜨라(Dharmaśāstras, 율법서)에 적힌 방대하고 상세한 차례에 따라 필요한 제례를 지내야 한다(Kane 1953, 334-51). 그러면, 그는 아주 위험하고 불결한 상태를 벗어나서 "조상(pitṛ)"이 되어 선조들과 함께하게 된다. 이 체계를 적용한 표준적인 불교 우주론에 의하면, 망자는 더 이상 중간 상태의 존재가 아니다. 그 대신, 그들은 천상, 인간, 축생, 아귀, 그리고 지옥 중생들 가운데 육도(六道) 혹은 오도(五道) 가운데 한 가지 도(즉, 윤회 속의 하나의 세계)로 머물며, 다른 도의 몸으로 변화하기 위해서는 반드시 죽은 다음에, 그 존재의 형태로 다시 태어나야 한다. 불교도들은 한 중생이 죽으면 아귀가 될 수 있다는 이러한 사상을 받아들인 것으로 보인다. 그러나 불교도들은 이 생각의 범주를 존재의 방식(아귀)에서 존재의 세계(아귀도)로 변환해서, 아귀도에 사는 중생들은 모두 다 굶주리고 고통을 받고 있다고 받아들이는 것으로 보인다. 이러한 브라만교와 불교의 체계 사이의 연관 관계에 대해서는 다음을 참조하라: Scherman 1892, 65n1; Gombrich 1971; Knipe 1977; Holt 1981; White 1986; Krishan 1997, 337-43; Olivelle 2011; Sayers 2013, 86-99.

10 Avś i 244.14.

11 이와는 다른 설명도 가능할 것 같다. 이 아귀에 대한 이야기들이 가지고 있

는 공통적인 특징은 인간계에서 죽은 뒤에 아귀로 환생했다는 것이다. 이는 앞의 각주 9번에서 설명했던 브라만교의 설명 체계와 궤를 같이한다는 점을 보여준다. 따라서 이 이야기들에 나오는 아귀는 바로 직전의 전생일 적 인간의 삶을 아주 뚜렷하게 기억하는 것으로 보인다. 직전의 인간일 적의 생과 현재의 아귀로서의 생 사이의 경계가 뚜렷하지 않기 때문이다. 그리고 아마도 불교적 해석보다 시대적으로 앞선 브라만교적 설명(그리고 이와 차별점을 두기 위한 불교적 변용)은 어째서 『아귀 이야기(Petavatthu)』와 담마팔라(Dhammapāla)의 『아귀 이야기 주석서(Petavatthu-aṭṭhakathā)』가 아귀의 존재에 대해 브라만교와는 사뭇 다른 이해를 보여주는지를 이해하는 데 도움을 준다. 브라만교적인 측면에서의 아귀에 대한 이해에 대해서, James Egge는 "아귀는 어원적으로 이해하자면 인간 존재를 '여읜' 존재이다."라고 말한다. 불교적인 측면에서의 아귀에 대한 이해에 대해서, 그는 "아귀들은 육도 가운데 다른 중생들의 존재로부터 변별되는 아귀계를 구성한다. 결론적으로, 아귀로의 환생은 그 전생이 반드시 인간일 필요는 없다. 여러 이야기가 아귀들의 전생이 지옥 중생이었다고 말하기도 한다."라고 말했다(Pv-a 14, 21, 178, 263, 284). 『아귀 이야기』는 『아귀 이야기 주석서』보다 덜 일관되지 않은 이야기들을 담고 있다. 이 이야기들 속 몇몇 이야기는 "귀신, 야차, 또는 천신으로의 환생들을 크게 구분 짓지 않는 것처럼 보인다"(Egge 2002, 79)는 점을 유의할 필요가 있다. 따라서, 이 이야기 모음집 자체는 아귀의 존재론적 상태를 명확하게 구별하지 않으면서 이야기하고 있다고 할 수 있다. 그것이 아니라면, 이 이야기들은 다양한 형태의 중생의 정체성에 대해 보다 유동적이고 보다 덜 위계적인 이해를 보여주고 있다고 할 수 있다. 여하튼 불교도에게 있어서 죽은 조상이 어떻게 될지를 설명하는 것이 시급한 관심사였고, 이에 대한 이해를 재정립하려는 노력을 했다(Shastri 1963; Parry 1994). 그리고 그 결과 다른 시대의 다른 문헌들이 다양한 결론에 이르렀다고 할 수 있다.

12 아귀들은 종종 거대한 배와 작은 입을 가진 존재로 묘사된다. 이는 그들의 탐욕과 그 탐욕은 절대 만족시킬 수 없다는 것을 상징한다. 그러나 팔리 전통 초기의 『아귀 이야기』는 아귀를 이렇게 묘사하지 않는다. 앞서 말

한 것과 같은 아귀에 대한 묘사는 팔리 전통에서는 상당히 후대에 나온다. Steven Collins가 아귀에 대해서 언급한 몇몇 논평들 속에서 관찰한 것처럼(H-Buddhism, September 15, 1998), "동남아시아 불교 전통 속에서 거대한 위장과 작은 입을 가진 아귀는 북인도/산스크리트어 전통에서 건너온 것이지 스리랑카에서 성립된 팔리어 전통에는 없던 것이었다." 참조: Stede 1914, 26.

13 Avś i 245.7, i 248.10, i 255.11-12, i 260.10, i 273.12-13. Cf. Avś i 266.4.

14 Divyāvadāna 302.1-5(cf. trans. Rotman 2017, 99).

15 이 단어의 가능한 어원적 분석은 다음을 참조하라: Rhys Davids and Stede 1986 and Trenckner et al. 1924, s.v. kaṭukañcukatā. Ñāṇamoli는 이에 대해 "이 단어가 가지는 중첩적인 어원적 의미를 영어로 옮기는 것은 불가능하다. 예를 들어, kucchita-kata—kukata, kukutatā … kukkucca처럼, 팔리어에 있는 이 단어의 뜻과 동사 형태가 보이는 우연한 유사성에 심하게 의존하고 있다. 엄격한 어원학 학자들의 입장에서는 의미 없는 것이겠지만, 이 단어의 뜻을 이해하고 외우는 데 있어서는 절대적으로 쓸모 있는 것이다."라고 말한다.

16 Rhys David and Stede 1986, s.v. macchariya. 그러나 팔리어 문헌에는 아귀계에 태어나는 원인이 정확히 무엇인지에 대해서 이견도 있다. 예를 들어, 열 가지 악한 행위(십악행) 가운데 한 가지 행을 행하거나, 부모님을 존경하지 않거나 하는 것뿐만 아니라, 물을 빼앗아서 사람을 죽인다거나 부적절하게 두타행을 행하는 것도 그 원인이라고 하는 문헌도 있다. 참조: Holt 1981, 9; Milindapañha 303, 357(trans. Horner 1969, ii 135 and ii 217).

17 Visuddhimagga 470(cf. trans. Ñāṇamoli 1979, 478). 매우 비슷한 정의가 붓다고사의 『앗타살리니』(257-58; trans. Tin and Rhys Davids 1920, 343)에도 나온다. 여기에서는 "쩨쩨함(kaṭukañcukatā)" 다음에 간탐을 정의해서 두 용어가 서로 연결되어 있다는 것을 보여준다.

18 두 용어가 짝을 이루는 것의 예는 다음을 참조하라: Abhidharmakośa (Pradhan 1975, 312, 314), Dharmasamuccaya(Caube 1993, 1.15),

Kāśyapaparivarta(Staël-Holstein 1926, 7), Ṣadgatikārikā(Mus 1939, 244, v. 40), the Mahābhārata(Sukthankar et al. 1933–59, iii 247.16; trans. van Buitenen 1975, 704). 또한 이 두 단어가 윤회의 족쇄들 가운데 들어가는 것에 대해서는 다음을 참조하라: Sakkapañha Sutta(Dīgha-nikāya ii 276; trans. Walshe 1995, 328). 또한 다음의 문헌들도 참고하라: Edgerton(BHSD, s.v. saṃyojana); Rhys Davids and Stede 1986, s.v. saṃyojana; Rotman 2017, 456-57; Barua 2018.

19 Visuddhimagga 470(cf. trans. Ñāṇamoli 1979, 478).

20 Avś i 277.9.

21 Atthasālinī 376(cf. trans. Tin and Rhys Davids 1920, 483). 붓다고사는 같은 단락에서 "간탐은 인색함이다(maccheraṃ kaṭukañcakatā ti vuttam)."라며 두 단어를 동등하게 다룬다.

22 Avś i 278.1.

23 이 이야기 속의 붓다는 첫 번째 부인은 이르샤(īrṣyā) 때문에 살인을 저질렀기 때문에 아귀로 태어났고, 두 번째 부인을 유산하게 만들었기 때문에 아주 특별한 과보를 받는다고 설명한다. 즉, 첫 번째 부인의 환생인 아귀는 그 과보로 매일 다섯 아기를 임신한다. 더불어 거짓 맹세를 한 과보 때문에 강제로 그 다섯 아기들을 먹게 된다고 설명한다. 이 모음집 속의 다른 이야기들은 그 마지막에 붓다가 맛짜랴를 없애라고 권한다. 그러나 이 이야기 속의 붓다는 단지 거짓말의 악행을 삼가라고 권할 뿐(Avś i 278.3) 이르샤에 대해서는 언급하지 않는다.

24 다음의 예들을 참고하라: Dīgha-nikāya iii 234(trans. Walshe 1995, 495); Aṅguttara-nikāya iii 272(trans. Bodhi 2012, 839); Dhammasaṅgaṇi 199(trans. Rhys Davids 1900, 299-300; trans. Kyaw Khine 1996, 588-89); Visuddhimagga 683(trans. Ñāṇamoli 1979, 713).

25 Aṅguttara-nikāya iii 139(cf. trans. Bodhi 2012, 738) 참조. 여기서 맛차리야를 가지는 것이 아귀계가 아니라 지옥계(niraya)에 태어나는 원인이 된다고 하는 것에 주목할 만하다.

26 Manorathapūraṇī ii 282-83(비구 보디의 번역과 매우 밀접하다. Bodhi 2012,

1736n1123). 보다 상세한 설명을 위해서는 Dhammasaṅgaṇi(199)의 다섯 항목에 대한 『앗타살리니』(375; trans. Tin and Rhys Davids 1920, 482-83)에 나오는 붓다고사의 주석을 참고하라.

27 (대만 우든피쉬재단의) 의법(依法) 스님은 중국에 전래된 율장에 따르면 승려들은 측간에 들어가기 전에 손가락을 한 번 튕기는데, 이는 그곳을 정화하거나 측간에 있는 귀신에게 신호를 주는 것이라고 한다. 『정법념처경(正法念處經)』은 "악의적이고 앙심을 품은 이들이(이는 맛짜랴를 아주 훌륭하게 한 설명이다) 승려나 브라만교 수행자에게 정갈하지 않은 음식을 주면, 이들은 똥을 먹는 아귀로 태어난다."라고 한다. 의법 스님은 다시 『잡비유경(雜譬喩經)』의 예를 든다. "한 승려가 손가락을 한 번 튕기지 않고 측간에 들어갔다. 관례적인 예고를 하지 않고 들어가자, 뒷간에 살고 있던 아귀가 그 승려의 얼굴에 똥칠을 했다. 복덕을 짓는 일에 둔감한 아귀는 무척 화가 나서 그 무례한 승려를 죽이려고 했지만, 그 승려가 계율을 열심히 잘 지켜왔기 때문에 죽일 수 없었다." 다시 말하자면, 아귀는 똥을 먹고 싶어 했지 똥을 맞고 싶어 하지는 않는다. 따라서 그 측간에 살고 있을지 모를 아귀에게 미리 알려주는 것은 변을 보려는 승려의 책임이다.

28 Avś i 286.4, atīvāvāsamatsarī.

29 Avś i 286.4-5.

30 다음을 참조하라: Aṅguttara-nikāya iii 181(trans. Bodhi 2012, 770); Manorathapūraṇī ii 195

31 이 이야기들에 등장하는 사람들은 맛짜랴 때문에 걸승(乞僧)을 아귀라고 "질책"한다. 「음식」 편에 나오는 젊은 여인의 경우가 그렇다. 「목건련」 편에 나오는 오백 명의 상인들과 「웃따라」 편에 나오는 웃따라의 어머니도 그러한 경우이다(Avś i 248.8, i 257.6, i 262.5). 반대로, 「상인」 편에서 붓다는 아귀들을 "질책"한다. 그리고 「웃따라」 편에서 승려 웃따라 역시 아귀들을 질책한다(Avś i i 272.10, i 266.1). 이 맥락에서의 "질책"은 아귀에게는 그들에게 알맞은 약을 주는 것과 같은 효과적인 방법이라는 것이 분명하다. 팔리어 문헌들 속에서도 맛차리야의 마음을 품고 있는 것과 "다른 이들을 질책하는 것" 또는 "폭력적인 언어를 쓰는 것(paribhāsaka)" 사이에 비슷한 관

계가 있는 것으로 보인다. 예를 들어, 『아귀 이야기』(8, 10, 20, 29, 61, 65)와 『앙굿따라 니까야』(iv 80 – 81 : trans. Bodhi 2012, 1054 – 56)에서도 "고약하고, 인색하고, 폭력적인 믿음이 없는 자(assaddho maccharī kadariyo paribhāsako)"라는 표현이 자주 등장한다.

32 Avś i 270.3, i 278.3

33 불교의 참회와 용서의 개념에 대해서는 다음을 참조하라: Hiraoka 1991; Derrett 1997; Attwood 2008.

34 (산스크리트어에 가까운) 문어적 힌디어에서는 때때로 이 두 단어를 합쳐서 "돈 또는 이득(dravyalābha)"이라는 합성어를 만들기도 한다.

35 조직-자기 동일화는 조직과 조직의 성공과 실패의 경험을 자기 자신의 것으로 여기는 것이다(Mael and Ashforth 1992, 103). 이러한 성향을 보이는 노동자들은 자신이 손해를 보더라도 조직의 이익을 최우선으로 하는 일련의 행동을 선택하는 경향을 보인다. 이러한 조직-자기 정체성을 만들려는 시도는 내가 속해 있는 스미스대학에서도 일어나고 있다. 스미스대학은 "아이 앰 스미스"라는 캠페인을 하고 있는데, 이는 학교와 학생들 사이의 간극을 줄이고, 학생들과 졸업생들이 학교에 대해 느끼는 소외감을 줄여보려는 시도이다. 참조: www.smith.edu/topics/i-am-smith.

36 붓다고사의 『앗타살리니』(375; cf. trans. Tin and Rhys Davids 1920, 482)는 "물질적 이득에 대한 맛차리야를 품은 결과로 (고통이 증가하는 십육유증지옥 또는 십육소지옥의 두 번째인 똥물이 끓고 있는) 비시지옥(沸屎地獄)에 태어나게 된다."라고 설명한다. 이 문헌은 또한 만일 어떤 사람이 사원의 재산에 대해서 맛차리야를 품고 그것을 자신의 것처럼 착복한다면, 야차, 아귀, 또는 커다란 뱀으로 태어난다고 설명한다.

37 Cf. Avś ii 71.6. 이에 대응하는 수많은 팔리어 문헌에 대해서는 다음을 참고하라: Trenckner et al. 1924, s.v. ariyadhamma; Hiltebeitel 2011, 184. 불교 문헌에 나오는 다르마의 여러 용례에 대해서는 다음을 참고하라: Hiltebeitel 2010, 44-49.

38 Wijeratne and Gethin 2002, 60.

39 Sayadaw 2016, 423-24.

40 Sayadaw 2016, 221.

41 맛차리야는 일종의 인색함 혹은 탐욕인데, 이것이 너무 강해서 다른 사람들이 자신의 소유물을 가질 수 있도록 허락한다는 생각조차도 견딜 수 없는 것이다(Sayadaw 2016, 221).

42 Nyi 2010, 48. 자나까비왐사 스님은 또한 맛차리야와 이싸(시기) 사이의 밀접한 관계에 대해서 맛차리야를 정의하면서 다음과 같이 설명한다. "인색함, 강한 욕망(일반적으로 이싸는 이싸-맛차리야로 합성된다)."

43 이 염원은 강렬한 서원(praṇidhāna)과 정반대의 의미 혹은 오용이라고 할 수 있다. Cf. Avś i 287.6. 또한 다음을 참조하라: Divyāvadāna 14.19(trans. Rotman 2008, 56). 이 문헌에서는 한 여성이 "부당한 강렬한 서원(mithyāpraṇidhāna)"을 일으켰고, 그 결과 "큰 능력을 가진 아귀(pretamaharddhikā)"로 태어났다고 한다.

44 완곡하게 누그러뜨리지 않고 보다 기술적으로 말하자면, Aaron James는 "똥멍텅구리(asshole)"를 "다른 사람들이 자신에게 하는 불평을 의미 없는 것이라고 보는 비뚤어진 생각을 기반으로, 자기 자신이 사회적 관계 속에서 가지고 있는 특별한 이점들을 향유할 수 있도록 자기 자신을 놓아주는" 사람이라고 정의한다. 비록 맛짜랴가 잘못하는 것이긴 하지만 일종의 자격을 부여하는 것이라고 생각할 수도 있지만, 여기서 나는 이 용어를 보다 느슨한 맥락에서 사용한다.

45 Avś i 248.8, i 251.1-2, and i 271.15.

46 Avś i 245.7–8, i 248.10-11, i 255.12, i 260.10, i 266.4–5, i 273.13, i 278.4.

47 Rotman 2003 and Rotman 2009, 129-48.

48 Gethin 1998, 121.

49 Gethin 1998, 122-23.

50 아귀들의 정신세계에 대한 상세한 정보는 세친(世親)의 『유식이십론(唯識二十論)』에 대한 Sonam Kachru의 도발적인 분석을 참고하라. 세친의 말을 빌려 Kachru는 "우리 모두가 과오를 범할 수밖에 없으며, 생의 대부분은 주기적으로 꿈을 꾼다. 그러나 현재 우리는 상상할 때를 빼고는 아귀로

서 경험하는 세계가 어떠할지에 대해서 알지 못한다."라고 말한다.

51 Avś i 173.6-12. Cf. Divyāvadāna 290.20-291.4(trans. Rotman 2017, 84). 다음을 참고하라: Itivuttaka(18-19; trans. Masefield 2000, 14); Ekottarikāgama(Tripāṭhī 1995, 18.21-23).

52 『앙굿따라 니까야』(iii 287; cf. trans. Bodhi 2012, 864)의 「마하나마의 경(Mahānāma Sutta)」에서 붓다는 여섯 가지 수념(隨念)의 대상들 가운데 하나로 "보시의 수념"을 설명한다. 붓다는 "존귀한 제자는 '맛짜랴의 때에 휘둘리며 사는 사람들 속에서 맛짜랴가 없고, 기꺼이 내줄 수 있고, 후하며, 기쁘게 양보하고, 열심히 보시하며, 기쁘게 베풀고 함께 나누는 마음을 가지고 살고 있으니, 이는 진정으로 내 이익이며 참으로 큰 이익이다.'라고 생각하며 자신의 보시의 마음을 끊임없이 기억하라."라고 조언한다. 이 부분에 대한 주석은 다음을 참조하라: Visuddhimagga 223-24(trans. Ñāṇamoli 1979, 220-21).

53 예를 들어, 「웃따라」 편에 나오는 웃따라는 아귀를 한 명 만나는데, 그 아귀는 아귀로 태어나기 전의 전생에 그의 어머니였다(Avś i 262-64).

54 아귀들이 그들이 처해 있는 곤경을 처절하게 후회하는 통한의 이유이다. 특히나 그들은 "공덕을 지을 수 없기 때문에, 아무것도 얻지 못한다(kiṃ punar akṛtapuṇyāto yena kiṃcit na labhanti)." 다음을 참조하라: Mahāvastu i 27-29(cf. trans. Jones 1949-56, i 22-24). akṛtapuṇyāto의 문법에 대해서는 다음을 참조하라: Edgerton 1993, i 53, §8.51.

55 이는 초기 기독교인들의 생각인 일시적인 속죄의 장소인 연옥(煉獄)과 유사성을 가지고 있다. Jacques Le Goff는 "연옥은 중간에 있는 다른 세계인데, 이곳에 있는 죽은 자들의 시련은 살아 있는 이들의 '기도' 즉, 중재의 기도를 통해 기간이 짧아질 수 있다."라고 기록했다.

56 Avś i 259.7-8, i 282.1-2.

57 Avś i 273.1-6.

58 Avś i 264.15-265.3.

59 Avś i 272.11-12.

60 『밀린다팡하(Milindapañha)』에는 돌아가신 분들을 위해 공양을 올리는 것

이 효과적인지를 논하는 대목이 있는데(294-97; trans. Horner 1969, ii 123-24), 망자를 위해 올리는 공양은 오직 몇몇 종류의 아귀들에게만 효과가 있다고 한다. 여러 종류의 아귀들 가운데 토사물(vantāsika)만을 먹을 수 있는 아귀, 굶주림과 목마름(khuppipāsina)에 고통을 받는 아귀, 그리고 갈증(nijjhāmataṇhika)에 사로잡혀 있는 아귀들은 이러한 공양의 효과를 볼 수 없다. 반면에, 다른 이들의 보시(paradattūpajīvina)를 받아먹고 사는 아귀들은 공덕을 입을 수 있다고 한다. 그러나 아귀들을 이렇게 세분화하는 것은『백연경』에는 나오지 않으며, 특정 아귀들은 그들에게 회향하는 공덕이 "효과가 없으며(닿지 못하며)" 공덕을 받지도 못한다는 말은 나오지 않는다.

61 이러한 예는「꼬띠까르나 이야기」에 잘 나와 있다. 그리고 이러한 비슷한 유형의 설명은 또한『설일체유부 율장』(Dutt 1984, iii 4, 176.7-9)과『디비아바나다』(12.25-28; trans. Rotman 2008, 54)에도 나타난다. 이 이야기의 주인공인 꼬띠까르나는 몇몇 아귀들을 우연히 마주친다. 아귀들은 그에게 음식을 구걸했고, 꼬띠까르나는 그 아귀들에게 음식을 먹이려고 했지만, 그때마다 각각의 아귀의 업 때문에 음식은 먹을 수 없는 것으로 변해버렸다. "꼬띠까르나는 먹을 것을 그 아귀들 중 한 아귀에게 던져주었다. 그러자, 그 음식은 쇠똥구리로 변해버렸다. 그가 다른 아귀에게 음식을 던져주었을 때, 그 아귀가 받은 음식은 먹으려고 하자마자 빨갛게 달궈진 쇠구슬로 변해버렸다. 또 다른 아귀에게 음식을 던져주었다. 그 아귀가 받은 음식을 먹으려고 하자마자, 그 음식은 그 아귀 자신의 살로 변해버렸다. 다시 다른 아귀에게 음식을 던져주자, 그 음식은 피와 고름으로 변해버렸다." 꼬띠까르나가 만난 아귀들의 이야기는 중국 신장 지방에 있는 약 513-637년 사이에 만들어진 키질 동굴 212번에 그려져 있다(Waldschmidt 1967). 그림 1을 참고.

62 그러나 다른 문헌 속의 이야기들을 따르자면, 이처럼 오직 승려가 받은 공양만을 아귀가 소화할 수 있는 형태로 변환할 수 있다는 것은 매우 헷갈린다. Rita Langer는 "조상들에 대한 공양의 경우, 친시(嚫施)가 음식과 정반대의 것으로만 여겨진 경우는 없다. 음식이 (승려를 매개로 해서) 아귀에게 직접적으로나 간접적으로 주어졌다는 여러 구절을 찾을 수 있다."라고 말한

다. 이러한 공덕의 그리고 때로는 음식의 회향의 세부 사항에 대해서는 다음을 참조하라: Gombrich 1971; Holt 1981; Schmithausen 1986. 백중(百中)과 같은 아귀들을 위한 재(齊)는 돌아가신 조상을 인간계로 모셔와 음식을 공양하는 제의로 아시아 전반에 널리 성행하고 있다. 이에 대해서는 다음을 참조하라: Teiser 1988; Ladwig 2012; Davis 2016.

63 Edgerton(BHSD, s.v. chandaka). Cf. Schopen 2005, 151n113.

64 Avś i 257.7-10.

65 "대중 모연"의 어원적 의미는 다음과 같다. 시주자의 "자유의지" 또는 "바람"(즉, 강제적으로 내는 것이 아닌 자발적인 보시)에 따라 제공되는 "시주(bhikṣaṇa)"를 의미한다. 『백연경』의 「천」(55번 이야기)과 「Muktā」(77번 이야기)에서 재가자들은 붓다와 승가 공동체를 위해 "대중 모연"을 한다. 이들은 주로 자신의 집에서 가져오거나 거리에서 보시를 권하여 보석, 금, 현금을 모았다. 그렇지만 음식이나 기타 수도원 물품에 대한 언급은 없으므로 아마도 이러한 보시금은 보다 적절한 공양을 위해 현금화되었던 것으로 보인다.

승려들은 사원의 규칙과 관습에 어긋나기는 하지만, "대중 모연"을 시작하거나 끝낼 수 있다. 예를 들어, 「목건련」 편에서는 아귀들이 목건련 존자에게 그들의 친척들의 집에서 공중 모연을 요청하는 장면이 나온다. 목건련 존자는 모연을 한 다음 그 보시를 사용해서 공양을 준비하고 붓다가 이끄는 승가 공동체에 공양을 올리고, 그 결과인 공덕을 아귀들에게 회향한다. 여기서 특이한 점은 목건련 존자가 모연을 한 다음 "혼자서" 식사를 준비하는 모습을 보여준다는 사실이다(svayam eva | Avś i 257.14). 일반적으로 이러한 공양은 사원의 승려가 탁발을 통해 얻은 음식으로 준비하는 것이 아니라 집주인이 자신의 집에서 자신의 음식으로 준비하는 것이다.

사원 공동체의 초기에는 일반적으로 승려가 요리를 해서는 안 되었고, 그들이 먹는 음식은 수계받지 않은 사람들이 준비해야 했다(Wijayaratne 1990, 64-66). 그리고 「날 때부터 눈이 먼 사람」 편에서 한 젊은 여성이 비구니가 되어 친척들이 그녀를 위해 지어준, 정기적으로 음식을 제공하는 비구니 사원에 거주하게 된다. 그러나 그 비구니가 나쁜 행동으로 인해 사원에서 추방당하자, 그녀는 친척들이 제공하던 대중 모연을 중단한다. 친척들은 자신의 "바람(chandaka)"에 따라 일시적인 보시를 일종의 정기적인 보시로 바꾸어 행하는 것에 동의했다는 것이 분명하다. Edgerton(BHSD, s.v. chandaka)은 이 단어에 대한 그의 정의에서 이 뜻을 암시하고 있지만, Rhys Davids와 Stede의 팔리어 영어 사전이나 Cone의 팔리어 사전에서는 이 단어가 확실한 의미 중 하나로 명시되지 않는다. 그리고 내가 참고한 여러 산스크리트어 사전에도 chandaka를 보시 또는 공양으로 사용한 표현이 보이지 않는다. 이는 이 용어가 정확히 무엇을 의미하든 간에, 명백하고도 독특한 불교적 의미를 지니고 있기 때문이다.

그럼에도 불구하고 "정기적 보시"를 의미하는 candā는 다양한 남아시아 자료에서 발견된다. 이 용어는 "일부" 또는 "몇 명"을 의미하는 페르시아어 chandaka의 "거짓 짝(언어학 용어로 소리나 형태가 유사하지만 그 원래적 의미가 다른 단어들)"으로서 "일부" 또는 "몇 명"을 의미하는 cand의 명목화되어 우르두어와 힌디어에 유입된 것으로 보인다. 그러나 그 어원은 거의 잊혀진 것으로 보인다. 그러나 내가 참고한 페르시아어 사전 중 chandaka는 남아시아에서 출판된 사전에만 나타나고 인도 밖에서 출판된 사전에는 나타나지 않았다. chandaka와 candā 모두 남아시아에서 유래한 것으로 보이며, 두 용어 모두 일종의 정기적인 보시를 지칭하는 신조어로, 이 개념이 널리 퍼져 있었고 이 정기적인 보시를 뜻하는 기존의 용어가 부족했거나, 일시적인 보시와 일종의 차별화가 필요했다는 것을 시사하는 것으로 보인다. 이 각주에 대한 조언을 해준 Mahesh Deokar와 Amina Steinfels에게 감사의 인사를 전한다.

66 이 가난한 여인의 관찰은 상당히 예리하다. "만일 이 재가자가 그 정도로 부유하고, 풍족하고, 유복한 사람이고 땅속에 파묻혀 있는 보물들까지도 볼 수 있다면, 어째서 그는 다른 집을 돌아다니며 모연을 하는가?"(Avś i 314.10-315.1) Cf. Schopen 2000, 192nXV.1.

67 Avś i 315.2-3.

68 Malalasekera에 따르면, "아나타삔다다는 매일 수백 명의 승려들을 그의 집에서 공양을 올렸으며, 손님들, 마을 사람들, 불가촉천민들 등에게 음식

을 나누어 주었다. 그의 집에는 오백 명이 앉을 수 있는 자리가 마련되어 있어, 그의 집에 들르고 싶은 사람들은 누구라도 앉을 수 있었다. 그는 매일 천 명의 승려들에게 음식 공양을 올렸다."

69 Avś i 242.8, i 246.10–11, i 274.12–13.

70 Avś i 274.12–14. Cf. Avś i 242.8–9, i 246.11.

71 「꼬띠까르나 이야기」가 더욱더 교훈적이다. 꼬띠까르나는 아귀계에 가서 아주 독특하고 끔찍한 고통을 겪고 있는 중생들을 목도한다. 똑같은 유형의 이야기가 다시 전개된다. 꼬띠까르나가 묻는다. "어떠한 행실이 그대를 이곳에 태어나게 만들었습니까?" 그러고는 이러한 대답을 듣는다. "남염부제(즉, 인도)의 사람들을 확신하게 만드는 것은 어렵습니다. 우리를 믿지 않으실 겁니다." 꼬띠까르나는 말한다. "저는 제 눈앞에서 일어나는 일을 볼 수 있는데, 어째서 제가 그대를 믿지 못하겠습니까?"(Dutt 1984, iii 4, 159.4–193.20; Divyāvadāna 1–23; trans. Rotman 2008, 39–70) 여기서 뜻하는 바는 직접 목격한 사람들은 믿을 수 있다는 것이다. 보는 것이 믿는 것이다. 그리고 붓다는 이미 이 모든 것을 본 분이시다. 그들이 말하듯, 붓다의 가르침은 진리의 말씀이다. 이 이야기와 믿음과의 관계에 대한 더 자세한 내용은 다음을 참고하라: Rotman 2009, 23–64.

72 예를 들어, 『아귀 이야기 주석서』(42–46; trans. Ba Kyaw and Masefield 1980, 46–50)에 주석과 함께 보존되어 있는 「직조 장인」(1장, 이야기 9)을 참조하라. 직조 장인의 아내는 "간탐스럽고 비참한(maccharinī kadariyā)" 사람으로 승려들에게 욕하고 모욕을 주었기 때문에 "똥과 오줌, 고름과 피"만 먹는 아귀로 태어났다고 한다. 주목할 만한 것은 담마팔라가 이 이야기에 대한 해설에서 kadariya를 macchariya(간탐)의 더 악화된 형태로 설명하는 것이다. "처음에는 그녀의 성격이 간탐으로 더럽혀져 있었기 때문에 '간탐스러운'이었고, 이 간탐을 반복해서 증장한 후에 그녀는 '극도로 간탐스러운(thaddhamaccharinī)' 사람이 되었다. 그래서 '비참한' 존재가 되었다." 라고 설명한다. 담마팔라도 마찬가지로 kadariya를 "극도로 간탐스러운(thaddhamaccharī)"이라고 정의한다(Petavatthu-aṭṭhakathā 102, 251; cf. trans. Ba Kyaw and Masefield 1980, 109, 259).

73 Robert DeCaroli는 초기 불교와 다른 종교들과의 관계에 관한 연구에서 『아귀 이야기』를 사람들이 승가에 보시를 하도록 유도하는 "수단"이라기보다는 일련의 교훈적인 이야기로 읽는다. "이 텍스트는 초자연적인 것에 대한 안내서가 아니라 나쁜 행동의 업보에 대한 인과율에 따른 교훈을 제공한다. 이 텍스트는 기원전 5세기 이전에 제작되었으며 기원전 2세기 원형과 관련이 있는 것으로, 승가를 최고의 복전(福田)으로 규정하고 있다. 승가는 자신을 위해 선업을 쌓거나 사랑하는 고인에게 선업을 전수할 수 있는 이상적인 수단으로 표현된다. 아귀 이야기는 단순히 그 목적을 위한 수단일 뿐이다." Appleton은 "『아귀 이야기』는 더 넓은 의미에서 죽음과 최근 사망한 고인을 대하는 매뉴얼이다."라고 말하는데, 이는 DeCaroli의 평가에 대한 반대 또는 보완으로 받아들여질 수 있다.

74 Avś i 242.5, i 246.7–8, i 249.8, i 253.1, i 256.9, i 267.11.

75 Appleton은 "『아귀 이야기』에서 아귀의 영역은 분명히 고통의 장소지만, 많은 아귀들도 제한된 방식으로 신적인 보상을 누리고 있다. 예를 들어, 『아귀 이야기』의 첫 번째 이야기와 세 번째 이야기에서 우리는 아름다운 황금빛 몸을 가졌지만 썩은 내 나는 입안에 벌레들이 가득한 아귀를 볼 수 있다. 이는 금욕을 실천하면서도 다른 사람들을 비방한 승려였던 아귀의 업보라는 것을 알 수 있다. 낮에는 사냥꾼이었지만 밤에는 매우 경건했던 또 다른 아귀는 밤에는 신성한 저택에 살지만 매일 개에게 잡아먹히며 하루하루를 보낸다."라고 지적한다. 참조: Petavatthu-aṭṭhakathā 12–16, 204–7; trans. Ba Kyaw and Masefield 1980, 16–20, 214–17. 「꼬띠까르나 이야기」는 『설일체유부 율장』(Dutt 1984, iii 4, 168.4–180.3)과 『디비아바다나』(7.13–15.7; trans. Rotman 2008, 47–57)에도 마찬가지로 밤에는 신성한 즐거움을, 낮에는 끔찍한 고통을 경험하고 그 반대의 경우도 마찬가지인 아귀들이 등장한다.

76 이 구절은 『백연경』에 마흔 번도 넘게 반복적으로 나타나는 구절이다. 하지만, 이 책에서 소개하는 아귀들의 이야기가 나오는 열 개의 이야기 모음집에서는 두 번만 나온다(Avś i 245.8–9, i 269.13–14).

77 Shirkey 2008, 341. 「스케어드 스트레이트」(1978)는 비평 면에서는 성공

적이었고, 의도치 않게 여러 주가 불량 청소년들을 갱생할 "스케어드 스트레이트" 프로그램을 시작하도록 만들었다. 그러나 "스케어드 스트레이트" 프로그램들은 특별히 성공적이지는 않았다. 심지어 몇몇 연구 결과에 따르면, 이 프로그램들이 불량 청소년들을 더 공격적이며 상습 범죄성을 악화시켰다고도 한다(Robinson and Slowikowski 2011). 불교의 중생 구제의 이론 안에는 공포가 효과적이라고 받아들이기도 하지만, 공포가 정신적인 성장에 방해가 되어, 고통과 불행을 초래할 수 있다고도 한다(Giustarini 2012).

78 Avś i 285.14.

79 부와 공덕 사이의 복잡한 관계에 대해서는 다음을 참고하라: Payutto, 1994. 특히 4장을 참고하라. (한국어 번역서는 다음과 같다: 프라유드 파유토. 『붓다의 경제 코칭』. 김광수, 추인호 역. 민족사, 2019.)

80 Valeri 1991, 42-45.

81 『상윳따 니까야(Saṃyutta-nikāya)』(i 89-91; trans. Bodhi 2000, 182-83)에 나오는 재산을 쌓아두었다가 상속자도 없이 죽는 "천한 사람(asappurisa)"의 예가 있다.

82 Avś i 286.4, pṛthagjanaḥ.

83 Avś i 286.4, naivāsikaḥ. 이 단어는 āvāsikaḥ와 같은 의미로 사용된다. 이 용어들에 대한 더 자세한 설명은 다음을 참조하라: Silk 2008, 147-58.

84 Peter Masefield는 팔리어 자료에서 "보통 사람들(puthujjana)"과 "고귀한 제자들(ariyasāvaka)"의 이분법이 쓰이는 것을 근거로 초기 불교의 주요한 구분법은 "승가"와 "재가"가 아니라 "보통 사람"과 "고귀한 제자"였다고 주장한다. 그는 전자, 즉 보통 사람들은 "다르마를 듣지 못한 사람, 누가 고귀한 사람인지를 분별하지 못하는 사람, 고귀한 분의 다르마의 인도를 받지 않은 사람, 누가 응공(應供)인지 분별할 수 없는 사람, 응공의 다르마에 정통하지 않은 사람"을 뜻한다고 결론을 내린다(Masefield 1986, 3). 요컨대, 보통 사람들은 불교의 가르침을 모르고 불교의 길에서 동떨어진 사람들이다. 이 주장에 대한 논평은 다음을 참조하라: Harrison 1987; Hallisey 1988.

85 Visuddhimagga 573(cf. trans. Ñāṇamoli 1979, 595).

86 브라만교 문헌들, 특히 (법과 행동 규범에 대한 규율서인) 『다르마샤스뜨라』는 순결성의 문제, 특히 종교적 웰빙을 유지하는 데 필수적인 순결성의 회복을 집중적으로 다루고 있다(Olivelle 1998). 그러나 몇몇 문헌은 "인간의 소변과 배설물을 섭취하는 것"과 같은 몇몇 역겨운 행위들은 순결성을 영원히 잃거나, 심지어 기존의 카스트까지도 잃어버리게 만든다고 믿는다(Āpastamba Dharmasūtra 1.21.16; trans. Olivelle 1999, 32). 이렇게 믿는 사람들에게 "고름으로 가득 찬 피와 똥만이 먹을 수 있는 음식"인 아귀의 삶을 상상해 보는 것은 분명히 끔찍했을 것이다(Avś i 279.7-8).

87 각주 7번 참조.

88 초기 인도 불교의 승려들과 상인들 사이의 관계에 대한 문헌이 다수 존재한다. 참조: Gregory Schopen(2004, 2005, 2014); Heitzman 2009; Rotman 2009; Neelis 2011.

89 Sircar 1966, 317. 참고: Fišer 1954; Rotman 2017, 352n43.

90 Avś i 244.3-4, i 261.6-7, i 271.6-7, i 275.14-15.

91 Collett는 "이 표현 방식은 26, 51, 82, 83, 95, 96, 97, 그리고 98번째 이야기에서 gṛhapati(재가 혹은 장자)를 묘사하지만, 3, 6, 20, 37, 41, 46, 48, 49, 71, 77, 92, 그리고 93번째 이야기에서처럼 브라만(1, 74, 94번째 이야기) 혹은 장자의 부를 묘사하는 데도 사용된다."라고 언급했다. 두 가지 경우(36번과 85번 이야기)에는 "무역상(sārthavāha)"을 기술한다. 또한, 이 비유는 다시 다양한 문체적 변용을 통해 25번째 이야기에서 장자를 묘사한다.

92 Lüders는 그의 브라흐미(Brāhmī) 문자로 된 비문 목록에서 장자 또는 유사한 이형(異形)들이 스물네 번 나온다고 말한다. Cf. Neelis 2011, 25n71.

93 불교 서사에서의 의도와 보시에 대한 자세한 내용은 다음을 참조하라: Strong 1979; Rotman 2009, 66-112.

94 비교의 관점에서 아소카 왕 비문의 청중에 대한 Patrick Olivelle의 관찰을 생각해 보자.

> 이 비문의 암묵적 청중은 부유하거나 중산층 재가자, 또는 정치적 권력을 가지고 있는 사람들이라는 증거가 있다. 내가 여기서 개략적으로 소개한

> 아소카 왕의 법의 요소에는 세 가지 중요한 측면이 있다. 브라만과 타 수행자들을 포함한 다양한 종교 단체에 보시를 하고, 지출과 축재를 적게 하며, 노예와 하인들에게 자상하게 대하는 것이다. …(중략)… 겨우 최근에야 정치적 유대를 이룬 인도와 마찬가지로 광활한 대지를 가진 미국의 시민종교와 유사하게 아소카 왕의 시민종교는 정치 지도자들에 대한 어떠한 역사적이거나 정서적인 유대감도 가지고 있지 않은 다양한 대중들의 충성심을 확보하는 것을 목표로 했다는 점을 생각할 때, 그의 메시지가 지역사회와 가족을 이끄는 사람들, 특히 훨씬 더 부유한 사람들을 대상으로 한다고 보는 것이 타당하다.

95 「목건련」 편에는 맛짜랴가 가득 차 있는 오백 명의 상인들이 등장한다. 그리고 「상인」 편에는 사회적 교류와 집착할 것들로 가득 찬 세상에서 출가할 결심이 서 있지 않았던 맛짜랴가 가득했던 승려의 이야기를 다룬다.

96 『백연경』에서 "슈라다"라는 용어는 여성에 대한 설명으로 다섯 번 등장하지만, 아귀에 대한 열 가지 이야기 모음집에서는 여성을 묘사하는 데 이 용어가 전혀 쓰이지 않는다. 『백연경』의 젠더 문제에 대한 자세한 내용은 다음을 참조하라: Green 2007; Finnegan 2009; Dhammadinnā 2015; Muldoon Hules 2017.

97 "우리들 사이의 보통 사람"에 대한 또는 두운법적으로는 우리 중의 중간 정도의 죽음이 예정된 존재에 대한 경고는 일종의 희생양을 만드는 것이 아닌가 싶다. 이러한 예는 Ryszard Kapuscinski에 의하면 에티오피아 관리들은 하일레 셀라시 제국의 멸망을 중간 정도의 부와 (아마도) 중간 정도의 지성을 가진 사람들의 탓으로 돌렸다고 말한다.

> 누가 우리의 제국을 파괴했는가? 누가 제국을 파멸로 이끌었는가? 너무 많이 가진 사람이나 아무것도 가지지 않은 사람이 아니라 적당히 가진 사람이 그렇게 만들었다. 그렇다. 적당히 가진 사람들을 항상 조심해야 한다. 왜냐하면 그들은 최악이고, 가장 탐욕스럽고, 위로 들이밀며 올라가려는 사람들이기 때문이다. …(중략)… 보통은 위험하다. …(중략)… 그 중간 정도의

부를 가진 이들은 자신들이 위협을 받고 있다고 느끼면 무자비해진다. …(중략)… 두려움과 증오가 그들의 눈을 멀게 하고, 비열한 힘이 그들을 움직이도록 재촉한다. 비열함, 지독한 이기주의, 특권의 상실, 비난에 대한 공포와 같은 가장 원초적인 힘이 그들을 행동하도록 몰아넣는다. 그런 사람들과의 대화는 불가능할뿐더러 무의미하다.

98 사원의 재산에 대한 보다 상세한 규칙에 대해서는 다음을 참조하라: Schopen 1995, 473-87. 승려의 발우와 가사에 대해서는 다음을 참조하라: Clough 2015.

99 Saṃyutta-nikāya iii 140(cf. trans. Bodhi 2000, 950). 또한 "눈먼 보통 사람(andha-puthujjana)"이라는 범주도 있는데, 붓다고사는 이 범주를 "온계처(蘊界處) 등의 가르침을 공부하거나, 묻거나, 배우거나, 암기하거나 검토하지 않은 사람"이라고 설명하고 있다.(Sumaṅgala-vilāsanī i 59; cf. trans. Bodhi 1978, 111)

100 Dhammapada, verse 174(cf. trans. Carter and Palihawadana 1987, 43).

101 나는 여기서 Raimundo Panikkar의 "다층적 해석학(diatopical hermeneutics)"이라는 개념에서 영감을 얻었다. 왜냐하면 나는 맛짜랴가 여러 불교 문헌에서 공통적인 것처럼 다루더라도, 이 문헌의 용례를 다른 문헌들에도 나오는 보편적인 것으로 보고 싶지 않기 때문이다. Boaventura de Sousa Santos가 설명한 것처럼, "다층적 해석학은 개별 문화의 주제들이 아무리 강력할지라도 문화 자체만큼이나 불완전하다는 생각에 기초하고 있다. 따라서 다층적 해석학의 목표는 다른 문화의 완전한 이해라는 달성할 수 없는 목표를 달성하려는 것이 아니다. 그와 반대로 한 발은 한 문화에, 다른 한 발은 다른 문화에 발을 딛고 다층적 특성을 고려한 대화에 참여함으로써 상호 문화의 불완전성에 대한 의식을 가능한 최대치로 끌어올리는 것이다."라고 설명한다. 이 자료를 제공해 주신 Tarinee Awasthi에게 감사드린다.

102 "배설물과 그에 상응하는 것들(부패, 감염, 질병, 시체 등)은 무자아에 의해 위협받는 자아, 외부로부터 위협받는 사회, 죽음에 의해 위협받는 삶 등 그 사회나 개인의 정체성을 이루는 것이 부재한 타인으로부터 오는 사회나 개인

의 정체성에 대한 위협을 나타낸다."라는 Julia Kristeva의 주장이 유용할 수도 있다. 그러나 배설물을 상징적으로 읽거나 불교 문헌들에 나오는 혐오와 배설물과의 관계를 생각하지 않더라도, "똥은 악보다 더 부담스러운 신학적 문제"라는 Milan Kundera의 관찰을 생각해 보는 것은 생산적일 수 있다.

103 Francis Clooney는 브라만교 문헌들 속의 폭력의 정당화에 대한 글을 쓰면서 "해를 가하고자 하는 의도는 항상 비난받지만, 고통을 주는 행위는 특정한 상황들 속에서는 일어날 수 있고 반드시 일어나야만 한다. 따라서 '비폭력(ahiṃsā)'은 '고통을 일으키는 행동을 하지 않는 것'이며 또한 '해를 입히려는 의도가 없는 것'이다."라고 말했다. 그러나 위에서 정의한 바와 같이 "비열함"에는 고통을 유발하는 것과 해를 입히려는 의도가 모두 포함된다. 폭력과 비폭력에 대한 초기 불교의 태도에 대한 자세한 내용은 다음을 참조하라: Gethin 2008.

104 이전에 촉구했던 『정신 혁명』(달라이 라마 1999, 17)을 기반으로 "자비의 혁명"을 촉구하는 달라이 라마 존자의 『혁명의 요청』(2018)을 생각해 보라. 프랑스의 알제리 식민 지배에 대한 Pierre Bourdieu의 통찰과 그러한 혁명의 필요성을 촉발하는 요인이 무엇인지에 대해서도 생각해 보라.
"따라서 식민지 상황은 '경멸스러운' 마음의 태도를 만들어 내는 동시에 '경멸할 수 있는' 사람을 만들어 낸다. 그러나 그것은 다시 이 경멸에 대항하는 반란의 정신을 만들어 낸다. 그리고 지배받는 사회 구성원들의 첫 번째 요구는 그들을 존중해 주고 존엄성을 지닌 존재로 대우해 달라는 것이다."

105 O'Connor 1955, 21-22.

106 예를 들어, 『디비아바다나』(186.2-6; trans. Rotman, 2017, 313)의 「스바가타(svāgata) 스님 이야기」에서, 스바가타 스님은 포악한 나가(용)를 제압하기 위해 자애의 상태에 들어가고, 그 결과 나가의 흉포한 무기들이 신성한 꽃으로 변하여 그에게 해롭지 않게 떨어지는 장면을 볼 수 있다. 자세한 내용은 다음을 참조하라: Schmithausen 1997; Gethin 2004; 185-87.

107 Philips and Taylor 2010, 9.

108 Philips and Taylor 2010, 12.

109 Philips and Taylor 2010, 64.

110 Mark Shields, "…And Boesky," Washington Post, June 2, 1987.

111 영화의 감독인 Oliver Stone과 마찬가지로 Michael Lewis도 1980년대 중반에 월스트리트를 폭로하는 『라이어스 포커: 월스트리트의 폐허를 딛고 일어서다』를 썼다. 그리고 이 책의 25주년 기념판 서문에서 월스트리트를 재평가하며 Lewis는 다음과 같이 말한다. "1989년 당시에는 부조리한 일이라고 생각했던 사건들이 … 장기적인 유행이 되어버렸다. 그 사건들은 곧바로 세계사에 기록될 만한 금융 위기로 이어졌고, 금융 부문에서 일하면서 목격했던 그 어떤 것보다 훨씬 더 심각한 금융 부문 내부의 기능 장애로 이어졌다." 그러나 그는 월스트리트 경영진들은 게코와는 달리 자신이 하는 일이 잘못되었다는 것을 알고는 있다고 생각하는 것 같다. 그들은 단지 스스로를 속이고 있을 뿐이다. Lewis는 말한다. "월스트리트는 여전히 그의 아내와 아이들을 사랑하면서도 그의 동료들을 위해 스트립 클럽 버스 투어를 계획하는 것을 보란 듯이 외치고 다니는 목소리 큰 사람들에서 그의 가족들에 대해 헌신적인 척하면서 기회만 있으면 자신의 아내 몰래 은밀히 외도를 하는 과묵한 사람들로 변해버렸다."

112 Webster's Revised Unabridged Dictionary of the English Language(1913).

113 법률 자료에서 "그릇된 믿음"은 일반적으로 개인이 특히 계약 및 협상에서 타인을 속이는 방식에 대한 용어이다(Summers 1968). "올바른 믿음으로 협상할 의무"에 대한 자세한 내용은 다음을 참조하라: Cox 1958.

114 빤타까는 자칭 "바보, 절대 바보, 바보, 완전한 바보"로 붓다와 승가 모두가 인정하는 바였다. 그러나 빤타까의 악업이 소멸되고 나서, 그는 아라한과를 성취하고, 부처님의 제자 중 가장 뛰어난 교사가 되어 다른 사람들의 마음을 바꾸는 데 탁월했다고 한다. 붓다는 빤타까가 바보처럼 보였던 것은 전생에 지은 업의 과보라고 설명한다. (과거 일곱 붓다들 가운데 첫 번째 붓다인) 까샤빠 붓다 시대의 승려였는데, 그는 까샤빠 붓다의 가르침에 대해서 맛짜락를 닦았다. 그 결과, 그는 돼지고기 장사꾼으로 다시 태어났다. 당시 그는 벽지불의 수행법을 따라 했지만 낮은 수준의 성취밖에 이룰 수 없었다.

이 때문에 현생에서 그는 어리석어 보였다. 참조: Divyāvadāna 504.25-505.29(cf. trans. Rotman 2017, 227-28, 408n716).

115 Divyāvadāna 494.13-18(cf. trans. Rotman 2017, 215). 티베트 역은 그가 최고의 명예의 자리에서 적절히 낮은 위치로 장소로 바꾸었다고 전한다. Cf. Rotman 2017, 402n634. 높은 자리는 고귀한 스승을 위한 자리이다. 빤타까가 아라한으로서 높은 자리에 앉을 자격이 충분함에도 사자좌를 옮긴 것은 아마도 비구니들이 지은 악행의 과보를 덜어주기 위해서였을 것이다.

116 "사자좌"는 왕이나 위대한 정신적 스승을 위한 명예의 자리로, 붓다와 긴밀히 연관되어 있다. 『디비아바다나』의 다른 이야기는 지오티슈까(Jyotiṣka)라는 부유한 상인이 자신의 저택에 사자좌를 모시고 있었다고 전한다(Divyāvadāna 279.14).

117 이러한 유형의 이야기와 믿음의 책임 및 충동에 대해 자세히 알아보려면 다음을 참조하라: Rotman 2009, 75-82.

118 Divyāvadāna 495.25-26(cf. trans. Rotman 2017, 217).

119 Divyāvadāna 493.24(cf. trans. Rotman 2017, 214).

120 Divyāvadāna 493.6-7, 493.13(cf. trans. Rotman 2017, 213).

121 Schopen 2004, 219-59 참조.

122 맛짜랴를 기르는 등장인물들은 "오래전" 이름 없는 벽지불(「사탕수수 방앗간」과 「똥 단지」), 까샤빠 붓다(「음식」, 「마실 물」, 「날 때부터 눈이 먼 사람」), 끄라꾸찬다(Krakucchanda) 붓다(「잠발라」), 또는 앞의 이야기들보다 최근인 샤까무니 붓다 시대(「웃따라」, 「상인」, 그리고 아마도, 이야기 속에서 명확하게 드러나는 것은 아니지만, 「목건련」)에도 등장한다. 이르샤(시기)를 기르는 한 명의 등장인물은 끄라꾸찬다 붓다(「잠발라」) 시대에 이르샤(시기)를 길렀다.

123 "슈라다"라는 용어는 본문에서 자주 등장하지만(각주 96번 참조), "아슈라다"는 단 세 번(Avś i 83.7-8, i 205.5, i 369.3-4) 등장하는데, 그때마다 "불교신자"와 "불신자" 또는 "비불교신자"를 명확하게 대조한다. 두 번째 열 가지 이야기 모음집에 나오는 「기적」에서는 아자타샤트루(Ajātaśatru)가 정의롭고 의로운 왕이었던 아버지 빔비사라(Bimbisāra) 왕을 살해하고 왕위를 찬탈한 뒤, "불신은 강해지고 신심은 약해졌다"라고 기술한다. 그리고 "고

귀한 다르마에 대한 믿음이 없고(aśrāddhaḥ)" 세존의 가르침을 경멸하던 한 고위 성직자가 바라문들에게 희생 제의를 맡기기 시작했다. 여기서 말하는 아슈라다의 뜻은 사람들이 불교에 대한 믿음을 잃기 시작하면서 다른 종교의 가르침을 따르기 시작했다는 것, 즉 한 종교를 다른 종교로 대체했다는 것이다.

124 간탐인 또는 간탐주의자들은 Ayn Rand가 주장한 "윤리적 자기중심주의" 비슷한 것을 실천하는 것처럼 보인다. 그녀는 "인간은 그 자체로 목적이지 타인의 목적을 위한 수단이 아니며, 타인을 위해 자신을 희생하지 말고 자신을 위해 살아야 하며, 자신의 행복 달성을 삶의 최고 도덕적 목적으로 삼아 합리적 자기 이익의 추구를 위해 노력해야 한다."라고 주장한다.

125 "믿음(prasāda)"을 고취하는 방법에 대한 보다 자세한 불교적 설명은 다음을 참조하라: Rotman 2003.

126 프로이트가 자기기만을 억압을 통해 설명한 것과 달리, 사르트르는 『존재와 무』에서 내가 나 자신을 속일 때, "속이는 자로서의 입장에서 나는 속임을 당하는 자의 입장에서 내게 숨겨져 있는 진실을 알아야만 한다. 더 정확하게 말하면, 진실을 더 치밀하게 감추기 위해서는 진실을 매우 정확하게 알아야 한다. 이는 두 개의 다른 순간에서가 아니라 하나의 프로젝트의 통합된 구조 속에서 이루어져야 한다. 이렇게 해야만 필요하다면 우리가 이중성의 가식을 재정립할 수 있을 것이다."라고 말했다. 자기기만과 그릇된 믿음의 관계에 대한 자세한 내용은 다음을 참조하라: Wood 1988.

127 Catalano 1990, 687 and 692-93. 인종차별이 악의의 한 형태라는 주장에 대해서는 다음을 참조하라: Gordon 1995.

128 Sartre 1966, 68.

129 Sartre 1966, 65.

130 Sartre 1966, 67.

131 Avś i 244.1, i 247.13, i 248.6, i 249.11, i 250.8, etc.

132 Nyi 2010, 49.

133 영국의 르네상스 철학자이자 정치가인 프랜시스 베이컨은 그의 에세이 『시기관』에서 다음과 같이 말했다. "일반적으로 시기라는 애정의 형태를 여기

에 추가해 보자. 모든 유형의 애정들 가운데에서 시기는 가장 지속적이고 중요한 애정이다. 다른 애정들은 때때로 일어나기 때문에 그렇다. Invidia festos dies non agit(시기는 휴일도 없다). 시기는 이것이 아니면 저것에 대해 끊임없이 작용하고 있기 때문이다."

134 다음의 웹페이지를 참조하라: www.angry.net/people/w/welfare_recipients.htm.

135 시장이 "강도 높게 도덕화되고, 도덕화하는 실체"로 기능하는 방식에 대한 자세한 내용은 다음을 참조하라: Fourcade and Healy 2007, 2. 신자유주의와 연관된 전적인 상품화에 대한 자세한 내용은 다음을 참조하라: Harvey 2005, 165-72.

136 Kuttner 1999.

137 Steven Collins는 아시아 전역의 불교도들에게 중심 문헌인 『본생담』에 대해 이렇게 보았다. 이는 부분적으로 재가자와 승려들이 보시와 보시의 윤리적 딜레마에 대해 깊이 생각하도록 자극하기 때문이다. 『백연경』의 아귀 이야기도 마찬가지였을 것이다.

138 Donald Trump Jr., October 31, 2017, 3:53 PM(twitter.com/DonaldJTrumpJr/status/925495970032443392).

139 Hermit Hwarang, October 31, 2017, 4:25 PM(twitter.com/hermit_hwarang/status/925504107514699776); Elite Bear Agents, October 31, 2017, 4:25 PM(twitter.com/Bearpigman/status/925506848358305792); Matt Blackwell, October 31, 2017, 4:26 PM(twitter.com/matt_blackwell/status/925504306626908160).

140 퓰리처상을 수상한 법률 저널리스트 Linda Greenhouse는 도널드 트럼프 주니어와 아귀들의 기호를 우연히 함께 연결한 트럼프 행정부와 그 정책에 대해 신랄한 평가를 내리고 있다. 그녀는 "이 이야기의 핵심은 비열함"이라고 말한다. 다음을 참조하라: Linda Greenhouse, "Four Years of the Trump Administration in Court, One Word Stuck in My Head", The New York Times, Nov. 19, 2020.

141 Avś i 80.6, i 85.12, i 100.3, i 104.10, etc.

142 Avś i 65.10, i 69.04, i 120.1 -2, i 134.9-10, etc.

143 Zin 2014, 277-78.

144 한 가지 주목할 만한 예외는 아잔타 석굴(5세기)의 17번 굴 밖에 그려진 "윤회도(saṃsāracakra, bhāvacakra)"이다. 비록 훼손되어 있지만 여전히 아귀계가 조금 포함되어 있다(Zin and Schlingloff 2007, 89-91 and Zin 2014, 278-80). 무릎을 꿇고 있는 깡마른 아귀에게 자비를 베푸는 관세음보살을 그린 초기 그림도 있다(Mukhopadhyay 1981).

145 동아시아에 있는 아귀의 시각적 이미지에 대한 보다 많은 자료는 다음을 참조하라: LaFleur 1989; Tsai 2015, 45-89.

146 Wu Hung 1992, 137 and 145.

147 한 예로 다음을 참조하라: Rotman 2009, 177-95.

148 Ginzburg 1989, 35.

149 Pinney의 책과 프로젝트에 대한 도움이 될 만한 평가는 다음을 참조하라: Sinha 2007.

150 Pinney 2004, 8.

151 LaFleur 1989, 274.

152 LaFleur 1989, 286-87.

153 본문(Saṃyutta Nikāya iv 19; trans. Bodhi 2000, 1143)은 비유적으로 "비구들이여, 무엇이 불타고 있는가?"라고 묻는다. 그러고는 "눈도 불타고 있고, 시각의 대상도 불타고 있고, 시각 의식도 불타고 있고, 시각과 대상의 접촉도 불타고 있으며, 즐겁거나, 괴롭거나, 괴롭지도 즐겁지도 않은 상태에서 발생하는 모든 느낌도 불타고 있다."라고 설명한다. "무엇으로 인해 불타는가? 욕망의 불, 증오의 불, 미혹의 불, 탄생, 늙음, 죽음, 슬픔, 한탄, 고통, 불만, 절망으로 인해 불타고 있다."라고 말한다. 다른 감각 기관들도 마찬가지이다. 이 경전은 또한 T. S. 엘리엇의 『황무지』의 세 번째 부분인 「불의 설교」에 영감을 주었는데, 이 「불의 설교」는 다음과 같이 유명한 시로 끝을 맺는다.

타네 타네 타네 타네 불타네

오 주여! 주께서 나를 뽑아내 주소서
오 주여! 뽑아내 주소서

불타네.

154 LaFleur 1989, 278.

155 『아비달마구사론(阿毘達磨俱舍論)』(Pradhan 1975, 165)에 따르면, 아귀들의 "주요 거주지"는 지표면 아래 2,400킬로미터이며, "아귀들의 왕"인 야마가 거대한 궁전을 가지고 있다고 한다. 그러나 종종 "아귀들 스스로 그 궁전에서 흩어져 나와"(Huntington 2019, 40) 인간과 공존한다. 따라서 『묘법성염처경(妙法聖念處經)』(서기 150-400년)은 "인간계에서 밤에 볼 수 있는 것과 아귀의 영역에만 머무는 것" 이렇게 두 가지 유형의 아귀가 있다고 한다(Stuart 2012, 50).

156 Srivastava 1997, 10.

157 LaFleur 1989, 278.

158 Khurana, Ojha, and Singh 2009. 맨손 분변 청소부와 그들의 처지에 대한 보다 자세한 내용은 다음을 참고하라: Singh 2009, Human Rights Watch 2014.

159 LaFleur 1989, 294.

160 아귀는 "시꺼멓게 탄 나뭇등걸"처럼 보인다고 한다. 이는 극도로 건조하고 갈라진 피부에 대한 설명일 수 있는데, 이는 심각한 탈수증의 한 증상이다.

161 LaFleur 1989, 297.

162 인도의 변호사, 학자, 운동가인 B. R. Ambedkar(1891-1956)는 『붓다와 그의 담마』에서 이러한 인과율에 대해 다음과 같이 주장하며 반론을 제기한 것으로 유명하다. "인과율은 반항 정신을 완전히 꺾기 위해 계산된 것이다. 그 어느 누구도 자기 자신 말고는 그 괴로움을 짊어질 수 없다. 반항은 괴로움의 상태를 바꿀 수 없다. 괴로움은 과거의 업보에 의해 이생에서 그의 운명으로 고정되어 있기 때문이다."(Ambedkar 1957, i.v.iii.40)

Ambedkar는 최하층 카스트로 태어났다. 따라서, 그는 "약자를 억압하고 착취하며 완전한 구속 상태로 유지하기 위해 고안된" 교리의 위험성을 인식했다(Ambedkar 1957, i.v.iii.39).

163 Susanne Mrozik는 많은 불교 전통에서 "몸과 계율은 매우 밀접하게 관련되어 있어서, 어떤 사람의 특징에 대한 설명이 그 사람의 도덕적 성품에 대한 해설로 사용될 수 있다."라고 말한다.

164 스리랑카의 5세기에 지어진 대서사시인 『마하밤사(Mahāvaṃsa)』에 대한 글에서 Kristin Scheible은 "이 문헌의 목적은 먼저 불안한 오싹함인 염리심(saṃvega)을 느끼게 한 다음, 그 결과로 고요한 만족감인 신심(pasāda)을 느끼게 하는 것"이라며 염리심과 신심 사이의 다양한 방법들을 설명한다. 그리고 Trent Walker는 "염리심과 신심의 마음을 불러일으키는 것이 바로 현대적인 캄보디아 불교 음악 공연의 핵심"이라고 강조한다. 특히 주목할 만한 곡은 버려진 아귀의 고통을 신랄하게 묘사한 「아귀의 애가」이다(Walker 2018, 288-89). 수행으로서의 믿음에 대한 자세한 내용은 다음을 참조하라: Rotman 2009, 65-148.

165 Buddhacarita 3.4(cf. trans. Olivelle 2008, 61). 여기서의 오만은 고통받는 이들을 멀리 내보내는 배려의 정도, 즉 "지극한 온화함(pareṇa sāmnā)"과 왕도의 아름다움의 정도, 즉 "지극한 아름다움(śobhāṃ parām)" 사이에 상관관계가 있다고 여기는 것이다. 붓다에게 이러한 오만은 잘못된 것일 뿐만 아니라 위험하다.

166 Divyāvadāna 296.12-13, kāyikī dharmadeśanā na vācikī. 다음을 참조하라: Divyāvadāna 133.7 and 313.12; Mūlasarvāstivāda-vinaya(Dutt 1984, iii 1, 232.5-6 and 252.3-4); Saṅghabhedavastu ii 46.

167 앞서 설명한 아귀와 조상 사이의 관계는(각주 9, 11, 62번 참조) 아슈바고사(Aśvaghoṣa)의 『불소행찬』에서도 분명하게 드러난다. 본문은 "아귀의 세계(pretaloka)"와 "조상의 세계(pitṛloka)"를 혼동(또는 동일시)하여 전자의 특징은 인식하지만, 후자의 특징에 기인하는 것처럼 보인다. 본문(Buddhacarita 14.27-28)에 따르면, "마음이 맛짜라에 지배당하는 사람들은 조상들의 칠흑같이 어두운 세계에 다시 태어나 괴로움 속에서 과보를 받는다. 그들은 바늘구멍처럼 작은 입과 산처럼 거대한 배를 가지고 있다. 그들은 배고픔

과 갈증의 고통으로 괴로워한다. 괴로움은 그들의 삶의 운명이다." 아슈바 고사는 아마도 "칠흑같이 어두운(nirāloka)" 곳에 있는 것이 분명한, 야마의 궁전 부근의 지표면 아래의 깊은 곳에 아귀들이 살고 있다고 생각하는 것 같다.

168 Merton 1948, 82-83.

169 James Madison, Federalist Paper no. 54; Delbanco 2018, 87.

170 Judith Butler가 지적했듯이, "애도할 수 있는 능력의 정도는 우리가 다른 생명들을 대하는 방식에 영향을 미치며, 이 능력이 생명정치(biopolitics)와 생명들 사이의 평등성에 대해 생각하는 방식에 매우 중요한 것이라는 점을 증명한다."

171 Huntington, What I Don't Know About Death: Reflections on Buddhism, Literature, and Philosophy, 2021.

172 Avś i 280.4, paramabībhatsaḥ. 이 묘사는 상당히 의도적인 것으로 보이며, 잠발라가 그를 본 사람들에게 혐오감을 불러일으켰음을 시사한다. 비밧사(Bībhatsa, 혐오)는 인도 전통 미학에서 여덟 가지(또는 아홉 가지) 감정들 가운데 하나이다. 바라타(Bharata)는 그의 유명한 연극론(Nātyaśāstra)에서 "소름끼치는 혐오감은 순수하거나 불순할 수 있다. 전자는 불편한 마음으로 피 등을 보는 것에 의해 발생하며, 후자는 역겨운 것으로 배설물, 구더기 등을 보는 것에 의해 발생한다."라고 설명한다(Pollock 2016, 53).

173 이 이야기에서 육사외도(六師外道) 가운데 하나인 도덕부정론자(道德否定論者)의 지도자인 뿌라나 까사빠는 잠발라를 성인으로 생각하고 그를 입문시키지만, 그는 잠발라에게 가르침을 주지 않았거나 혹은 잠발라가 그것을 거부했을 것이다. 뿌라나 까사빠는 의지적 행동에는 아무런 과보가 없다고 믿으며, 도덕적 판단을 거부하고, 행동은 결과를 낳지 않는다는 사상(akiriya-vāda)을 믿는 것으로 악명이 높다. 『사문과경(沙門果経)』에 따르면, 그는 "만일 어떤 이가 갠지스강 북쪽 강변을 따라가면서 보시를 하고, 다른 이들에게 보시를 권하며 공양을 올리고, 다른 이들로 하여금 공양을 하도록 권한다 하더라도, 그들에게는 어떠한 공덕도, 공덕의 결과도 없을 것이다. 보시, 자제, 절제, 진실한 말에는 공덕이나 공덕의 결과가 없다."라고 설명

한다(Dīgha Nikāya i 52–53; trans. Bodhi 1989, 19, cf. trans. Walshe 1995, 93-94). 그러나 까샤빠에게 입문하자마자 잠발라는 "선행을 하며" 떠돌아다닌다. 이러한 선행은 뿌라나 까샤빠가 부정하는 것이다. 따라서 잠발라가 뿌라나 까샤빠와 다른 법을 따르고 있다는 것이 확실하다.

174 Divyāvadāna 490.19-23; trans. Rotman 2017, 209-10.

175 이 이야기에서 임금님의 새 옷이 절대 옷이 아니라는 것을 도시의 그 어느 누구도 인정하지 않았다. 왜냐하면 그 새 옷은 자신의 직책에 적합하지 않거나 특히 더 어리석은 사람에게는 보이지 않는다고 했기 때문이다. 어린아이가 "하지만 임금님은 아무것도 입지 않았어요!"라고 단언할 때까지, 모든 사람들이 겁을 먹고 억지로 새 옷이 보이는 척했던 것이다. 그제야 도시 전체가 사실을 인정했다. 하지만 임금님은 달랐다. "임금님은 혹시 그들의 말이 맞는 것이 아닌가 의심하며 몸을 떨었다. 하지만 그는 '이 행렬은 계속되어야 한다'고 생각했다. 그래서 임금님은 그의 귀족들이 있지도 않은 옷자락을 높이 들고 있는 동안 그 어느 때보다 더욱더 당당하게 걸었다." 때로는 진실을 보는 것만으로는 충분하지 않다. 두려움과 자존심은 막대한 장애물이다. 참조: andersen.sdu.dk/vaerk/hersholt/TheEmperorsNewClothes_e.html.

176 Divyāvadāna 7.13-15.7; trans. Rotman 2008, 47-57. Cf. Mūlasarvāstivāda-vinaya(Dutt 1984, iii 4, 168.4-180.2).

177 이 그림의 사용을 허락하고 통찰력 있는 의견을 보내준 아시아 예술 박물관의 큐레이터 Lilla Russell-Smith에게 감사드린다.

178 기츠도 코이치와 아라카와 신타로는 내몽고 자치구의 하라호토(Khara-khoto) 유적에서 출토된 한 장의 인쇄된 종이(X-2538, The State Hermitage Museum)를 바탕으로 이 벽화의 구성 요소를 확인했다. 하라호토 유적에서 출토된 것도 이 벽화와 동일한 구도이다. 이 두 그림은 모두 자운준식(慈雲遵式)의 『원돈관심십법계도(圓頓觀心十法界圖)』에 나오는 십법계의 도식을 기반으로 하고 있는 것으로 보인다.

179 Lilla Russell-Smith는 "'베제클릭(Bezeklik) 동굴 18호'의 벽화는 다양한 출처로부터 진화한 구성 유형의 훌륭한 예이며, 위구르 예술과 탕구트족 및

라오족, 그리고 이들을 통해 후기 중국 예술의 발전과 밀접한 관련이 있다는 것을 증명한다. 또한, 베제클릭과 돈황이 도상을 공유하고 상호 작용했다는 것을 보여주는 예시이기도 하다."라고 말했다. 전체 벽화 이미지는 다음을 참조하라: Raschmann 2020, 213. 베제클릭의 동굴 18호에 대한 자세한 내용은 다음을 참조하라: Russell-Smith 2005, 104-10; Moriyasu 2008.

180 이 그림을 볼 수 있도록 도와준 Phillip Bloom과 다카시 미도리, 그리고 재현을 허락해 준 일본 시가현 신지은원의 주지 마노 스님에게 감사를 표한다. 그리고 상세한 설명과 놀라운 인내심을 보여준 Phillip Bloom과 Daniel Stevenson에게도 감사드린다.

181 Stevenson 2001, 59. 이 의례에 대한 보다 자세한 설명은 다음을 참조하라: Stevenson 2001.

182 지반(志磐, 1220-75)이 편찬하고 주굉(袾宏, 1535-1615)이 중찬한『법계성범수륙승회수재의궤(法界聖凡水陸勝會修齋儀軌)』와 같은 수륙재 의궤도 도움이 된다. 참조: 大日本佛教全書, vol. 74, no. 1497(Tokyo: Kokusho Kankōkai, 1975-89; CBETA edition, cbetaonline.dila.edu.tw). 13세기 닝보(宁波) 근처에서 작성된 것으로 추정되는 이 의궤에는 스물네 종류의 중생들이 열거되어 있으며, 각 중생의 종류마다 열 가지 예를 언급하고 있다. 아귀에 대한 설명에서는 자운준식의 분류를 따라 아귀를 세 등급에 따른 아홉 가지 유형으로 분류하여, 총 서른여섯 가지의 아귀를 열거하고 있다. 참고로, 『묘법성염처경(妙法聖念處經)』에서도 마찬가지로 서른여섯 가지 유형의 아귀를 묘사하고 있다(Stuart 2012, 50-53; Moretti 2017).

183 『시식관상답최육재직방소문(施食觀想答推育材職方所問)』. 이 소책자는 자운준식의 짧은 글들을 모은 『금원집(金園集)』에 수록되어 있다. CBETA, X57, no. 950, p. 12, a20-b14 // Z 2:6, p. 120, a15-b15 // R101, p. 239, a15-b15. 이 인용문과 다음 글에 나오는 자운준식의 글의 번역은 모두 Daniel Stevenson의 번역이다.

184 Daniel Stevenson에 따르면, "다른 글에서 자운준식은 이러한 아귀들이 버려진 재물을 얻을 수 있는 장소와 그 주변에 머무르는 경향이 있다고 말한

다. 능력을 더 가진 아귀들은 일을 망치고 특별한 징조를 일으켜, 사람들은 종종 힘센 신과 귀신들이 그런 것이라고 착각한다. 이러한 아귀들에 현혹된 무지한 사람들은 아귀를 신으로 모시고 숭배하는데, 이는 2세기 초기 도교 논서들에 나타나는 지역 영매들의 토착 신들과 귀신들에 대한 표현과 그들을 대하는 태도와 놀랍도록 유사하다."라고 한다.

185 염구아귀왕에 대한 다음 설명(그림 4)에서 논의되는 『유가염구시식의범(瑜伽燄口施食儀範)』에서 아난다는 아귀와 브라만 선지자(범선) 모두에게 음식을 주는 의식을 배웠다. 따라서 이것이 브라만 선지자가 여기에 등장한 이유를 설명할 수 있다. 참고: Lye 2003, 420.

186 이 그림을 볼 수 있도록 도와준 Phillip Bloom과 다카시 미도리, 그리고 이 그림과 이 그림 속에 그려져 있는 의례 세계에 대한 통찰력을 준 Phillip Bloom과 Daniel Stevenson에게 감사를 표한다.

187 Orzech 1996; Lye 2003, 417-25; Stevenson 2004.

188 아귀 시식에 대한 자세한 내용은 다음을 참조하라: Stevenson 1999, 347-57 and 363-79; Lye 2003; Stevenson 2015, 407-29.

189 일부 현대 대만 불교도들은 이 채소를 속이 비어 있는 줄기 때문에 "공심채(空心菜)"라고 부른다. 아귀가 이 채소를 먹으면 전도몽상의 마음이 비워져 정토에 다시 태어날 수 있다고 믿는다.

190 이 탱화를 찾아준 Monika Zin, 탱화의 사진 사용을 허락해 준 뮌헨 국립 민족학 박물관, 그리고 탱화에 대한 이해를 도와준 Eric Huntington, Jinah Kim, Simona Lazzerini, Todd Lewis, Sara McClintock, Adeana McNicholl에게 감사의 마음을 전한다.

191 하버드대학의 Jinah Kim은 "스타일적으로 이 그림은 대부분 티베트의 시각적 표현 방식을 따르고 있으며, 보다 '티베트적인' 불교권(특히 중부와 동부 티베트, 몽골)에서 유행하던 그림을 모방한 것 같다. 사실 부다나트(Baudhanath)를 통해 네팔과 몽골(그리고 러시아의 부랴트까지) 사이에 매우 흥미로운 연결고리가 있는데 몽골에서 알려진 몇 가지 예와 매우 유사하다. 이 탱화는 루빈 미술관(Rubin Museum)에 있는 것과 유사한 그림의 사본일 수도 있다(acc.# P1994.3.6). 물론, 두 그림이 모방한 원본이 있을 가능성도

있다."라고 말한다. 참고: www.himalayanart.org/items/78.

192 하리띠는 500명의 아들을 낳았다고 전해지며, 그녀는 종종 아기를 품에 안은 채 무릎을 꿇고 여러 명의 아이를 더 안고 있는 모습으로 자주 묘사된다. 그녀는 또한 일부 출처에서 "아귀들의 여왕"(Waddell 1895, 99)인 것으로 알려져 있지만, "불타는 입"(Tib., Kha 'bar ma; Skt., Jvālāmukhī)과 같은 다른 이름들도 있다(Nebesky-Wojkowitz 1996, 308; Karmay 1998, 102, no. 61; Mimaki 2000, 113n41; Donaldson 2001 i 353). 학계의 많은 관심을 받은 하리띠 신앙에 대한 자세한 내용은 다음을 참조하라: Peri 1917; Misra 1981, 73-80; Cohen 1998, 380-91; Ohnuma 2007; Langenberg 2013.

193 이 그림은 식별하기가 곤란한 부분이 있다. 야마는 종종 해골 몽둥이를 들고 있으며, 아귀계의 궁전에 사는 아귀들의 왕으로 알려져 있다. 참조: Merh 1996; Siklós 1996; Cuevas 2008, 44-54. 그럼에도 불구하고 야마는 하리띠의 배우자인 빤치까(Pāñcika, 일명 잠발라, 쿠베라, 바이슈라바나)일 수도 있는데, 이 두 상은 종종 함께 그려지지만 빤치까는 일반적으로 척추로 만든 지팡이를 들고 있는 것이 아니라, 큰 부의 표식들을 가지고 있는 것으로 표현된다(Dhirasekera 1976; Rowan 2002; Brancaccio 2011, 177-79). 아마도 작가는 아귀들의 왕과 여왕, 또는 단순히 "아귀들 사이의 왕족"을 묘사하고 싶었을 수도 있다(Teiser 2006, 7), 그리고 이 형상들은 여러 가지를 혼합한 것이다. Eric Huntington은 "아귀계에서는 궁전에 단 한 명의 남성으로 보이는 형상이 묘사되는 것이 일반적이며, 때로는 아이를 안고 있는 여성이 없는 경우도 있다. 이러한 형상들은 크게 다를 수 있지만, 일부 형상들은 아귀들의 왕으로 여겨지는 야마와 연관될 수 있다고 생각할 수 있는 도상학적, 문학적 근거가 있다."라고 설명한다.

194 해골 몽둥이에 대한 보다 자세한 정보는 다음을 참조하라: Beer 1999, 292-94.

195 "육도의 여섯 붓다들"의 형상에 대한 보다 자세한 정보는 다음을 참조하라: www.himalayanart.org/search/set.cfm?setID=1881; Herrmann-Pfandt 2018; i, sections 1.6 and 2.1.5.

196 이 삽화를 확보하는 데 도움을 주신 Peter Skilling에게 감사드린다. 그리고

이 삽화를 해독하는 데 도움을 준 Trent Walker에게도 감사드린다.

197 『프라 말라이 클론 수앗』의 첫 페이지는 왼쪽에는 현재 삽화가, 오른쪽에는 지옥에서 여러 가지 고통을 겪고 있는 지옥 중생들의 삽화가 그려져 있다. 여기에 소개한 삽화와 일치하는 설명은 몇 쪽 뒤에 나온다. 간기(刊記)에서 확인할 수 있듯이 원고 자체에는 『프라 말라이 클론 수앗』이 시작되기 전에 팔리어 문헌에서 발췌한 몇 개의 짧은 인용문이 있다. 간기에 대한 자세한 내용은 다음을 참조하라: Pakdeekham 2563 (2020), 45.

198 지옥계와 아귀계에 대한 더 많은 백과사전적 설명과는 달리, 이 본문에서는 "오직 하나의 지옥인 구리가마솥지옥(Lohakumbhī)만을 언급하고 있으며, 다양한 지옥계를 구분하거나 아귀계와 구별하지도 않는다."(Brereton 1995, 115)라고 언급하고 있다.

199 Breton 1995, 115. 본문은 이 상태가 수반하는 고통에 대한 자세한 설명을 제공한다. "엄청난 고통을 받고 있는 다른 유형의 아귀가 있었다. 그는 물주전자만큼 거대한 고환을 가지고 있었다. 고환은 포대 자루처럼 땅바닥까지 늘어져 있었다. 썩고 악취가 나며, 불룩하게 부풀어 올라 지독한 냄새가 나는 고환들은 마치 미끈미끈한 달팽이 같았다. 그는 어디로 가고 싶을 때마다 고환을 어깨 너머로 던져서 걸쳤는데, 그 고환의 무게에 휘둘려 좌우로 휘청거리곤 했다. 앉고 싶을 때는 양다리 사이에 끼우고 그 위에 앉아야 했다. 앉을 때마다 통증으로 허리를 구부려야 했다. 그는 천천히 몸을 일으켜 세우면서, '아야, 아야!' 하며 고환을 어깨 뒤로 던지고는, 그 무게에 눌려 비틀거리며 '아야, 아야!' 하며 점점 더 약해져 갔다."(Brereton 1995, 115) 비슷한 고통을 겪고 있는 아귀의 이미지는 다음을 참조하라: Anderson 2012, 72.

200 Phatsakon 2455 (1912), 17. 『프라 말라이 클론 수앗』에 대한 모든 참고자료를 제공해 준 Trent Walker에게 감사드린다. 또 다른 삽화는 프라 말라이 이야기와 팔리어 문헌에서 발췌한 내용을 담고 있으며, 머리가 없는 형상이 등장하는 19세기 태국 필사본의 삽화이다.

201 Phatsakon 2455 (1912), 15.

202 이 고통에 대한 보다 자세한 설명은 다음을 참조하라: Brereton 1995,

112-13.

203 Phatsakon 2455 (1912), 19.

204 이 그림은 저자의 개인 소장품이다. 이 삽화에 대한 자세한 내용은 다음을 참조하라: Pinney 2018. 자이나교 교리를 집약한 도덕적 교훈이 곁들여 있는 이러한 삽화들의 개요에 대한 예는 멋진 그림인 지옥도(Vijayajinendrasūrīśvarajī and Trivedī 1984)를 참조하라.

205 이 작품의 사용을 허락하고 자신의 창작 과정에 대한 통찰력을 제공한 Matthew Meyer에게 감사드린다. 자세한 내용은 다음을 참조하라: Meyer 2015, s.v. gaki and yokai.com.

206 서신교환, 2020년 7월 29일.

207 사본에 대한 자세한 내용은 다음을 참조하라: Avś ii c-cvii. Demoto는 다음과 같이 간편한 설명을 한다.

B: Add. 1611년 케임브리지대학 도서관; 네와르어(Newarī)로 작성; 서기 1645년; 아래의 D, P, C의 공통 출처이다.

D: Hodgson mss. 인도 국립도서관; 사타카바다나(Śatakāvadāna)라는 제목; 네와르어(Newarī)로 작성; 서기 1792년; B의 사본 3권 중 가장 오래된 것이다.

P: D. 122; Hodgson mss. 파리 국립도서관; 데바나가리문자(Devanāgari)로 작성; 1837년 이전; 두 권으로 구성됨; Feer의 번역은 주로 이것을 기반으로 한다.

C: Add. 1386년 케임브리지대학 도서관; 네와르어(Newarī)로 작성; 중대한 오류가 많은 매우 열악한 사본.

F: Add. 1680년 케임브리지대학 도서관; 14-15세기의 종려나무 잎 사본. 네와르어(Newarī)로 작성; 불완전; 4세기와 5세기의 일부 아바다나 단편들을 포함하고 있다; B와 별개인, 유일한 사본.

208 Avś ii c-ci.

209 Avś ii cvii.

210 참조: gretil.sub.uni-goettingen.de/gretil.htm.

211 보다 자세한 정보는 각주 3번과 6번을 참조하라.

212 Rotman 2017, xxi-xxii.

213 이 열 가지 이야기와 투르크메니스탄 메르브에서 발견된 아바다나 선집 사이의 흥미로운 유사점을 살피려면 다음을 참조하라: Karashima and Vorobyova-Desyatovskaya 2015, 220n295 and 489-505.

214 이에 해당하는 티베트어본은 D 343 mdo sde, aṃ, 117a4 – 119a6. 참조: Kalpadrumāvadānamālā, no. 5.

215 Avś i 241.5, jñāto mahāpuṇyo. 산스크리트어본과 이에 상응하는 티베트어본(117a6)은 붓다를 "대복덕(大福德, mahāpuṇya)"이어서 "명성이 높으신(jñāta)" 분이라고 유추할 수 있지만, 이 두 용어는 붓다를 두 가지 개별적인 특징으로 표현하고 있다. 그리고 아마도 이것이 다른 사람들로 하여금 그에게 승가 생활에 필요한 것들을 보시하도록 고무시키는 것일 수도 있다. 왜냐하면 위대한 "복의 밭(福田, puṇyakṣetra)"에 올리는 공양은 공양을 올리는 사람에게 더욱 큰 공덕을 쌓게 해주기 때문이다. 이런 식으로 "숭앙하다(abhyarcita)"는 "공양으로 영예를 얻다"로 풀이될 수 있다. Cf. Avś i 32.6, i 36.9, etc. 마하뿐냐(mahāpuṇya)는 "큰 복덕을 지니신 분"과 "큰 부를 지니신 분" 사이에서 의미가 전환되는 것으로 보이는데, 불교 자료에서 전자는 일반적으로 후자를 수반하기 때문이다. 예를 들어, 『설일체유부 율장』의 「멘다까(Meṇḍhaka) 이야기」(Dutt 1984, iii 1, 241 / Vira and Chandra 1995, 228r6-9; cf. Divyāvadāna 123-24; trans. Rotman 2008, 223-24)에 따르면, 한때 바드랑까라(Bhadraṅkara) 시에는 "명성이 높고 큰 복덕을 지닌(ṣaḍ jñātā mahāpuṇyāḥ)" 여섯 사람이 살았다고 한다. 집주인 멘다까와 그의 아내, 아들, 며느리, 하인 및 하녀. 모두 미다스의 손길을 가지고 있었다. 그래서 하인이 한 밭고랑을 갈면 일곱 밭고랑이 갈렸고, 하녀가 한 가지를 돌보면 일곱 배가 되었다. 이 이야기에 따르면 공덕은 하인이나 하녀처럼 소유할 수 있는 것이 아니더라도 부를 창출한다. Schopen은 "대복덕이라고 여겨지는 승려는 물질적 재산을 많이 가지고 있거나 받은 승려"를 말하며, 즉 "'부자'에 대한 완곡한 표현 또는 에둘러 말하는 것"이라고 보고, jñāto mahāpuṇyaḥ를 "명성이 높고 큰 재산을 가지고 있는"으로 번역했다. 비슷하게 Collett는 "큰 공덕과 재산"으로 번역한다. 참조: Dhammadinnā

2015, 497n29.

216 Speyer(Avś i 241n3), Feer(1891, 162n3), 티베트어본(117b2)을 따라, śrutvā로 읽는다. Avś i 241.11, "보였다(dṛṣṭvā)"

217 Speyer의 제안(Avś i 241n3), Avś i 243.4, 티베트어본(117b2)을 따라 cārikāyā āgatya로 읽는다. Avś i 241.11, tān āgatya.

218 Avś i 241.11-242.1, tatas tau tad adhiṣṭhānaṃ tathāvidhāṃ dharmadeśanāṃ kurutaḥ. 이 관용적 표현에서 tad adhiṣṭhānaṃ은 의미와 문법 모두에서 약간 특이하다. 이 표현의 의미에 관해서는 Edgerton을 따른다(BHSD, s.v. adhiṣṭhāna 1). Speyer는 이 단어를 adhiṣṭhānā로 교정할 수 있다고 제안한 다음 그의 색인을 참조하여 인용문들을 정리했지만 번역은 하지 않았다. Speyer는 또한 『디비아바다나』(577.29; cf. trans. Rotman 2017, 334)에서 적극적인 한 사람이 한 마을의 시민들과 협상을 벌이는 사례를 인용한다: "나는 여러분 모두에게 거래를 제안합니다(tad adhiṣṭhānaṃ vijñāpayāmi)." 이 표현을 이해하는 데 도움을 준 Sara McClintock에게 감사드린다.

219 Avś i 242.2, dharmaśravaṇakathāyāś ca bhājanībhavanti. 티베트어본(117b3)을 따라 Feer는 이렇게 번역한다. "그들은 법을 듣고 전하는 그릇이 되었다(즉, 불법의 구전 전통을 전하는 루트가 되었다)." Cf. Divyāvadāna 235.27(trans. Rotman 2017, 11).

220 Avś i 242.3-4, parvatakūṭaprakhyaṃ(사본 F를 따름). 사본 B는 행간에 ma를 추가하고, kūṭapra(ma)khyam으로 본다. Speyer는 다른 사본 제작자들이 ma를 mu로 본 것이라는 가설을 제시한다. 따라서 사본 C와 P는 kūṭapramukhyaṃ으로, 사본 D는 kūṭamukhaṃ으로 되어 있다. 원문은 아귀의 어느 부분을 산꼭대기에 비교하는지 설명하지 않고 있다. 그러나 여기서 사본 제작가들은 아귀의 "얼굴(mukha)"이라는 뉘앙스를 살짝 넣은 것 같다. Feer 역시 그렇게 번역한다. 티베트본(117b4)은 이 부분이 생략되어 있다. Avś i 243.5를 참조하라. 여기서는 이 아귀에 대한 묘사가 반복되는데, 이 문헌은 parvatakūṭaprakhyaṃ samudradṛśakukṣiṃ 대신에 parvatopamakukṣiṃ으로 읽는다. 동일한 독해를 다음에서도 찾아볼 수 있

다: Avś i 247.3, i 249.7, i 250.5, i 252.10－11, etc.

221 이 논리는 아귀들은 스스로 자기 자신의 괴로움을 자초한 것이어서, 그들 자신의 몸을 완전히 연소시키지 못한 채 극심한 고통만 유발하고 끊임없이 스스로를 화장하여 자신들을 불태운다는 것으로 보인다. 자기 몸을 스스로 불사르는 것에 대한 자세한 내용은 다음을 참조하라: Ānalayo 2012.

222 Avś i 243.7, pravṛddhaśailopamacañcitāśrayaḥ. Cf. Avś i 247.5 and i 268.10. 이 비유는 약간 불명확하다. 티베트어본(188a3-4)에 대해 Demoto는 "'그 아귀의 큰 몸이 높은 산처럼 보인다'라고 번역했다. 티베트어본 번역가들은 분명히 cañcita를 '크다(chen)'로 이해했다."라고 말한다. Speyer는 Kern을 따라 carvitāśrayaḥ를 "씹은 음식을 담는 그릇"으로 제안하며, Vaidya도 동일하게 수정했다. 그러나 이러한 수정은 타당하지 않은 것 같다. 다음을 참고하라: Demoto 2006, 23-24n101; Edgerton(BHSD, s.v. cañcitāśraya). 그렇다면 어떻게 pravṛddha를 이해해야 할까? 아마도 여기서 떠오르는 이미지는 오래되고 허물어져 가는 산처럼, 또는 우뚝 솟아서 산사태가 일어나기 쉬운 산처럼 흔들리고 불안정한 사람을 일컫는 것 같다.

223 Avś i 243.10, kapālapāṇir ghoraś ca. Cf. Demoto 2006, 25.

224 Avś i 244.15, āha re(ms., āhara). Vaidya는 ahāra로 수정. 즉, "발우를 여기로 가져와 나에게 줘라."라는 뜻이다. 티베트어본(118b6)은 Vaidya가 수정한 것에 동의하지 않지만, 부정하지도 않는다.

225 다시 말해, 벽지불이 일꾼의 의도를 분별하기 위해서는 주의를 집중해야 하지만 그렇게 하지 않았다는 뜻이다. "주의 집중(samavāhara)"에 대한 자세한 내용은 다음을 참조하라: Edgerton(BHSD, s.v. samanva harati). 이 비유에 대한 자세한 내용은 다음을 참조하라: Rotman 2008, 408n304; Rotman 2017, 430n1003.

226 목건련 존자는 아라한으로서 간탐을 근절했을 것이므로, 여기서 붓다의 가르침은 일반 청중을 대상으로 한 것으로 이해하는 것이 가장 알맞을 것이다.

227 Avś i 245.7－8, yathā evaṃvidhā doṣā na syur ye pretasya(mss., syur yena pretasya) iti. 이는 아마 간탐이 다양한 "과오(doṣa)"를 일으킨다는

것을 의미하는 것으로 보인다. 다음 이야기(no. 42)는 매우 유사한 생각을 담고 있지만, 표현법에는 차이가 있다: Avś i 248.10–11, ete doṣā na bhaviṣyanti ye tasyāḥ pretyā iti. Cf. Avś i 255.12, i 260.10, i 266.4–5, etc.

228 이에 해당하는 티베트어본은 다음을 참조하라: D 343 mdo sde, aṃ, 119a6–120b5; Kalpadrumāvadānamālā, no. 14.

229 Avś i 246.10, anubhaviśyasīti. Speyer는 다음과 같이 말했다. "미래시제의 사용은 약간 이상하다. 아마도 필경사가 실수를 했던 것이 아닌가 하는 게 내 생각이다. 여기에는 … anubhavasīti를 예상할 수 있다."

230 Avś i 248.4, cittaṃ pradūṣayati. 글자 그대로 번역을 하자면, "그녀는 그녀의 마음을 악한 생각들로 오염시켰다"이다. 그러나 여기서는 "마음을 모질게 먹었다"라는 표현이 영어권 독자에게는 더 와닿을 것이라 생각한다. Feer도 프랑스어로 비슷하게 번역했다.

231 Avś i 248.8, iyaṃ te bhikṣo satkriyā mā punar idaṃ gṛhaṃ pravekṣyasīti. Speyer가 말하듯, Feer는 티베트어본을 따라 bhikṣo 'asatkriyā로 읽어서 "접대"를 "냉대"로 바꿨다. 그러나 여기서는 "접대"를 역설적인 의미를 가진 것으로 받아들이는 것을 선호한다.

232 이에 해당하는 티베트어본은 다음을 참조하라: D 343 mdo sde, aṃ, 120b5–122a2. 또한 다음도 참조하라: Ratnāvadānamālā(Takahata 1954, no. 4); Dvāviṃśatyavadāna(Okada 1993, no. 13).

233 Avś i 249.6–7, dagdhastūṇāsadṛśīṃ. 이 표현은 종종 불에 탄 나뭇등걸을 의식이 있고 살아 있는 몸과 대조하는 구절에 자주 등장하며, 후자는 말할 것도 없고 전자에 대해 나쁜 생각을 품어서는 안 된다는 의미로 사용된다. 아귀는 거의 감각이 없는 대상처럼, "나뭇등걸처럼 생각이 없는" 것처럼 보이지만 여러 가지 면에서 전생에 간탐으로 가득 찬 그때보다는 더 의식적이고 양심적인 것으로 느껴진다. 참조: Divyāvadāna 197.24(trans. Rotman 2008, 331, 437n683) and 534.24(trans. Rotman 2017, 267–68); Saṅghabhedavastu ii 252.27–28; Śikṣāsamuccaya 149.3–4(trans. Bendall and Rouse 1971, 148); etc. 각주 159번도 참조하라. 이 표현에 대한 Peter

Skilling의 의견에 감사를 표한다.

234 이에 해당하는 티베트어 문장은 다음을 참조하라: D 343 mdo sde, aṃ, 122a2-123b3. 또한 다음도 참조하라: Ratnāvadānamālā(Takahata 1954, no. 5).

235 Avś i 253.2, tad api kṛcchreṇāsādayantīm. 참조: Avś i 254.6, tac ca duḥkhena labhyate. 문맥에 따라 전에는(Avś i 242.6) 같은 표현을 "그는 간신히 발걸음을 옮기고 있었다."라고 번역했다.

236 이 게송(Avś i 247.7, i 268.12, etc.)에 대한 Vaidya와 다른 번역 예를 따라 nagnā svakeśasaṃchannā asthiyantravaducchritā를 추가한다. Avś i 254.4, āha ca … ārtasvarā(mss., āha cāśu ārttasvarāṃ). Speyer는 "적어도 이 게송의 절반이 사라진 것으로 보인다. (1) āha ca로 시작하는 부분의 운율 부분이 갑작스럽게 나타나고, (2) 게송의 삼행을 이루기 위해서는 한 줄 반 정도의 행이 더 있어야 한다. 더불어, 원본들은 또한 (내가 손상된 āha ca를 위해 보류하고 있는) āha cā와 ārtta- 사이에 필요 없는 음절들이 추가되어 있다. nagnā svakeśaṃchannā(cp. supra p. 247.7) 등의 몇몇 행들은 생략된 것 같다."라고 지적한다. 해당 티베트어본(125b1)도 역시 생략하고 있다.

237 유사한 표현은 Avś i 242.6을 참조하라. 다음도 참조하라: Feer 1891, 173n1.

238 Avś i 254.6, varcaḥ pāsyāmi bhokṣye ca(mss., paśyāmi bhokṣe ca). Speyer는 "나는 티베트어본에 대한 Feer의 의견을 바탕으로 paśyāmi를 복원했으며, 그에 따라 bhokṣye도 마찬가지로 수정했다."라고 말했다. 해당 티베트어본(125b1)도 Speyer의 의견과 일치한다.

239 해당 티베트어본은 다음에서 찾을 수 있다: D 343 mdo sde, aṃ, 123b3-125b5. 이 이야기와 Yulanpen Sūtra 사이의 연관성에 대한 자세한 내용은 Karashima 2013, 특히 297-298페이지를 참조하라. 또한, 다음도 참조하라: Ratnāvadānatatva(Takahata 1954, no. 4).

240 Avś i 257.1, piṇḍāya prāvikṣat. 글자 그대로 번역하자면, "그는 탁발을 위해 라자그리하에 들어갔다."이다. 그러나 오백 명의 아귀들은 도시 밖에 살고 있었다.

241 Avś i 258.7, karmavāyunā. 이는 업의 힘을 설명하기 위해 종종 사용하는 전문용어이다. 이 용어는 다양하게 번역되었다. 예를 들어, 행동 에너지-바람, 업의 에너지, 업의 고유 운동성, 과거의 행위들의 필연적인 에너지 등으로 번역되었다.

242 Avś i 259.9, paryuṣitaparivāsā. Edgerton은 "천상에 머무는 것을 마무리하는 것(천상에서: 하급 중생이었다가 이곳에서 다시 태어난 천신들: 천신들의 일종의 수습 기간?: 아마도 단지 머무는 곳을 지상에서 이곳으로 바꾼 것)"이라고 설명한다. 그는 "우리가 (수습 기간을) 마친 후에 세존을 뵈러 가는 것은 옳지 않으니, 아직 (수습 기간이) 끝나기 전에 세존을 뵈러 가자."로 번역했다.

243 Avś i 260.6, yat te … pretā deveṣu pratiṣṭhāpitāḥ. ms. B, yattevamādaḥ pretāh. 그러나 Speyer는 "akṣaras vamādaḥ는 (사본의) 위쪽의 여백을 참조하여 취소되는데, 여기서 우리는 prasāda로 수정된 것을 볼 수 있다. 사본 C는 원본을 필사한 것이며, 사본 P는 yattevaprasādaḥ로, 사본 D는 yattavaprasādaḥ로 되어 있다. 나는 prasāda를 잘못 고친 것이라고 생각하며, 훼손된 vamādaḥ 아래 숨겨진 몇 개의 단어가 있다고 생각한다. 해당 티베트어본(125b2)은 Thomas 씨가 내게 말했듯 mang po dag = bhavaḥ(많은)로 되어 있다."라고 말한다.

244 Speyer에 의하면, "이 문장은 전혀 문맥에 맞지 않으며, 이 분류 아래의 이야기의 통상적인 결론을 아주 조잡하게, 그리고 부적절하게 반복한 것으로 보인다." Vaidya도 이에 동의한다.

245 해당 티베트어본은 다음과 같다: D 343 mdo sde, aṃ, 125b5-128a3. 또한, 다음을 참조하라: Ratnāvadānatatva(Takahata 1954, no. 12).

246 이 이야기는 『설일체유부 율장』에 있는 「Pāṇḍulohitakavastu」와 매우 유사하다. 여기에 나오는 이야기(Yamagiwa 2001, 66-67/§4.2; cf. trans. 158-59)와 다음의 내용을 비교해 보라.

한때 웃따라는 세존의 앞에 나아가 세존을 뵙고 참된 법을 들은 후 세존의 교단에 대한 믿음을 키웠다. 믿음으로 가득 찬 그는 출가하기를 간절히 원했다. 그는 어머니 앞에 나아가 "어머니, 제가 불법과 계율에 따라 승려가 될 수 있도록 허락해 주십시오."라고 말했다.

그의 어머니는 "너는 내 외아들이다."라고 말했다. "내가 살아 있는 한 출가하지 마라. 내가 죽으면 네 마음대로 해라."

"어머니," 그는 말했다. "어머니께서 매일 승가에서 지정한 스님들에게 올릴 공양을 마련하신다면, 저는 출가하지 않겠습니다."

"아들아," 어머니는 "그렇게 하겠다."라고 말했다.

웃따라는 번 돈을 모두 어머니께 드리며 "어머니, 이 돈으로 고행 수행자와 바라문에게 공양을 올려주세요."라고 말했다.

그러나 그의 어머니는 맛짜랴를 품고 있어서 탐욕스러웠으며, 욕심이 많았고, 자기 것에 집착하는 사람이었다. 고행 수행자와 바라문에게 공양을 올리는 것은 고사하고 까마귀에게 주는 것도 아까워했다.

고행 수행자와 바라문이 시주를 받기 위해 집에 찾아오면, 그녀는 그들을 꾸짖고 학대했다. "너희는 아귀로 태어나서 항상 남의 집에서 구걸을 하는 것이나 마찬가지다!" 그리고 "오늘 나는 많은 스님에게 음식을 보시했고, 많은 고행 수행자와 바라문에게 보시를 했다."라며 아들을 속였다.

이렇게 맛짜랴에서 비롯한 행위를 하고 닦고 수양한 그녀는 죽어서 아귀로 다시 태어났다. 어머니를 잃은 후 웃따라는 보시를 하고 공덕을 쌓은 후 불법과 계율에 따라 승려가 되어 출가했다.

247 Speyer는 "비록 그녀가 말하는 부분 전체가 운율을 맞추고 있다는 것은 분명하지만, pretī가 있는 해당 부분을 산문으로 편집했다."라고 한다. 그러고 나서, Speyer는 이 행들을 (triṣṭubh의 음율을 따르는) 게송으로 바꿀 수 있는 몇 가지 작은 교정안을 제시한다. Vaidya는 Speyer가 제안한 교정안을 대부분 받아들여서 다음과 같이 게송으로 편집했다.

> saphalān vṛkṣān gacchāmi niṣphalā [me] bhavanti te |
> pūrṇāni sarāṃsi gacchāmi tāni śuṣkāṇi santi [me] ||

248 Avś i 263.4-5, sukhaṃ bhadantasya hi vṛkṣamūlaṃ bhajate

śītalabhājana| kṛpāṃ janayitvā kṛpaṇāyai mahyaṃ dadasva toyaṃ tṛṣārtitāyai. Speyer에 의하면, "하나 혹은 몇 개의 단어가 빠진 것 같다. 이 행에 대해서 사본 C는 janetvā로 읽는데, 사본 D에서는 한 음절이 빠져 있다." Vaidya는 다음과 같이 수정해서 제시한다.

> sukhaṃ bhadantasya hi vṛkṣamūlaṃ [udakaṃ] bhajate śītala bhājanesmim |
> kṛpā janayitvā [janetvā] kṛpaṇāyai mahyaṃ dadasva toyaṃ tṛṣārtitāyai ||

해당 티베트어본(127a2)은 위의 게송과 같이 읽는다. Speyer는 다음과 같이 번역한다. "레버런드(Reverend) 숲 근처에 있는 조용한 장소였다. 그곳에는 깨끗하고 시원한 물이 물독에 담겨 있었다. 이 불쌍한 저에게 동정심을 가지고 그 물을 주시겠습니까? 갈증 때문에 몹시 괴롭습니다."

249 Avś i 264.3, dakṣiṇām ādeśaya deśanāṃ ca kāraya. 이어지는 부분(예: Avś i 257.9 and i 264.11)을 따라 dakṣiṇādeśanāṃ ca kāraya가 나올 것을 예상하는 사람도 있을 것이다. 해당 티베트어본(127a4) 역시 이에 동의한다.

250 Avś i 265.7, yamalī. Speyer는 "사본 B는 yamalī, 두 번 모두 nī가 malī 위에 겹쳐 써 있다. 사본 C는 모두 yamalī로 표기한다. 그러나 사본 D는 yamanī, 사본 P는 처음에는 yamanī로, 다음에는 yamanalī로 표기한다. 아마도 yamalī와 yamanī 모두가 사용되었을 것 같다." 해당 티베트어본(127b6)은 ras zung으로 한다. Feer는 티베트어본을 따라 번역했다. 『디비아바다나』(276.5-278.22; trans. Rotman 2017, 64-68)는 「지오티슈까(Jyotiṣka) 이야기」에서 yamalī라는 용어는 바느질로 엮지 않은 베틀로 짠 두 폭의 동일한 길이의 무명천을 말하며, 그중 한 폭은 몸에 걸치는 데 사용하며, 다른 한 폭은 고급 목욕 가운으로 사용한다. 모든 사람들이 그 가치를 아는 것은 아니지만, 이 두 폭은 정교하게 짜인 것으로 매우 값비싼 옷감이다. 섬유 역사가인 Rahul Jain은 "인도의 많은 지역과 사회에서 여성과 남성 모두에게 바느질하지 않은 천의 한 벌(하체와 상체를 덮는 천)이 표준 복장으로 알려져 왔기 때문에, 수천 년 동안 이 단순한 형태의 몸을 가리는 옷이 크게 변했을 것이라고 추정할 이유가 거의 없다. 잘 알려진 현대적 예로는 케

랄라(Kerala)의 문두-베슈띠(mundu-veshti)와 아삼(Assam)의 메켈라차도르(Mekhela-chador)가 있는데, 두 의상 모두 식민지 시대 이전에는 알려지지 않았던 바느질로 꿰맨 속옷과 함께 입는 옷이다. 무릎 길이의 도티(dhoti)와 두파타/앙가바스트람(dupatta/angavastram)은 사제 계급뿐만 아니라 인도 전역의 다양한 지역사회의 남성들이 무수히 많은 스타일로 계속해서 입어온 것 같다. 도티는 가장 짧게는 엉덩이에 바느질하지 않은 짧은 길이의 허리감개(langot)로, 불교 경전에 묘사된 '목욕용 복장'일 가능성이 높다. 인도 전역의 많은 부족 공동체는 오늘날에도 바느질을 하지 않은 한 폭, 또는 두 폭 길이의 것을 여전히 착용하고 있다."라고 한다. Cf. Agrawala 1966, 74-75. 베틀로 짠 직물 기장의 두 벌은 역사적으로 인도 대륙의 많은 지역에서 바느질하지 않고 입는 옷으로 사용되어 왔다.

251 Avś i 265.7, krītā. 해당 티베트어본(127b6)은 마찬가지로 nyos ba로 읽는다. 그렇지만, 승려가 승가에서 물건을 구매한다는 것은 생각하지 못했다. 참조: Wiyajaratne 1990, 25-28.

252 Avś i 265.7, mānavaka. Edgerton은 "mānavaka는 옷을 걸어 두는 못, 기둥, 또는 그와 비슷한 것이거나, 아니면 잘못 표현한 것 같다."라고 한다. 해당 티베트어본(127b6)은 gos kyi gdang la(옷걸이에)로 되어 있다.

253 해당하는 티베트어본은 다음과 같다: D 343 mdo sde, aṃ, 128a3-129b7. 다음을 참조하라: Karmaśataka iii.6(Jamspal and Fischer 2020: 3.241-256).

254 Speyer의 제안(Avś i 267n2)에 따라, 반복되는 정형구(Avś i 244.8, 252.6-7, etc.)와 해당 티베트어본(128a6)을 따라 piṇḍāya prāvikṣat śrāvastīṃ을 추가한다.

255 Avś i 267.9, śmaśānasadṛśīṃ. 글자 그대로 번역한다면, "화장터 같은"이다. 다음을 참조하라: Ramāyaṇa 5.26.26. 그러나 여기서의 의미는 그녀가 "시꺼멓게 탄 나뭇등걸같이" 반쯤 탔을 뿐만 아니라 화장터의 시체 같았다는 것이다. 참조: Saṅghabhedavastu i 82.4.

256 Schøyen Collection의 오래된 사본 조각에 기반해서 Demoto가 이 이야기의 다음 부분을 재편집했다(= Avś i 268.3-271.10).

257 Demoto는 반복되는 정형구(Avś i 246.15, i 250.1, etc.)와 해당 티베트어 문

장을 따라 priyālāpina를 추가한다. 즉, "자상하게 말하다"를 추가한다.

258 Demoto는 유사한 구절(Avś i 267.8)과 해당 티베트어 문장을 따라 jātyandhāṃ(날 때부터 눈이 먼)을 추가한다.

259 Avś ii 337.14와 Demoto(2006, 25n111)를 따라 viṃśativarṣasahasrāyuṣi로 읽는다. Avś i 269.1는 viṃśatisahasrāyuṣi이다. Avś i 237.10, i 250.11, i 334.16, ii 96.13, 그리고 ii 149.15도 마찬가지로 읽는다. Demoto는 "그의 사본에도 varṣa가 없지만, varṣa가 Speyer의 편집본에서는 생략되어 있다. 아마도 부주의인 것 같다."라고 지적한다.

260 Demoto는 tathāgato 'rhan samyaksambuddho를 추가한다. 그녀는 "과거의 붓다의 모습에 대한 전형적인 상용구 속에 있는 이러한 단어들이 Speyer의 사본들에는 자주 생략되어 있다. 50개가 넘는 사례들 가운데 오직 13개만 이 구절이 누락되지 않았다(Avś nos. 11-20, 24 and 86). 이 구절은 필경사들에 의해 습관적으로 누락되었을 수 있다. 3세기 전에는 매우 충실히 사본을 제작했다."라고 말한다.

261 Avś i 269.6, bhikṣuṇīvarṣakaḥ. Edgerton은 varśaka를 "비구나 비구니들을 위한 집, 우기를 대비한 오두막"으로 본다. 그러나 Schopen은 varśaka 또는 bhikṣuṇīvarṣaka가 "비구니 사원"이며 인도 불교의 비구니 사원들은 "비구들의 사원들과는 다르게 도시나 마을 안에 있었다."라고 반박한다.

262 여기에는(Avś i 269.9) 텍스트의 일부가 누락되었다. Speyer는 chinnāni, samucchinnāni, "또는 유사한 불변화사"를 제안한다. Cf. Avś i 269.12, samucchedaḥ kṛtaḥ. Vaidya는 ācchinnāni를 제안한다. 해당하는 티베트어본(129b1)은 gcod du bcug로 읽는데, Demoto는 "이는 samuccheditāni를 가리키는 것 같다."라고 말한다. Feer는 해당하는 티베트어본을 따라 번역했다.

263 Avś i 269.8, dānapatigṛhebhyaḥ(ms., dānaprati-). Demoto는 "해당 티베트어본(129b1)은 산스크리트 원본에서 Speyer의 사본에 나온 dānapatigṛhebhyaḥ가 아니라 dānapatigṛhapatibhyaḥ(sbyin bdag khyim bdag rnams)로 읽은 것 같다. 현재로서는 둘 중에 어느 것이 나은 것인지 판단할 수 없다."라고 한다.

264 Speyer(Avś i 269n6)와 Demoto(2006, 25v2)의 제안을 따라 sṛgālaiś를 추가한다.

265 Schøyen Collection 사본(Demoto 2006, 26n115)과 해당하는 티베트어본(129b7)을 따라 bhikṣava를 추가한다.

266 해당하는 티베트어본은 다음과 같다: D 343 mdo sde, aṃ, 130a1–131b3. 이 이야기에 대한 영어 번역은 다음을 참조하라: Schopen 1995, 500–502. 또한, 다음을 참조하라: Ratnāvadānatatva(Takahata 1954, no. 19).

267 이 이야기의 부분은 여기에서(=Avś i 271.10) 끝난다. 이는 Demoto가 재편집한, Schøyen Collection 사본에 기반한다.

268 Avś i 271.13, gṛhītapariṣkāro. 아마도 āgṛhīta-라는 견지에서 gṛhīta-로 읽는 것이 아닌가 한다. 즉, "그는 보시 받은 것들에 대해 인색했다." Cf. Avś i 248.3.

269 Avś i 272.1, muṇḍikāṃ gaṇḍīṃ. muṇḍikā gaṇḍī에 대한 보다 자세한 정보는 다음을 참조하라: Hu-von Hinüber 1991, 751; Schopen 1992, 6; Sobkovyak 2015, 707n89.

270 Schopen은 "이 경우 '발우와 가사(pātracīvaram)'는 다양한 사적인 소유물들에 대한 은유적 표현이다."라고 주장한다. 아마도 이 이야기에 나오는 승려는 셀 수 없을 정도로 많은 사원의 공양물들을 긁어모은 것으로 이해해야 할 것이다. "발우와 가사"는 이러한 소유물들 가운데 가장 상징적인 것으로, 전반적인 사원의 공양물들에 대한 (일부로 전체를 나타내는) 제유법으로 보아야 할 것이다.

271 Avś i 272.5, śiṣyagaṇasyodvejanārthaṃ. 앞에서 언급했듯이, 이 문장이 뜻하는 바는 붓다께서 제자들에게 목도하게 한 것이 그들을 "겁먹게 만들어서 그들을 바르게" 할 것이라는 것이다.

272 Avś i 272.9–10, sajalajaladagambhīradundubhisvaraḥ(mss., -svarāḥ). 더 정확히 말하면 "몬순 뇌우처럼 깊고 깊은 북 같은 목소리로"라는 의미이다. 그의 목소리가 북처럼 우렁차고 폭풍 구름처럼 천둥을 친다는 뜻이다. Cf. Buddhacarita 7.9.

273 Avś i 272.10, tvayaivaitad ātmavadhāya pātracīvaraṃ samudānītam. 부처님은 이 아귀를 "꾸짖는다(paribhāṣitavān)"고 말씀하시므로, 여기서 부처님의 응답은 구체적이고 매우 개별적인 것이다. 각주 31번을 참고하라. 또한 다른 점을 강조하기 위해 "그대가 스스로 끌어모은 이 발우와 가사가 그대를 죽음에 이르게 했다" 또는 "이 발우와 가사를 끌어모은 것이 바로 그대였으니, 그것은 자살과 다름없었다"라고 번역할 수도 있다. Schopen은 "그대가 이렇게 발우와 가사를 쌓아두는 것이 그대 자신을 파멸시키는 결과를 초래했다."로 번역한다. Cf. Avś i 291.7-8.

274 Avś i 273.7, pūrvarātrāpararātraṃ jāgarikāyogam anuyuktā. 『유가사지론(瑜伽師地論)』「성문지(聲聞地)」(Deleanu 2006, i 25 §3.4.7)에 따르면, 이는 깨달음을 향한 세간과 출세간의 수행의 길을 모두 추구하기 위한 열세 가지 요건(saṃbhāra) 중 하나이다. 다음을 참조하라: Mahāvastu i 284.1 -2(cf. trans. Jones 1949). 여기에서는 선지자도 똑같이 수행을 하며, "네 가지 명상과 다섯 가지 신통력을 통달해야 한다(catvāri dhyānāni utpāditāni paṃca ca abhijñā sākṣīkṛtā)." 해당 티베트어본(131a6)은 Feer가 지적했듯이 단순히 "새벽에"라고 읽는다.

275 해당 티베트어본은 다음과 같다: D 343 mdo sde, aṃ, 131b3 - 134a1. 다음을 참조하라: Ratnāvadānatatva(Takahata 1954, no. 11).

276 Avś i 276.2, rājavidheyaṃ bhaviṣyatīti. 좀 더 전문적으로 말하자면, "왕에게 귀속되어 돌아가게 될 것"이다.

277 Avś i 276.3, catvaradevatāḥ. catvara라는 용어는 일반적으로 "광장"을 일컫는다. 여기서는 "개인 소유의 사변형 안뜰" 또는 "공공 광장"을 뜻할 수도 있다.

278 Avś i 277.1 -2, alpaṃ vā prabhūtaṃ vā. 또는 "크고 작음을 막론하고"라고 할 수도 있다.

279 해당 티베트어본은 다음과 같다: D 343 mdo sde, aṃ, 134a1-138a7. Speyer는 Aśokāvadānamālā, no. 17(Cambridge Add. 1482, f 237a ff.)이 이 이야기의 "운율적 요약"을 담고 있다고 한다. 이 이야기와 유사한 팔리어 문헌은 다음을 참조하라: Dhammapada-aṭṭhakathā ii 52-63(trans.

Burlingame 1921, ii 130-37); Petavatthu, no. 43: Gūthakhādaka(trans. Gehman 1974, 101-3); Petavatthu-aṭṭhakathā, 266-69(trans. Ba Kyaw and Masefield 1980, 277-79); Theragāthā, vv. 283-86(trans. Norman 1995, i 33); Theragāthā-aṭṭhakathā ii 118-20.

280 Avś i 279.6, nagaraparikhāyāṃ. 해자는 "특히 바이살리에서 요새와 요새 주변에서 주로 발견된다."(Mandal 2010, 151) 아귀는 임계 공간(예: 문턱, 교차로, 숲) 및 임계 시간(예: 새벽, 황혼)과 관련이 있기 때문에 이 아귀가 도시를 둘러싸고 있는 해자 주변에 있다는 것은 타당하다. Shirkey는 『아귀 이야기』에 대해 "아귀들은 그들만의 존재 영역, 그들만의 '세계'에 살고 있지만, 그럼에도 불구하고 인간 세계에도 한 발을 걸치고 있는 것처럼 보인다. 그들은 완전히 '저곳'에 사는 것도 아니고 완전히 '이곳'에 사는 것도 아니다. 대신, 그들은 이 세상과 섞여서, 대부분(항상 그런 것은 아니지만) 눈에 보이지 않는 가장자리에서 산다."라고 말한다.

281 Avś i 279.8, āha ca. 문자 그대로 해석하자면 "그가 말했다"이다. Speyer가 말했듯이, "여기에 구성의 문제가 있다. 아마도 āha ca는 앞의 산문과 동일한 내용의 운율법 부분을 일반적으로 도입하는 용도로만 사용되었을 것이다." 티베트어본(134a6)은 yang smras pa(또한 말했다)로 읽는다.

282 뿌라나 까샤빠는 잠발라가 사회적 관습, 특히 청결에 관한 규범을 위반한 것을 일종의 정신적 초월성을 나타낸 것으로 이해한 것 같다. 출가 수행자의 행동과 관습에 대한 자세한 내용은 다음을 참조하라: Olivelle 1992, 101-12. 각주 172번도 함께 참조하라.

283 Avś i 281.5, kvacit prayojanena. Speyer는 "kenacit을 kvacit으로 잘못 표기한 것인가? 아니면 사소한 오류인가?"라고 말한다.

284 Avś i 282.6-7, mandārakāṇāṃ(mss. BC, mandārakānāṃ, mss. DP, mandāravānāṃ). Speyer 역시 "아마도 mandārakā〔dī〕nāṃ이 이 문장을 제대로 읽는 것이 아닌가 한다. 즉, '홍두화'로 읽어야 할 것으로 보인다."라고 말한다. Cf. Avś i 259.12.

285 붓다의 여러 특징들에 대해서는 용어 사전을 참조하라.

286 Avś i 17.2-3은 "그리고 지혜의 정안제로 정화시켜야 할 무명이라는 어두

운 장막에 덮여 있는 눈을 지닌 이는 누구인가?"를 덧붙인다. 본서의 본문(Avś i 31.3, i 72.13, i 79.9, etc.)에서는 이 부분이 생략되어 있다.

287 Avś i 284.1, vīthīm. 종종 "길"로 번역된다. 참조: Avś i 134.6.

288 Speyer의 의견(Avś i 284.4)을 따라 labheya 또는 labheyāhaṃ으로 읽는다. Avś i 284.5에는 labheyaṃ으로 되어 있다.

289 Avś i 284.7, bhavyarūpaṃ viditvā. "무엇이 적절한지를 아시는 분" 또는 "무엇을 하는 것이 옳은지를 아시는 분"이라고 할 수도 있을 것 같다. Cf. Avś i 104.3, bhavyarūpa iti viditvā rājñā prasenajitkauśalenānujñātaḥ. Appleton은 이 문장을 "코살라의 왕 프라세나지트가 '적합해 보입니다'라고 말하며(문자 그대로는 알고 있다는 뜻) 동의했다."로 번역한다. 프라세나지트 왕은 예법은 알고 있었지만, 운명에 대해서는 알지 못했다. 그러나 붓다는 예법이 아니라 그의 운명에 대한 우려를 바탕으로 행동한다. (역자주: Appleton의 번역은 본문과는 관계가 없다. 저자는 viditvā의 번역 용례를 설명하고 있다.)

290 이 정형적인 묘사는 일반적으로 "머리를 깎고 가사를 걸친"(e.g., Divyāvadāna 37.1, 48.20, 159.9, 281.24)이라는 문구로 시작하는데, 『백연경』(Avś i 284.8 and i 347.10)에 이 정형구가 나올 때는 이러한 두 예에 앞의 정형구가 들어 있지 않았다.

291 이 정형구는 일반적으로 "머리와 수염"으로 읽는다. Cf. Avś i 347.10.

292 Speyer의 추측을 따라 읽는다: Avś i 284.11, tasyāvevaṃ sthito(mss., tasyau nevasthito). 티베트어본의 해당 문장 참조(136b2). Speyer는 "인드라바즈라(indravajrā)의 사구게 전통은 심각하게 훼손되었다. 이 자주 나오는 연이 등장하는 문헌(e.g., Divyāvadāna 48.23, 159.11, 558.21)은 naivasthitā나 naivasthito, 또는 nevasthito나 nepadhyasthito를 넣거나 더 형편없는 형식의 단어(e.g., Divyāvadāna 463.36)를 첨가한다. 나는 이 사본과 진본이 내가 여기서 편집한 것과 크게 다르지 않을 것이라고 믿는다."라고 말한다. Edgerton은 "그러한 몇몇 형태(프라크리트어에서 p가 v로 표기될 수 있다는 것)는 Divyāvadāna 48.24, 49.16, 159.12, 342.4, 463.26, 558.22 등에서도 비슷하게 읽어야 한다. 모든 사본은 (그리고 후대의 편집본도) 손상되어 있다." 라고 주장한다. 마찬가지로 Hiraoka는 티베트어본와 한문본의 유사성에 근

거하여 『디비아바다나』에서 이 비유를 “옷을 입은(nepatthitaḥ)”으로 읽을 것을 제안한다.

293 Avś i 285.4, lūhenābhiramate.

294 Avś i 285.14, kalpaśatair api. Speyer는 “모든 사본들이 이렇게 잘못 읽고 있다.”라고 말한다. 다른 부분들(e.g., Avś i 80.13, i 90.11, i 117.8)에서 사본들은 똑같이 읽는다. 그러나 Speyer는 그럼에도 kalpakoṭiśatair api로 수정한다.

295 이 문장(Avś i 286.1-287.3; D 343 mdo sde, aṃ, 137a5 – 137b5)에 대한 더 자세한 정보는 다음을 참조하라: Silk 2008, 191-92 and 265-66.

296 Avś i 286.4, atīvāvāsamatsarī. 이 부분은 팔리어의 āvāsamaccharī와 유사하다. Vaidya는 그럼에도 atīvātīvāmatsarī로 수정한다. 즉 “지독하게 짜다”로 번역한다.

297 Avś i 286.7, vihārasvāmī. 이 용어에 대한 더 자세한 설명은 다음을 참고하라: Schopen 2004, 219 – 59.

298 Avś i 286.8, jentākasnātreṇa. 이는 추측에 의한 것이다. Speyer는 “여기에 쓰인 단어는 jentākastrātreṇa(ms. D, jentakākaṣṭhā-)이고, 더 나아가 jentākastrātre와 jentākastrātraṃ으로 쓰여 있다.”라고 말한다. 이 용어는 이 문헌을 필사한 사람들에게 분명하지 않았던 것 같다. 이 증기욕에 대한 더 자세한 정보는 다음을 참조하라: Vinayasūtra(D 4117 'dul ba, wu 6a1 ff.); Boyer et al. 1920-29, 321. 타클라마칸 사막의 남쪽 끝에 있는 니야(Niya)에서 발견된 3-4세기 경에 쓰인 간다리(Gāndhārī) 사본은 sātra, jaṃdākasātra, 그리고 sāpaka로 쓰고 있다. 이는 511번 명문에 있다. 그리고 『백연경』 산스크리트 사본에도 이렇게 나온다. Meicun Lin은 아마도 이 문헌을 실제 문헌적 유사성이 있는 것으로 보고 있는 것 같다. 그러나 나는 그녀의 주장이 확실한 근거가 있다고 보지는 않는다. 이러한 관계에 대한 또 다른 이야기들에 대해서는 다음을 참조하라: Iwamatsu(2001, 168). Stefan Baums의 조언에 감사드린다.

299 Avś i 286.11, āgantukasya bhikṣoḥ parikarma kurvāṇam. Silk는 이를 “방문한 승려에게 향수를 바르고 있는”으로 번역한다. 아마도 이 사원

의 주인은 증기탕에서 시중드는 역할을 하고 있었고, 향료나 향료 가루를 방문한 승려의 몸에 바르고 있었던 것으로 보인다. 다음을 참고하라: Abhisamacarika Dharmah 42.31.37B6-7(Karashima and von Hinüber 2012 iii 57), jentākavārikena tailaṃ śeṣaṃ bhavati praveśayitavyam(ms.-tavyaḥ) | cūrṇṇaṃ śeṣaṃ bhavati praveśayitavyaṃ. 그다음에 오는 것은, 그것을 목격한 사원에 거주하는 승려가 심한 말을 내뱉어서, 몸에 향료를 두텁게 바르는 것을 향기 나는 기름이나 가루가 아니라 똥을 바르고 있는 것으로 그 모습을 상상하게 하는 것이다.

300 Avś i 287.13–14, skandhakauśalaṃ dhātukauśalam āyatanakauśalaṃ pratītyasamutpādakauśalaṃ sthānāsthānakauśalaṃ ca kṛtam. 이들은 『설일체유부 율장』(Dutt 1984, iii 1, 23.10-12; cf. Vogel and Wille 1996, 287–88)에서 "위대한 불법을 배우는 다섯 가지 이익(pañcānuśaṃsā bāhuśrutye)"이라고 하는 것이다. 약간 상이한 이 다섯 가지의 항목에 대해서는 다음을 참조하라: Divyāvadāna 340.26-28(trans. Rotman 2017, 150).

참고 문헌

Agrawala, Vasudeva S. 1966. "Some Obscure Words in the Divyāvadāna." *Journal of the American Oriental Society* 86.2:67–75.

Ambedkar, B. R. 1957. *The Buddha and His Dhamma*. Bombay: R. R. Bhole.

Anālayo. 2012. "Dabba's Self-cremation in the Saṃyukta-āgama." *Buddhist Studies Review* 29.2: 153–174.

__________. 2017. *Vinaya Studies*. Dharma Drum Institute of Liberal Arts Research 7. Taipei: Dharma Drum Publishing Corporation.

Anderson, Benedict. 2012. *The Fate of Rural Hell: Asceticism and Desire in Rural Thailand*. Chicago: University of Chicago Press.

Appleton, Naomi. 2013. "The Second Decade of the Avadānaśataka." *Asian Literature and Translation* 1.7: 1–36.

__________. 2014a. "The Fourth Decade of the *Avadānaśataka.*" *Asian Literature and Translation* 2.5: 1–35.

__________. 2014b. *Narrating Karma and Rebirth: Buddhist and Jain Multi-Life Stories*. Cambridge: Cambridge University Press.

__________. 2015. "The 'Jātakāvadānas' of the *Avadānaśataka*: An Exploration of Indian Buddhist Narrative Genres." *Journal of the International Association of Buddhist Studies* 38: 9–31.

__________. 2020. *Many Buddhas, One Buddha: A Study and Translation of* Avadānaśataka *1–40*. Sheffield, South Yorkshire: Equinox Publishing.

Atthasālinī of Buddhaghosa.

Edition. Müller 1897.

Translation. Tin and Rhys Davids 1920.

Attwood, Jayarava Michael. 2008. "Did King Ajātasattu Confess to the

Buddha, and Did the Buddha Forgive Him?" *Journal of Buddhist Ethics* 15: 278–307.

Avadānaśataka

Edition. See Speyer 1902–9 and Vaidya 1958.

Translation. See Feer 1891.

Translation of Stories 1–40. See Appleton 2020.

Ba Kyaw, U, and Peter Masefield, trans. 1980. *Elucidation of the Intrinsic Meaning, So Named the Commentary on the Peta Stories (Paramatthadīpanī nāma Petavatthu-aṭṭhakathā) by Dhammapāla*. London: Pali Text Society.

Bacon, Francis. 1996. *Francis Bacon: The Major Works*. Edited with an introduction and notes by Brian Vickers. New York: Oxford University Press.

Barua, Dipen. 2018. *The Notion of Fetter in Early Buddhism*. New Delhi: Aditya Prakashan.

Beer, Robert. 1999. *The Encyclopedia of Tibetan Symbols and Motifs*. Boston: Shambhala Publications.

Bendall, Cecil, ed. 1897–1902. *Śikṣāsamuccaya*. Biblioteca Buddhica 1. St. Petersburg: Académie impériale des sciences.

Bendall, Cecil, and W. H. D. Rouse, trans. 1971 (1922). *Śikṣāsamuccaya: A Compendium of Buddhist Doctrine*. Delhi: Motilal Banarsidass.

Bloom, Philip. 2013. "Descent of the Deities: The Water-Land Retreat and the Transformation of the Visual Culture of Song-Dynasty (960–1279) Buddhism." PhD dissertation, Harvard University.

Bodhi, Bhikkhu, trans. 1978. *The Discourse on the All-Embracing Net of View: The Brahmajāla Sutta and Its Commentarial Exegesis*. Kandy, Sri Lanka: Buddhist Publication Society.

__________, trans. 1989. *The Discourse on the Fruits of Recluseship: The Samaññaphala Sutta and Its Commentaries*. Kandy, Sri Lanka: Buddhist

Publication Society.

__________, trans. 2000. *The Connected Discourses of the Buddha: A Translation of the Saṃyutta Nikāya*. Boston: Wisdom Publications.

__________, trans. 2012. *The Numerical Discourses of the Buddha: A Translation of the Aṅguttara Nikāya*. Boston: Wisdom Publications.

Bourdieu, Pierre. 1962. *The Algerians*. Translated by Alan C. M. Ross. Boston: Beacon Press.

Boyer, A. M, E. J. Rapson, É. Senart, and P. S. Noble. 1920–29. *Kharoṣṭhī Inscriptions Discovered by Sir Aurel Stein in Chinese Turkestan*. Oxford: Clarendon Press.

Brancaccio, Pia. 2011. *The Buddhist Caves at Aurangabad: Transformations in Art and Religion*. Leiden: Brill.

Brereton, Bonnie Pacala. 1995. *Thai Tellings of Phra Malai: Texts and Rituals Concerning a Popular Buddhist Saint*. Tempe: Arizona State University.

Bronte, Charlotte. 2000 (1847). *Jane Eyre*. Introduction by Sally Shuttleworth. New York: Oxford University Press.

Buddhacarita.

Edition and translation. See Olivelle 2008.

Burlingame, Eugene Watson, trans. 1921. *Buddhist Legends Translated from the Original Pali Text of the Dhammapada Commentary (Dhammapada-aṭṭhakathā)*. 3 vols. Harvard Oriental Series 28–30. Cambridge: Harvard University Press.

Burnouf, Eugène. 1844. *Introduction a l'histoire du bouddhisme indien*. Paris: Imprimerie Royale. Translated as *Introduction to the History of Indian Buddhism* by Katia Buffetrille and Donald S. Lopez Jr. (Chicago: University of Chicago Press, 2010).

Butler, Judith. 2020. *The Force of Nonviolence: An Ethico-Political Bind*. New York: Verso Books.

Carter, James Ross, and Mahinda Palihawadana, eds. and trans. 1987. *The Dhammapada*. Oxford: Oxford University Press.

Catalano, Joseph S. 1990. "Successfully Lying to Oneself: A Sartrean Perspective." *Philosophy and Phenomenological Research* 50.4: 673–93.

Caube, Vijaya Sankara, ed. 1993. *Dharmasamuccaya*. Varanasi: Sampurnanda Sanskrit University.

Clooney, Francis. 2003. "Pain but Not Harm: Some Classical Resources Toward a Hindu Just War Theory." *In Just War in Comparative Perspective*, edited by Paul Robinson, 109–25. Burlington, VT: Ashgate Press.

Clough, Bradley. 2015. "Monastic Matters: Bowls, Robes, and the Middle Way in South Asian Theravāda Buddhism." In *Sacred Matters: Material Religion in South Asian Traditions*, edited by Tracy Pintchman and Corinne G. Dempsey, 173–94. Albany: State University of New York Press.

Cohen, Richard S. 1998. "Nāga, Yakṣiṇī, Buddha: Local Deities and Local Buddhism at Ajanta. *History of Religions* 37.4: 360–400.

Collett, Alice. 2006. "List-Based Formulae in the *Avadānaśataka*." *Buddhist Studies Review* 23.2: 155–85.

Collins, Steven. 1982. *Selfless Persons: Imagery and Thought in Therāvāda Buddhism*. Cambridge: Cambridge University Press.

__________. 2016. *Readings of the Vessantara Jātaka*. New York: Columbia University Press.

Cone, Margaret. 2010. *A Dictionary of Pāli: Part 2, g–n*. Bristol: The Pali Text Society.

Cowell, E. B., and R. A. Neil, eds. 1886. *Divyāvadāna*. Cambridge: University Press.

Cox, Archibald. 1958. "The Duty to Bargain in Good Faith." *Harvard Law*

Review 71.8: 1401–42.

Cuevas, Bryan J. 2008. *Travels in the Netherworld: Buddhist Popular Narratives of Death and the Afterlife in Tibet*. New York: Oxford University Press.

Dalai Lama XIV. 1999. *Ethics for the New Millennium*. New York: Riverhead Books.

Dalai Lama XIV and Sofia Stril-Rever. 2018. *A Call to Revolution*. New York: William Morrow.

Davis, Erik. 2016. *Deathpower: Buddhism's Ritual Imagination in Cambodia*. New York: Columbia University Press.

DeCaroli, Robert. 2004. *Haunting the Buddha: Indian Popular Religions and the Formation of Buddhism*. Oxford: Oxford University Press.

Delbanco, Andrew. 2018. *The War Before the War: Fugitive Slaves and the Struggle for America's Soul from Revolution to the Civil War*. New York: Penguin Press.

Deleanu, Florin. 2006. *The Chapter on the Mundane Path (Laukikamārga) in the Śrāvakabhūmi: A Trilingual Edition (Sanskrit, Tibetan, Chinese), Annotated Translation, and Introductory Study*. 2 vols. Tokyo: The International Institute of Buddhist Studies.

Demoto, Mitsuyo. 2006. "Fragments of Avadānaśataka." In *Buddhist Manuscripts*, edited by Jens Braarvig, 3:207–44. Manuscripts in the Schøyen Collection. Oslo: Hermes Publishing.

Derrett, J. Duncan M. 1997. "Confession in Early Buddhism." In *Bauddhavidyāsudhākaraḥ: Studies in Honour of Heinz Bechert on the Occasion of his 65th birthday*, edited by Jens-Uwe Hartmann and Petra Kieffer-Pülz, 55–62. Swisttal-Odendorf: Indica et Tibetica Verlag.

Dhammadinnā, Bhikkhunī. 2015. "Predictions of Women to Buddhahood in Middle-Period Literature." *Journal of Buddhist Ethics* 22: 479–531.

__________. 2016. "From a Liberated One to a Liberated One: An Avadāna

Quotation in the Abhidharmakośopāyikā-ṭīkā." *Dharma Drum Journal of Buddhist Studies* 19: 63–91.

Dhammapada.

Edition and translation. See Carter and Palihawadana 1987.

Dhammapada-aṭṭhakathā.

Edition. See Norman 1906–14.

Translation. See Burlingame 1921.

Dhammasaṅganī.

Edition. See Müller 1885.

Translation. See Rhys Davids 1900 and Kyaw Khine 1996.

Dharmasamuccaya.

Edition. See Caube 1993.

Dhirasekera, J. D. 1976. "Hārītī and Pāñcika: An Early Buddhist Legend of Many Lands." *In Malalasekera Commemoration Volume*, edited by O. H. de A. Wijesekera, 61–70. Colombo: Malalasekera Commemoration Volume Committee.

Dīgha-nikāya.

Edition. See Rhys Davids and Carpenter 1890–1911.

Translation. See Walshe 1995.

Divyāvadāna.

Edition. See Cowell and Neil 1886.

Translation. See Rotman 2008 and 2017.

Donaldson, Thomas Eugene. 2001. *Iconography of the Buddhist Sculpture of Orissa*. 2 vols. New Delhi: Abhinav Publications.

Dutt, Nalinaksha, ed. 1984 (1950). *Gilgit Manuscripts*. 4 vols. Delhi: Sri Satguru Publications.

Edgerton, Franklin. 1993 (1953). *Buddhist Hybrid Sanskrit Grammar and Dictionary*. 2 vols. Delhi: Motilal Banarsidass Publishers.

Egge, James. 2002. *Religious Giving and the Invention of Karma in*

Theravada Buddhism. Richmond: Curzon.

Feer, Léon, ed. 1884–98. *Saṃyutta-nikāya*. 5 vols. London: Pali Text Society.

__________, trans. 1891. *Avadana-Çataka: Cent légendes (bouddhiques)*. Annales du Musée Guimet 18. Paris: E. Leroux.

Fišer, Ivo. 1954. "The Problem of the Seṭṭhi in the Buddhist Jātakas." *Archiv Orientalni* 22: 238–66.

Finnegan, Damchö Diana. 2009. "'For the Sake of Gender, Too': Ethics and Gender in the Narratives of the *Mūlasarvāstivāda Vinaya*." PhD dissertation, University of Wisconsin–Madison.

Formigatti, Camillo A. 2016. "Walking the Deckle Edge: Scribe or Author? Jayamuni and the Creation of the Nepalese *Avadānamālā* Literature." *Buddhist Studies Review* 33.1–2: 101–40.

Fourcade, Marion, and Kieran Healy. 2007. "Moral Views of Market Society." *Annual Review of Sociology* 33.14: 1–27.

Gehman, H. S., trans. 1974. "Petavatthu: Stories of the Departed." In *The Minor Anthologies of the Pali Canon, Part 4*. Also contains "Vimānavatthu: Stories of the Mansions," translated by I. B. Horner, assisted by N. A. Jayawickrama. London: Pali Text Society.

Gethin, Rupert. 1992. *The Buddhist Path to Awakening: A Study of the Bodhi-Pakkhiyā Dhammā*. Leiden: E. J. Brill.

__________. 1998. *The Foundations of Buddhism*. New York: Oxford University Press.

__________. 2004. "Can Killing a Living Being Ever Be an Act of Compassion? The Analysis of the Act of Killing the Abhidhamma and Pali Commentaries." *Journal of Buddhist Ethics* 11: 167–202.

__________. 2008. "Buddhist Monks, Buddhist Kings, Buddhist Violence: On the Early Buddhist Attitudes to Violence." In *Religion and Violence in South Asia: Theory and Practice*, edited by John R. Hinnells and Richard King, 62–82. London and New York: Routledge.

Ginzburg, Carlo. 1989. "From Aby Warburg to E. H. Gombrich: A Problem of Method." *In Clues, Myths and the Historical Method*, translated by John and Anne C. Tedeschi, 17–59. Baltimore: Johns Hopkins University Press.

Giustarini, Giuliano. 2012. "The Role of Fear (Bhaya) in the Nikāyas and in the Abhidhamma." *Journal of Indian Philosophy* 40.5: 511–31.

Gnoli, Raniero, ed. 1977–78. *The Gilgit Manuscript of the Saṅghabhedavastu.* 2 vols. Rome: Istituto Italiano per il Medio ed Estremo Oriente.

Gombrich, Richard. 1971. "'Merit Transference' in Sinhalese Buddhism: A Case Study of the Interaction Between Doctrine and Practice." *History of Religions* 11: 203–19.

Gordon, Lewis R. 1995. *Bad Faith and Antiblack Racism.* Atlantic Highlands, NJ: Humanities Press.

Green, Philip Scott Ellis. 2007. "Female Imagery in the *Avadānaśataka.*" MA thesis, University of Florida.

Griffiths, Paul J. 1994. *On Being Buddha: The Classical Doctrine of Buddhahood.* Delhi: Sri Satguru.

Grünwedel, Albert. 1920. *Alt-Kutscha: Archäologische und religionsgeschichtliche Forschungen an Tempera-Gemälden aus Buddhistischen Höhlen der ersten acht Jahrhunderte nach Christi Geburt.* Berlin: Otto Elsner, Veröffentlichungen der Preussischen Turfan-Expeditionen.

Hahn, Michael. 1992. "The Avadānaśataka and Its Affiliation." In *Proceedings of the XXXII International Congress for Asian and North African Studies, Hamburg 25th–30th August 1986*, edited by Albrecht Wezler and Ernst Hammerschmidt, 170–71. Zeitschrift der Deutschen Morgenländischen Gesellschaft 9. Stuttgart: F. Steiner.

Hallisey, Charles. 1988. "Review of Divine Revelation in Pali Buddhism, by Peter Masefield." *The Journal of the International Association of*

Buddhist Studies 11.1: 173–75.

Hardy, Edmund, ed. 1894. *Dhammapāla's Paramatthadīpanī: Part 3, Being the Commentary on the Petavatthu*. London: Pali Text Society.

Harrison, Paul. 1987. "À propos Peter Masefield's 'Divine Revelation in Pali Buddhism' by Peter Masefield." *Numen* 34.2: 256–64.

Hartmann, Jens-Uwe. 1985. "Zur Frage der Schulzugehörigkeit des Avadānaśataka." *Zur Schulzugehörigkeit von Werken der Hīnayāna-Literatur*, edited Heinz Bechert, 1:219–24. Symposien zur Buddhismusforschung 3.1. Göttingen: Vandenhoeck and Ruprecht.

Harvey, David. 2005. *A Brief History of Neoliberalism*. New York: Oxford University Press.

Heitzman, James. 2009. "The Urban Context of Early Buddhist Monuments in South Asia." In *Buddhist Stūpas in South Asia: Recent Archaeological, Art-Historical, and Historical Perspectives*, edited by Jason Hawkes and Akira Shimada, 192–215. Delhi: Oxford University Press.

Herrmann-Pfandt, Adelheid. 2018. *The Copper-Coloured Palace: Iconography of the rÑiṅ ma School of Tibetan Buddhism*. 3 vols. Delhi: Agam Kala Prakashan.

Hiltebeitel, Alf. 2010. Dharma. Honolulu: University of Hawai'i Press.

__________. 2011. *Dharma: Its Early History in Law, Religion, and Narrative*. Oxford: Oxford University Press.

Hiraoka, Satoshi. 1991. "The Idea of Confession in the *Divyāvadāna*." *Journal of Indian and Buddhist Studies* 40.1: 507–12.

__________. 2009. "Text Critical Remarks on the *Divyāvadāna* (1)." *Sōka Daigaku Kokusai Bukkyōgaku Kōtō Kenkyūjo Nenpō (Annual Report of the International Research Institute for Advanced Buddhology at Soka University)* 12: 29–72.

Holt, J. C. 1981. "Assisting the Dead by Venerating the Living: Merit

Transfer in the Early Buddhist Tradition." *Numen* 28: 1–28.

Horner, I. B., trans. 1969 (1963). *Milinda's Questions (Milindapañha)*. 2 vols. London: Pali Text Society.

Hu-von Hinüber, Haiyan. 1991. "Das Anschlagen der Gaṇḍī in buddhistischen Klöstern: Über einige einschlägige Vinaya-Termini." *In Papers in Honour of Prof. Dr. Ji Xianlin on the Occasion of His 80th Birthday*, edited by Li Zheng and Jiang Zhongxin, 2:737–68. Beijing: Peking University Press.

Human Rights Watch. 2014. *Cleaning Human Waste: "Manual Scavenging," Caste, and Discrimination in India*. Available at: www.hrw.org/report/2014/08/25/cleaning-human-waste/manual-scavenging-caste-and-discrimination-india.

Huntington, C. W., Jr. 2021. *What I Don't Know About Death: Reflections on Buddhism, Literature, and Philosophy*. Somerville, MA: Wisdom Publications.

Huntington, Eric. 2019. *Creating the Universe: Depictions of the Cosmos in Himalayan Buddhism*. Seattle: University of Washington Press.

Itivuttaka

Edition. See Windisch 1975.

Translation. See Masefield 2000.

Iwamatsu, Asao. 2001. "Karōshutī bunjo daiban 511 ni tsuite (1)" (On Text 511 of the Kharoṣṭhī Inscriptions, Part 1). *Jinbun-Ronshū (Studies in the Humanities)* 13: 157–91.

James, Aaron. 2012. *Assholes: A Theory*. New York: Doubleday.

Jamspal, Lozang, and Kaia Tara Fischer, trans. 2020. *The Hundred Deeds (Karmaśataka)*. See read.84000.co/translation/toh340.html.

Jayawickrama, N. A., ed. 1977. *Vimānavatthu and Petavatthu*. London: Pali Text Society.

Jones, J. J. 1949–56. *The Mahāvastu*. 3 vols. London: Luzac and Company.

Kachru, Sonam. 2015. "Minds and Worlds: A Philosophical Commentary on the Twenty Verses of Vasubandhu." PhD dissertation, University of Chicago.

Kane, Pandurang Vaman. 1953. *History of Dharmaśāstra*, vol. 4. Poona: Bhandarkar Oriental Research Institute.

Kapuscinski, Ryszard. 1983. *The Emperor: Downfall of an Autocrat*. Translated by Willam R. Brand and Katarzyna Mroczkowska-Brand. San Diego: Harcourt Brace Jovanovich.

Karashima, Seishi. 2013. "The Meaning of *Yulanpen*—'Rice Bowl' on *Pravāraṇā* Day." *Annual Report of The International Research Institute of Advanced Buddhology at Soka University* 16: 289–305.

Karashima, Seishi, and Margarita I. Vorobyova-Desyatovskaya. 2015. "The Avadāna Anthology from Merv, Turkmenistan." In *Buddhist Manuscripts from Central Asia: The St. Petersburg Sanskrit Fragments*, 1:145–524. Tokyo: The Institute of Oriental Manuscripts of the Russian Academy of Sciences & The International Research Institute for Advanced Buddhology, Soka University.

Karashima, Seishi, and Oskar von Hinüber. 2012. *Die Abhisamācārikā Dharmāḥ: Verhaltensregeln für buddhistische Mönche der Mahāsāṃghika-Lokottaravādins*. 3 vols. Tokyo: International Research Institute for Advanced Buddhology, Soka University.

Karmay, Gyeltsen. 1998. *The Little Luminous Boy: The Oral Tradition from the Land of Zhangzhung Depicted on Two Tibetan Paintings*. Bangkok: Orchid Press.

Khurana, Indira, Toolika Ojha, and Bhasha Singh. 2009. *Burden of Inheritance: Can We Stop Manual Scavenging? Yes, But First We Need to Accept It Exists*. New Delhi: WaterAid India.

Kishino, Ryōji. 2016. "Further Study of the *Muktaka* of the Mūlasarvāstivāda-vinaya: A Table of Contents and Parallels." *Bulletin of the Association of Buddhist Studies* (Bukkyō University) 21: 227–83.

Kitsudō, Kōichi, and Arakawa Shintarō. 2018. "Kanjin jippōkai zu o meguru shin kenkyū: Seika to Uiguru no jirei o chūshin ni" [New Research on the *Guanxin Shifajietu* (Illustration of the Ten Realms of Mind Contemplation): The Case of the Xixia and Uyghur Kingdoms]. *Kokka* 477: 5–20.

Knipe, David. 1977. "Sapiṇḍīkaraṇa: The Hindu Rite of Entry into Heaven." In *Religious Encounters with Death*, edited by F. E. Reynolds and E. H. Waugh, 111–24. University Park: The Pennsylvania State University Press.

Krishan, Yuvraj. 1997. *The Doctrine of Karma: Its Origin and Development in Brāhmaṇical, Buddhist and Jaina Traditions*. Delhi: Motilal Banarsidass.

Kristeva, Julia. 1982. *Powers of Horror: An Essay on Abjection*. Translated by Leon S. Roudiez. New York: Columbia University Press.

Kundera, Milan. 1984. *The Unbearable Lightness of Being*. Translated by Michael Henry Heim. New York: Harper and Row.

Kuttner, Robert. 1999. *Everything for Sale: The Virtues and Limits of Markets*. Chicago: University of Chicago Press.

Kyaw Khine, U. 1999. *The Dhammasaṅganī: Enumeration of the Ultimate Realities*. 2 vols. Delhi: Sri Satguru Publications.

Ladwig, Patrice. 2012. "Feeding the Dead: Ghosts, Materiality and Merit in a Lao Buddhist Festival for the Deceased." In *Buddhist Funeral Cultures of Southeast Asia and China*, edited by Paul Williams and Patrice Ladwig, 119–41. Cambridge: Cambridge University Press.

LaFleur, William. R. 1989. "Hungry Ghosts and Hungry People: Somaticity and Rationality in Medieval Japan." *In Fragments for a History of the Human Body*, edited by Michael Feher, 270–303. New York: Zone Publications.

Langenberg, Amy Paris. 2013. "Pregnant Words: South Asian Buddhist Tales of Fertility and Child Protection." *History of Religions* 52.4: 340–69.

Langer, Rita. 2007. *Buddhist Rituals of Death and Rebirth: Contemporary Sri Lankan Practice and Its Origins*. New York: Routledge.

Le Goff, Jacques. 1984. *The Birth of Purgatory*. Translated by Arthur Goldhammer. Chicago: University of Chicago Press.

Lewis, Michael. 2010 (1986). *Liar's Poker: Rising Through the Wreckage on Wall Street*. 25th Anniversary Edition. New York: W. W. Norton and Company.

Lin, Meicun. 1996. "Kharoṣṭhī Bibliography: The Collections from China (1897–1993)." *Central Asiatic Journal* 40.2: 188–220.

Lüders, Heinrich. 1912. *List of Brahmi Inscriptions from the Earliest Times to about A.D. 400 with the Exception of Those of Aśoka*. Edited by Sten Konow. Appendix to Epigraphia Indica 10. Calcutta: Superintendent Government Printing.

Lye, Hun Yeow. 2003. "Feeding Ghosts: A Study of the *Yuqie Yankou* Rite." PhD dissertation, University of Virginia.

Mael, Fred, and Blake E. Ashforth. 1992. "Alumni and the Alma Mater: A Partial Test of the Reformulated Model of Organizational Identification." *Journal of Organizational Behavior* 13: 103–23.

Mahāvastu.

Edition. See Senart 1977.

Translation. See Jones 1949–56.

Malalasekera, G. P. 1995 (1938). *Dictionary of Pali Proper Names*. 2 vols. New Delhi: Munshiram Manoharlal Publishers.

Mandal, Ram Bahadur. 2010. *Wetlands Management in North Bihar*. New Delhi: Concept Publishing Company.

Masefield, Peter. 1986. *Divine Revelation in Pali Buddhism*. London: George Allen and Unwin, 1986.

__________, trans. 2000. *The Itivuttaka*. Oxford: Pali Text Society.

May, San San, and Jana Igunma. 2018. *Buddhism Illuminated: Manuscript Art from South-East Asia*. Seattle: University of Washington Press.

Meisig, Marion. 2004. *Ursprünge buddhistischer Heiligenlegenden: Untersuchungen zur Redaktionsgeschichte des Chuan tsih pêh yuän king*. Forschungen zur Anthropologie und Religionsgeschichte 38. Münster: Ugarit-Verlag.

Merh, Kusum P. 1996. Yama: *The Glorious Lord of the Other World*. Reconstructing Indian History and Culture 12. New Delhi: D. K. Printworld.

Merriam-Webster's Collegiate Dictionary. 2003. 11th ed. Springfield, MA: Merriam-Webster, Inc.

Merton, Thomas. 1948. *The Seven Story* Mountain. New York: Harcourt Brace.

Meyer, Matthew. 2015. *The House of Evil Spirits: An Encyclopedia of Mononoke and Magic*. Self-published.

Milindapañha.

Edition. See Trenckner 1880.

Translation. See Horner 1969.

Mimaki, Katsumi 2000. "A Preliminary Comparison of Bonpo and Buddhist Cosmology." In *New Horizons in Bon Studies*, edited by Samten G. Karmay and Yasuhiko Nagano, 89–115. Bon Studies 2. Osaka: National Museum of Ethnology.

Misra, Ram Nath. 1981. *Yaksha Cult and Iconography*. New Delhi: Munshiram Manoharlal.

Mitter, Partha. 1977. *Much Maligned Monsters: A History of European Reactions to Indian Art*. Oxford: Clarendon Press.

Monier-Williams, Monier. 1990 (1899). *A Sanskrit-English Dictionary*. Delhi: Motilal Banarsidass Publishers.

Moretti, Constantino. 2017. "The Thirty-Six Categories of 'Hungry Ghosts'

Described in the *Sūtra of the Foundations of Mindfulness of the True Law." In Fantômes dans l'Extrême-Orient d'hier et d'aujourd'hui*, edited by Marie Laureillard and Vincent Durand-Dastès, 1:43–69. Paris: Inalco.

Moriyasu, Takao. 2008. "Chronology of West Uighur Buddhism: Re-examination of the Dating of the Wall-Paintings in Grünwedel's Cave No. 8 (New: No. 18), Bezeklik." *In Aspects of Research into Central Asian Buddhism: In Memoriam Kōgi Kudara*, edited by Peter Zieme, 191–227. Turnhout: Brepols.

Mrozik, Susanne. 2006. "Materializations of Virtue: Buddhist Discourses on Bodies." In *Bodily Citations: Religion and Judith Butler*, edited by Ellen T. Armour and Susan M. St. Ville, 15–47. New York: Columbia University Press.

Mukhopadhyay, S. 1981. "Sucimukha, the Needle-Mouthed Denizen." *Journal of the Asiatic Society* 23: 57–62.

Muldoon-Hules, Karen. 2017. *Brides of the Buddha: Nuns' Stories from the* Avadānaśataka. Lanham, MD: Lexington Books.

Müller, Edward, ed. 1885. *The Dhammasaṅgaṇī*. London: H. Frowde (for the Pali Text Society).

__________, ed. 1897. *The Atthasālinī: Buddhaghosa's Commentary on the Dhammasaṅgaṇī*. London: Pali Text Society.

Mus, P. 1939. *La Lumière sur les Six Voies: Tableau de la transmigration bouddhique d'après des sources sanskrites, pāli, tibétaines et chinoises en majeure partie inédites*. Paris: Institut d'Ethnologie.

Ñāṇamoli, Bhikkhu, trans. 1979. *The Path of Purification (Visuddhimagga)*. Kandy, Sri Lanka: Buddhist Publication Society.

Ñāṇamoli, Bhikkhu, and Bhikkhu Bodhi, trans. 1995. The Middle-Length Discourses of the Buddha: A New Translation of the Majjhima Nikāya. Boston: Wisdom Publications.

Nebesky-Wojkowitz, Réne de. 1996 (1956). *Oracles and Demons of Tibet: The Cult and Iconography of Tibetan Protective Deities*. Kathmandu: Book Faith India.

Neelis, Jason. 2011. *Early Buddhist Transmission and Trade Networks Mobility and Exchange within and beyond the Northwestern Borderlands of South Asia*. Leiden: Brill.

Norman, H. C., ed. 1906–14. *Dhammapada-aṭṭhakathā*. London: Pali Text Society.

Norman, K. R., trans. 1995. *The Elder's Verses*. 2 vols. Oxford: Pali Text Society.

Nyi, U. 2010. *Practical Aspects of Buddhist Ideals: From Kokyint Abhidhamma in Myanmar by Ashin Janakābhivamsa of Mahagandhayon Monastery*. Central Milton Keynes, UK: AuthorHouse.

O'Connor, Flannery. 1955. *A Good Man Is Hard to Find and Other Stories*. New York: Harcourt, Brace and Company.

Ohnuma, Reiko. 2007. "Mother-Love and Mother-Grief: South Asian Buddhist Variations on a Theme." *Journal of Feminist Studies in Religion* 23.1: 95–116.

Okada, Mamiko. 1993. *Dvāviṃśatyavadānakathā: Ein mittelalterlicher buddhistische Text zur Spendenfrömmigkeit*. Indica et Tibetica 24. Bonn: Indica et Tibetica Verlag.

Oldenberg, H., and R. Pischel, eds. 1966. *Theragāthā and Therīgāthā*. 2nd ed. London: Pali Text Society.

Olivelle, Patrick. 1992. *Samnyasa Upanisads: Hindu Scriptures on Asceticism and Renunciation*. New York: Oxford University Press, 1992.

__________. 1998. "Caste and Purity: A Study in the Language of the Dharma Literature." *Contributions to Indian Sociology* 32.2: 189–216.

__________, trans. 1999. *Dharmasūtras: The Law Codes of Āpastamba,*

Gautama, Baudhāyana, and Vasiṣṭha. New York: Oxford University Press.

__________, ed. and trans. 2008. *The Life of Buddha by Aśvaghoṣa*. New York: New York University Press & JJC Foundation.

——————. 2011. "The Living and the Dead: Ideology and Social Dynamics of Ancestral." In *The Anthropologist and the Native: Essays for Gananath Obeyesekere*, edited by H. L. Seneviratne, 65–73. London: Anthem Press.

__________. 2012. "Aśoka's Inscriptions as Text and Ideology." *In Reimagining Aśoka: Memory and History*, edited by Patrick Olivelle, Janice Leoshko, and Himanshu Prabha Ray, 157–83. New Delhi: Oxford University Press.

Orzech, Charles D. 1996. "Saving the Burning-Mouth Hungry Ghost." In *Religions of China in Practice*, edited by Donald S. Lopez Jr., 278–83. Princeton: Princeton University Press.

Oxford English Dictionary. 1989. 2nd ed. 20 vols. Oxford: Oxford University Press.

Pakdeekham, Santi, ed. 2563 (2020). *Samut phra malai khamphi boran lae ekkasan boran wat mani sathit kapittharam phra aram luang amphoe mueang changwat uthai thani. Bangkok*: Fragile Palm Leaves Foundation and Amarin Publishing Services.

Panikkar, Raimundo. 1982. "Is the Notion of Human Rights a Western Concept?" *Diogenes* 30.20: 75–102.

Parry, Jonathan. 1994. *Death in Banaras*. Cambridge: Cambridge University Press.

Payutto, Phra Prayudh. 1994. *Buddhist Economics: A Middle Way for the Market Place*. 2nd ed., revised and enlarged. Bangkok: Buddhadhamma Foundation.

Peri, Noel. 1917. "Hāritī, la mère de démons." *Bulletin de l'École Française d'Extrême-Orient* 17.3: 1–102.

Petavatthu.

Edition. See Jayawickrama 1977.

Translation. See Gehman 1974 and Ba Kyaw and Masefield 1980.

Petavatthu-aṭṭhakathā

Edition. See Hardy 1894.

Translation. See Ba Kyaw and Masefield 1980.

Phatsakon. 2455 (1912). *Phra tham chet khamphi yo lae samut malai.* Bangkok: Rong phim pamrung nukun kit.

Philips, Adam, and Barbara Taylor. 2010. *On Kindness.* New York: Farrar, Strauss, and Giroux.

Pinney, Christopher. 2004. *"Photos of the Gods": The Printed Image and the Political Struggle in India.* London: Reaktion Books.

__________. 2018. *Lessons from Hell: Printing and Punishment in India.* Mumbai: The Marg Foundation.

Pollock, Sheldon. 2016. *A Rasa Reader: Classical Indian Aesthetics.* New York: Columbia University Press.

Pradhan, Prahlad, ed. 1975. *Abhidharmakośabhāṣyam of Vasubandhu.* Rev. 2nd ed. Patna: K. P. Jayaswal Research Institute.

Przyluski, Jean. 1918. "Le parinirvāṇa et les funérailles du Buddha." *Journal Asiatique* 11: 485–526.

Ramāyaṇa. Critically edited by G. H. Bhatt et al. 7 vols. Baroda: Oriental Institute, University of Baroda, 1960–75.

Rand, Ayn. 1996 (1957). *Atlas Shrugged.* New York: Penguin Books.

Raschmann, Simone-Christiane. 2020. "Pilgrims in Old Uyghur Inscriptions: A Glimpse behind Their Records." In *Buddhism in Central Asia I: Patronage, Legitimation, Sacred Space, and Pilgrimage*, edited by Carmen Meinert and Henrik Sørensen, 204–29. Leiden: Brill.

Rhys Davids, C. A. F., trans. 1900. *A Buddhist Manual of Psychological*

Ethics. London: Pali Text Society.

Rhys Davids, T. W., and J. E. Carpenter, eds. 1886. *The Sumaṅgala-vilāsanī, Buddhaghosa's Commentary on the Dīgha Nikāya*. 3 vols. London: Pali Text Society.

__________, eds. 1890–1911. *Dīgha-nikāya*. 3 vols. London: Pali Text Society.

Rhys Davids, T. W., and Wilhelm Stede. 1986 (1921–25). *The Pali Text Society's Pali-English Dictionary*. London: Pali Text Society.

Rigzin, Tsepak. 1997. *The Tibetan-English Dictionary of Buddhist Terminology*. Revised and enlarged edition. Dharamsala: Library of Tibetan Works and Archives.

Robinson, Laurie O., and Jeff Slowikowsi. 2011. "Scary—and Ineffective." *Baltimore Sun*, January 11.

Rotman, Andy. 2003. "The Erotics of Practice: Objects and Agency in Buddhist Avadāna Literature." *Journal of the American Academy of Religion* 71.3: 555–78.

__________, trans. 2008. *Divine Stories: The Divyāvadāna, part 1*. Classics of Indian Buddhism, inaugural volume. Boston: Wisdom Publications.

__________. 2009. *Thus Have I Seen: Visualizing Faith in Early Indian Buddhism*. New York: Oxford University Press.

__________, trans. 2017. *Divine Stories: The Divyāvadāna, part 2*. Classics of Indian Buddhism. Somerville, MA: Wisdom Publications.

Rowan, J. G. 2002. "Danger and Devotion: Hariti, Mother of Demons in the Stories and Stones of Gandhara: A Histography and Catalogue of Images." MA Thesis, University of Oregon.

Russell-Smith, Lilla. 2005. *Uygur Patronage in Dunhuang: Regional Art Centres on the Northern Silk Road in the Tenth and Eleventh Centuries*. Leiden and Boston: Brill.

Ṣaḍgatikārikā.

Edition and translation. See Mus 1939.

Saṃyutta-nikāya.

Edition. See Féer 1884–98.

Translation. See Bodhi 2000.

Saṅghabhedavastu.

Edition. See Gnoli 1977–78.

Santos, Boaventura de Sousa. 2002. "Toward a Multicultural Conception of Human Rights." In *Moral Imperialism: A Critical Anthology*, edited by Berta Esperanza Hernández-Truyol, 39–60. New York: New York University Press.

Sartre, Jean-Paul. 1966 (1949). *Being and Nothingness.* Translated by Hazel Barnes. New York: Pocket Books.

Sayadaw, Mahāsi. 2016. *Manual of Insight.* Translated by Vipassanā Mettā Foundation Translation Committee. Boston: Wisdom Publications.

Sayers, Matthew R. 2013. *Feeding the Dead: Ancestor Worship in Ancient India.* New York: Oxford University Press.

Scheible, Kristin. 2016. *Reading the Mahāvaṃsa: The Literary Aims of a Theravāda Buddhist History.* New York: Columbia University Press.

Scherman, Lucian. 1892. *Materialien zur Geschichte der Indischen Visionslitteratur.* Leipzig: Verlag von A. Twietmeyer.

Schmithausen, Lambert. 1986. "Critical Response." In *Karma and Rebirth: Post Classical Developments*, edited by Ronald W. Neufeldt, 203–30. Albany: State University of New York Press.

__________. 1997. *Maitrī and Magic: Aspects of the Buddhist Attitude Toward the Dangerous in Nature.* Vienna: Österreichische Akademie der Wissenschaften.

Schopen, Gregory. 1992. "On Avoiding Ghosts and Social Censure: Monastic Funerals in the Mūlasarvāstivāda-Vinaya." Journal of Indian Philosophy 20: 1–39.

__________. 1995. "Death, Funerals, and the Division of Property in a Monastic Code." In *Buddhism in Practice*, edited by Donald S. Lopez Jr., 473–502. Princeton: Princeton University Press. Reprinted in Schopen 2004, 91–121.

__________. 2000. "Hierarchy and Housing in a Buddhist Monastic Code: A Translation of the *Sanskrit Text of the Śāyanavastu of the Mūlasarvāstivāda-Vinaya*—Part One [from the Sanskrit]." Buddhist Literature 2: 96–196.

__________. 2004. *Buddhist Monks and Business Matters: Still More Papers on Monastic Buddhism in India*. Honolulu: University of Hawai'i Press.

__________. 2005. *Figments and Fragments of Mahāyāna Buddhism in India*. Honolulu: University of Hawai'i Press.

__________. 2009. "On Emptying Chamber Pots without Looking and the Urban Location of Buddhist Nunneries in Early India Again." *Journal Asiatique* 292.2: 229–56.

__________. 2014. *Buddhist Nuns, Monks, and Other Worldly Matters: Recent Papers on Monastic Buddhism in India*. Honolulu: University of Hawai'i Press.

Senart, Emile, ed. 1977 (1882–97). *Le Mahāvastu: Texte sanscrit publié, pour la première fois et accompagné d'introductions et d'un commentaire*. 3 vols. Tokyo: Meicho-Fukyu-Kai.

Shastri, Dakshina Ranjan. 1963. *Origin and Development of the Rituals of Ancestor Worship in India*. Calcutta: Bookland.

Shirkey, Jeffrey C. 2008. "The Moral Economy of the Petavatthu: Hungry Ghosts and Theravāda Buddhist Cosmology." PhD dissertation, University of Chicago.

Siklós, Bulcsu. 1996. "The Evolution of the Buddhist Yama." *In The Buddhist Forum*, vol. 4, edited by Tadeusz Skorupski, 165–89. London: School of Oriental and African Studies.

Śikṣāsamuccaya of Śāntideva.

Edition. See Bendall 1897–1902.

Translation. See Bendall and Rouse 1971.

Silk, Jonathan. 2008. *Managing Monks: Administrators and Administrative Roles in Indian Buddhist Monasticism*. New York: Oxford University Press.

Singh, Rajeev Kumar. 2009. "Manual Scavenging as Social Exclusion: A Case Study." *Economic and Political Weekly* 44.26/27: 521–23.

Sinha, Ajay. 2007. "Visual Culture and the Politics of Locality in Modern India: A Review Essay." *Modern Asian Studies* 41.1: 187–220.

Sircar, Dineschandra. 1966. *Indian Epigraphical Glossary*. Delhi: Motilal Banarsidass.

Sobkovyak, Ekaterina. 2015. "Religious History of the Gaṇḍī Beam: Testimonies of Texts, Images and Ritual Practices." *Asiatische Studien—Études Asiatiques* 69.3: 685–722.

Speyer, J. S. 1902–9. *Avadānaśataka: A Century of Edifying Tales Belonging to the Hīnayāna*. 2 vols. Bibliotheca Buddhica 3. St. Petersbourg: Commissionnaires de l'Académie Impériale des Sciences.

Srivastava, B. N. 1997. *Manual Scavenging in India: A Disgrace to the Country*. New Delhi: Concept Publishing Company.

Staël-Holstein, Alexander von. 1926. *The Kāśyapaparivarta: A Mahāyānasūtra of the Ratnakūṭa Class Edited in the Original Sanskrit in Tibetan and in Chinese*. Shanghai: Commercial Press.

Stede, Wilhelm. 1914. *Die Gespenstergesgeschichten des Petavatthu: Untersuchungen, Ubersetzung und Pali-Glossar*. Leipzig: Otto Harrassowitz.

Strong, John S. 1979. "The Transforming Gift: An Analysis of Devotional Acts of Offering in Buddhist Avadāna Literature." *History of Religions* 18: 221–37.

Stevenson, Daniel. 1999. "Protocols of Power: Tz'u-yün Tsun-shih (964–1032) and T'ien-t'ai Lay Buddhist Ritual in the Sung." *In Buddhism in Sung Dynasty China*, edited by Peter N. Gregory and Daniel A. Getz Jr., 340–408. Honolulu: University of Hawai'i Press.

__________. 2001. "Text, Image, and Transformation in the History of the *Shuilu fahui*, the Buddhist Rite for Deliverance of Creatures of Water and Land." In *Cultural Intersections in Later Chinese Buddhism*, edited by Marsha Weidner, 30–70. Honolulu: University of Hawai'i Press.

__________. 2004. "Feeding Hungry Ghosts." In *Buddhist Scriptures*, edited by Donald S. Lopez Jr., 416–22. London: Penguin Books.

__________. 2015. "Buddhist Ritual in the Song." *In Modern Chinese Religion I: Song-Liao-Jin-Yuan (960–1368 AD)*, edited by John Lagerwey and Pierre Marsone, 328–448. Leiden and Boston: Brill.

Stuart, Daniel Malinowski. 2012. "A Less Traveled Path: Meditation and Textual Practice in the *Saddharmasmṛtyupasthāna(sūtra)*." PhD dissertation, University of California–Berkeley.

Sukthankar, Vishnu S., et al., eds. 1933–59. *Mahābhārata*. 19 vols. Pune: Bhandarkar Institute.

Sumaṅgala-vilāsanī of Buddhaghosa.

Edition. See Rhys Davids and Carpenter 1886.

Translation. See Bodhi 1978.

Summers, Robert S. 1968. "'Good Faith' in General Contract Law and the Sales Provisions of the Uniform Commercial." *Virginia Law Review* 54.2: 195–267.

Takahata, Kanga. 1954. *Ratnamālāvadāna: A Garland of Precious Gems or a Collection of Edifying Tales, Told in a Metrical Form, Belonging to the Mahāyāna*. Tokyo: Toyo Bunko.

Teiser, Stephen F. 1988. *The Ghost Festival in Medieval China*. Princeton: Princeton University Press.

__________. 2006. *Reinventing the Wheel: Paintings of Rebirth in Medieval Buddhist Temples*. Seattle: University of Washington Press.

Theragāthā.

Edition. See Oldenberg and Pischel 1966.

Translation. See Norman 1995.

Theragāthā-aṭṭhakathā [= *Paramatthadīpanī*, vol. 5].

Edition. See Woodward 1977.

Thurman, Robert, trans. 1983 (1976). *The Holy Teaching of Vimalakīrti: A Mahāyāna Scripture*. University Park and London: The Pennsylvania State University Press.

Tin, Maung, and C. A. F. Rhys Davids. 1920. *The Expositor (Atthasālinī): Buddhaghosa's Commentary on the Dhammasangani, the First Book of the Abhidhamma Piṭaka*. London: Pali Text Society.

Trenckner, Vilhelm, ed. 1880. *Milindapañha*. London: Pali Text Society.

Trenckner, Vilhelm, et al. 1924–. *A Critical Pali Dictionary*. Copenhagen, Commissioner: Munksgaard.

Tripāṭhī, Chandrabhāl, ed. 1995. *Ekottarāgama-Fragmente der Gilgit-Handschrift*. Reinbek: Verlag für Orientalistische Fachpublikationen.

Tsai, Chun-Yi Joyce. 2015. "Imagining the Supernatural Grotesque: Paintings of Zhong Kui and Demons in the Late Southern Song (1127–1279) and Yuan (1271–1368) Dynasties." PhD dissertation, Columbia University.

Vaidya, P. L., ed. 1958. *Avadānaśataka*. Buddhist Sanskrit Texts 19. Darbhanga: The Mithila Institute of Post-Graduate Studies and Research in Sanskrit Learning.

Valeri, Mark. 1991. "The Economic Thought of Jonathan Edwards." *Church History* 60.1: 37–54.

van Buitenen, J. A. B., trans. 1975. *The Mahābhārata*, vol. 2 (Book 2: The Book of Assembly; Book 3: The Book of the Forest). Chicago: University of Chicago Press.

Vaudeville, Charlotte. 1964. "La légende de Sundara et les funérailles du Buddha dans l'Avadānaśataka." *Bulletin de l'École française d'Extrême-Orient* 52.1: 73–91.

Vijayajinendrasūrīśvarajī and Prītamalāla Harilāla Trivedī. 1984. *Nārakī Citrāvalī* ["Pictures of Hell"]. Lākhābāvala-Śāntipurī, Saurāṣṭra: Śrī Harṣapuṣpāmṛta Jaina Granthamālā.

Vira, Raghu, and Lokesh Chandra. 1995. *Gilgit Buddhist Manuscripts*. Revised and enlarged compact facsmile edition. Biblica Indo-Buddhica Series 150–52. Delhi: Sri Satguru.

Visuddhimagga of Buddhaghosa.

Edition. See Warren 1950.

Translation. See Ñāṇamoli 1979.

Vogel, Claus, and Klaus Wille. 1996. "The Final Leaves of the Pravrajyāvastu Portion of the Vinayavastu Manuscript Found Near Gilgit: Part 1, Saṅgharakṣitāvadāna." In *Sanskrit-Texte aus dem buddhistischen Kanon: Neuentdeckungen und Neueditionen*, edited by G. Bongard-Levin et al., 3: 241–96. Göttingen: Vandenhoeck and Ruprecht.

Waddell, L. Austine. 1895. *The Buddhism of Tibet or Lamaism*. London: W. H. Allen & Co.

Waldschmidt, Ernst. 1948. *Die Überlieferung vom Lebensende des Buddha, Eine vergleichende Analyse des Mahāparinirvāṇasūtra und seiner Textentsprechungen*, vol. 2: *Vorgangsgruppe V–VI*. Abhandlungen der Akademie der Wissenschaften in Göttingen, Philosophisch-historische Klasse, Dritte Folge 30. Göttingen: Vandenhoeck and Ruprecht.

__________. 1967. "Zur Śroṇakoṭikarṇa-Legende." In *Vom Ceylon bis Turfan: Schriften zur Geschichte, Literatur, Religion und Kunst des indischen Kulturraumes*, 203–25. Göttingen: Vandenhoek and Ruprecht.

Walker, Trent. 2018. "*Saṃvega* and *Pasāda*: Dharma Songs in Contemporary Cambodia." *Journal of the International Association of Buddhist Studies*

41: 271–325.

Walshe, Maurice, trans. 1995 (1987). *The Long Discourses of the Buddha: A Translation of the Dīgha Nikāya*. Boston: Wisdom Publications.

Warren, H. C., ed. 1950. *Visuddhimagga*. Revised by Dharmananda Kosambi. Cambridge, MA: Harvard University Press.

Webster's Revised Unabridged Dictionary of the English Language. 1913. Springfield, MA: G. & C. Merriam Company.

White, David Gordon. 1986. "'Dakkhiṇa' and 'Agnicayana': An Extended Application of Paul Mus's Typology." *History of Religions* 26.2: 188–213.

Wijayaratne, Mohan. 1990. *Buddhist Monastic Life: According to the Texts of the Theravāda Tradition*. Translated by Claude Grangier and Steven Collins. Cambridge: Cambridge University Press.

Wijeratne, R. P., and Rupert Gethin, trans. 2002. *Summary of the Topics* and *Exposition of the Topics of Abhidhamma*. Oxford: The Pali Text Society.

Windisch, E., ed. 1975 (1889). *Itivuttaka*. London: Pali Text Society.

Wood, Allen W. 1988. "Self-Deception and Bad Faith." In *Perspectives on Self-Deception*, edited by Brian P. McLaughlin and Amélie Oksenberg Rorty, 207–27. Berkeley: University of California Press.

Woodward, F. L., ed. 1977. *Paramatthadīpanī*. 5 vols. London: Pali Text Society.

Wu Hung. 1992. "What Is Bianxiang? On the Relationship between Dunhuang Art and Dunhuang Literature." *Harvard Journal of Asiatic Studies* 52.1: 111–92.

Yamagiwa, Nobuyuki. 1992. "Konpon setsuissaiubu Kendobu no kenkyū (3): Pāṇḍulohitakavastu to Avadānaśataka no kankei." *Journal of Indian and Buddhist Studies (Indogaku Bukkyōgaku Kenkyū)* 40.2: 950–55.

__________. 2001. *Das Pāṇḍulohitakavastu: Über die verschiedenen Verfahrensweisen der Bestrafung in der buddhistischen Gemeinde,*

Neuausgabe der Sanskrit-Handschrift aus Gilgit, tibetischer Text und deutsche Übersetzung. Indica et Tibetica 41. Marburg: Indica et Tibetica.

Yifa. 2002. *The Origins of Buddhist Monastic Codes in China: An Annotated Translation and Study of the Chanyuan qinggui*. Honolulu: University of Hawai'i Press.

Zin, Monika. 2014. "Imagery of Hell in South, South East and Central Asia." *Rocznik Orientalistyczny* 67: 269–96.

Zin, Monika, and Dieter Schlingloff. 2007. *Saṃsāracakra, Das Rad der Wiedergeburten in der indischen Überlieferung*. Düsseldorf: Haus der Japanischen Kultur.

아귀

Hungry Ghosts

초판 1쇄 발행 2024년 1월 17일

지은이 앤디 로트먼
옮긴이 이종복

펴낸이 오세룡
편집 정연주 여수령 허 승 손미숙 박성화 윤예지
기획 곽은영 최윤정
디자인 조성미
고혜정 김효선 최지혜
홍보 · 마케팅 정성진

펴낸곳 담앤북스
주소 서울특별시 종로구 새문안로3길 23 경희궁의 아침 4단지 805호
전화 02)765-1250(편집부) 02)765-1251(영업부)
전송 02)764-1251
전자우편 dhamenbooks@naver.com

출판등록 제300-2011-115호

ISBN 979-11-6201-418-9 03220
정가 18,000원